NHK BOOKS
1232

外務官僚たちの太平洋戦争

sato motoei
佐藤元英

NHK出版

はじめに

本書は、今まで表だって論じられることが少なかった外務官僚たちの動向を軸に、太平洋戦争の開戦から終戦までの通史を辿りなおすことを目的としている。

これまで外務省の立場は、陸軍に対抗する平和国際協調の側面のみがことさら強調されてきた感がある。戦争は軍人が起こすもの（軍人の攻撃的姿勢）、外交は外交官が担うもの（外交官の抑制的姿勢）、という区分が当然のごとく思われがちであった。

シビリアン（文民）が軍を抑えなければ、軍は暴走する。軍が政治に関与し、戦争へと国を引きずっていった。シビリアンが軍をしっかりコントロールしてさえいれば、攻撃的な戦争を自ら進んで始めることはない――。だが、こうした命題は通用しない。外交と戦争は一線を画すことはできないからである。

「大東亜戦争」の直接的目的は、資源獲得戦争、自衛戦争とされるが、戦時中に「アジアの解放」のための戦争へとその目的を修正し、大東亜共栄圏構想を立てた。しかし開戦時に、戦争目的と講和条件の整合性を検討することはなかった。泥沼にはまってずるずると拡大していった日中戦争も、戦争状況の変化に伴い講和条件を変えるというやり方であった。そのため講和の時機を逸し、その延長線上に日米戦争があった。その戦争は、極東国際軍事裁判において、攻撃的戦争、侵略戦争と判決されることになる。

今日では「無謀な戦争」と言われるが、当時のエリート官僚や軍人は、それほど非合理的で理解不能な決断をしたのであろうか。改めて、開戦と終戦のプロセスで外交官が果たした役割を検証することは、現代の外交の困難、本質を理解するうえでも重要であろう。

ただしそれは、今日的価値観から過去の歴史上の人物を裁くものであってはならない。当時の外交官がどういう人物であったか、それ以上にどうありたいと望んでいたか、彼らの苦悩と苦闘の足跡を突き止めようという狙いがある。

われわれは、戦後の極東国際軍事裁判にあわせて意図的に集められた証言、回想録、記録調書にあまりにも依拠した歴史像を、安易に受けいれてはいないだろうか。本書では、そうした反省から、外交文書、政府関係公文書はもちろん、個人の日記、回想録、オーラル資料をできる限り渉猟《しょうりょう》し、検証する。

本書の構成と内容について、簡単に説明しておきたい。

日米戦争の開戦手続きにおいて、結果的に外務省は陸軍の要望する無通告開戦に協力することとなった。その経緯を辿ると、外務省内の特に条約局や南洋局の、革新派と称される少壮外交官らが企図した開戦指導が見えてくる。第一章では、革新派の少壮外交官らが省内の大勢を占める一方で、上層部の東郷茂徳《しげのり》らが日米交渉に努力するという、相矛盾する二つの外交の姿を検証する。

決して好戦的ではなかった革新官僚は、なぜそうした行動に出たのだろうか。そこで、外務省内での位置づけを考える必要があるだろう。第一次世界大戦後、有田八郎や重光葵《まもる》らが外務省改革の必要性を叫び、それに伴って政策集団が生まれることになる。第二章では、そのグループ分けを試みるとともに、太平洋戦争へと向かう外務省の組織・機構の変遷を辿る。

第三章では、前史としての経済戦争を検証する。外務省の主流に位置する欧米派、アジア派、あるいは満州事変以降に台頭する革新派は、ともに世界恐慌後の英米の保護貿易、第二次欧州大戦勃発後の対日通商貿易遮断を深刻にとらえていた。そこで外務省内に浮上してきたのが、資源獲得、援蔣ルート遮断を企図する陸軍の南進論に呼応する姿勢であった。

さらに満州事変以後、白鳥敏夫の唱える皇道外交、欧州戦争を睨んだ松岡洋右による、日独伊三国同盟とソ連を加えた四国協商構想が展開される。松岡構想は結局、三国同盟と日ソ中立の結合体として成立した。しかし本来、三国同盟は日本にとって、対英対米戦争の危険をはらむものであり、日ソ中立条約は独ソ戦争後にその意義が変貌する。なぜ日本は現実的に共同作戦をとることのなかったドイツと「不信の国」ソ連と、虚像ともいえる同盟・中立関係を築こうとしたのか。第四章では、その過程を考察する。

やがて日米関係が深刻な状態に陥り、さまざまな外交努力がなされるが、そこには二つの戦争回避のチャンスがあった。一つは近衛・ローズヴェルト会談、もう一つは日本側が最大限譲歩する「乙案」およびアメリカ側が提示しそうになった「暫定協定案」である。それはなぜ破綻してしまったのか。第五章では、野村吉三郎や来栖《くるす》三郎の動向に着目することになる。

交渉が失敗に終わって戦争が始まると、その早期終結が新たな外交課題として浮上してくる。戦局の推移によってやがて日ソ中立条約の意義が問われ、日ソ双方が条約効力に求める狙いを変容させていくことになる。その交渉過程では、外務本省と出先の佐藤尚武駐ソ大使との間に、大きなギャップが生じていた。第六章で検証する。

戦局がいよいよ悪化すると、東郷外相はソ連の仲介をもって、終戦へと導こうと考える。しかしソ連大使館では、ソ連はもはや連合国側に付いていると判断していた。佐藤尚武駐ソ大使、加瀬俊一在スイス公使や岡本季正《すえまさ》在スウェーデン公使らの意見電は、なぜ本省に受け入れられなかったのか。第七章では、終戦間際の情勢を見ていくこととなる。

ジャーナリストの清沢洌《きよし》は、一九四二年に出版した著書『日本外交史』の中で「戦争は外交の破綻に始まって、外交の復活によって終局する」と述べた。本書では、まさにその「破綻」と「復活」の実相を見ていくこととなる。悲惨な犠牲を伴う戦争を決断するのも、戦争を早期に終結させる道を探るのも外交である。戦争と外交が一体であるという認識は、はたして外務官僚たちの間でどこまで共有されていたのだろうか。

二〇一五年七月

佐藤元英

目次

校　閲　猪熊良子
DTP　㈱ノムラ

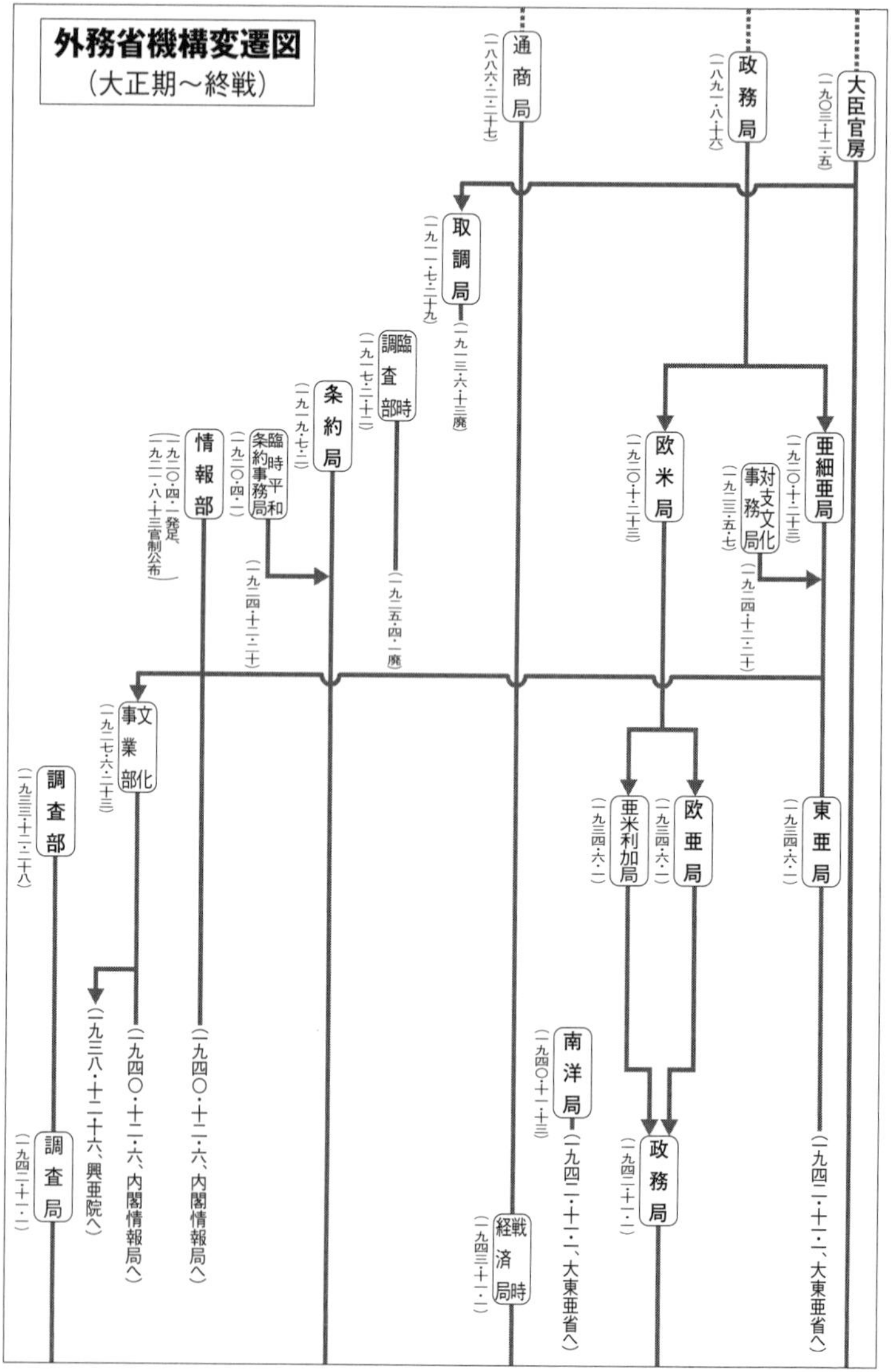
外務省機構変遷図
（大正期〜終戦）
通商局（一八八六・二・二十七）
政務局（一八九一・八・十六）
大臣官房（一九〇三・十二・五）
取調局（一九一一・七・二十九）
（一九一三・六・十三廃）
臨時調査部（一九一七・二・十二）
（一九二五・四・一廃）
条約局（一九一九・七・二）
臨時平和条約事務局（一九二〇・四・一）
（一九二四・十二・二十）
情報部（一九二〇・四・一発足、一九二一・八・十三官制公布）
欧米局（一九二〇・十・二十三）
亜細亜局（一九二〇・十・二十三）
対支文化事務局（一九二三・五・七）
（一九二四・十二・二十）
文化事業部（一九二七・六・二十三）
調査部（一九三三・十二・二十八）
欧亜局（一九三四・六・一）
亜米利加局（一九三四・六・一）
東亜局（一九三四・六・一）
（一九三八・十二・十六、興亜院へ）
（一九四〇・十二・六、内閣情報局へ）
（一九四〇・十二・六、内閣情報局へ）
南洋局（一九四〇・十一・十三）
（一九四二・十一・一、大東亜省へ）
政務局（一九四二・十一・一）
（一九四二・十一・一、大東亜省へ）
調査局（一九四二・十一・一）
戦時経済局（一九四三・十一・一）

第一章
外務省の開戦指導

一　卑怯なだまし討ちの汚名

遅れた「最後通牒」

一九四一（昭和十六）年十二月一日、御前会議において、対米英戦争開始の国家意思決定がなされている。翌二日、昭和天皇は、陸軍の杉山元参謀総長、海軍の永野修身《おさみ》軍令部総長の列立によって上奏された、十二月八日午前零時以後の真珠湾奇襲攻撃を基軸とする武力発動を裁可した。東郷茂徳《とうごうしげのり》は、外務大臣として開戦外交を指導していく。

特に「帝国政府の対米通牒覚書」（いわゆる「最後通牒」）の通告をめぐっては、奇襲攻撃の効果を最大限に発揮させるためには、日米交渉を戦闘開始まで打ち切らない方針を迫る杉山・永野両総長らと、「戦争終末捕捉の為外交打切り」を事前に正式に表明する必要があると反論する東郷外相との間で激論が交わされた。

東郷外相はようやく統帥部を説得し、武力発動直前に交渉打切りの申入れをすることに同意させ、ワシントン時間十二月七日午後一時（日本時間八日午前三時）、「覚書」をアメリカ側に通告することに決定した。

統帥部および陸・海軍省は、「覚書」通告を行った二十分後、すなわち七日午後一時二十分（日本時間八日午前三時二十分）に真珠湾攻撃を開始することを計画していた。しかし実際、野村吉三郎《きちさぶろう》駐米大使からハル国務長官に「覚書」が手交された時間は、外務省本省および出先大使館の不手際により、真珠湾攻撃が開始されてからすでに一時間経過した午後二時二十分（日本時間八日午前四時二十分）となった。

そこで今日でも、「もし真珠湾攻撃の前に通告が届いていたならば、国際社会から非難を浴びることはなかったのではないか」という議論があり、そうした観点から、ワシントンの日本大使館の怠慢という非難が長い間言い続けられてきた。

だが、問題の本質は別のところに存在する。第一に、この「覚書」は、アメリカ側に宣戦布告の意を含む最後通牒であると解釈させるには不十分であったと言わざるを得ないのである。第二に、そもそも日本側には敵対国への最後通牒を通告する意思がなく、開戦宣言は戦闘開始後に行う計画を立てていた形跡がある。

「開戦に関する条約」（一九〇七年ハーグ国際条約、日本は一九一二年加盟）第一条［宣戦］は、

「理由を附したる開戦宣言の形式又は条件附開戦宣言を含む最後通牒の形式を有する明瞭且事前の通告」と規定しているが、「覚書」はその規定を満たしていないのである。したがって、真珠湾攻撃前にアメリカ側に通告されたとしても、国際条約違反との謗《そし》りを免れることができたかどうかは疑問が残る。

東郷外相は終戦後に著した手記『時代の一面』において、十一月二十六日（日本時間十一月二十七日）に日本側に提示された「ハル・ノート」は、対日最後通牒に等しかったと受け止めている。そして「当時日本の当局者が此の儘《まま》では大国としては自滅の外ないと云う考慮を持って居た」ことから自衛のための開戦を決意し、開戦前にアメリカ政府に対して交渉打ち切りを通告するため、日本側最後通牒の「覚書」を手交したことを述べ、「日本の通告は法律的見地から見てあれで充分であったのである」と弁明した。

東条英機首相も極東国際軍事裁判口供書の中で、対米「覚書」を「あれは最後通牒で、以後日本は行動の自由を得たと考えていた」と述べている。

事前通告の意思はあったか

日本側の対米最後通牒「覚書」は、宣戦布告の事前通告を意図して手交されたものであり、国際法上からも説明がつくとする東郷外相らの論理は、正しく歴史の事実を伝えているであろうか。

事前通告については、東条首相が「通告の公付は攻撃の開始前にこれをなすことはかねて天皇陛下より私および両総長にるる御指示があり、思召はこれを連絡会議関係者に伝え連絡会議出席者は皆これを了承しております」と供述している（『大東亜戦争の真実』）。また、昭和天皇から東条首相に対して、「最終通告の手交前に攻撃開始の起らぬように気をつけよ」との注意があったということや、山本五十六《いそろく》連合艦隊司令長官も「無通告攻撃には絶対反対」であると表明したことが、まことしやかに言われている。しかし、これらもまた戦後になってからの関係者の証言であり、その信憑性は疑わしい。

野村駐米大使は、東郷外相に宛てた十一月二十七日付極秘電報において、「交渉打切りの意思表示をしないで『突然自由行動』にでることは、交渉破綻の責任を日本に転嫁させようとする逆宣伝に利用される惧《おそ》れがあり、また、大国としての信義上からも考慮を要する」との意見を具申していた（『日本外交文書——日米交渉1941年』）。

昭和天皇、永野軍令部総長、杉山参謀総長、山本司令長官、東条首相、そして東郷外相らは、開戦宣言の通告が攻撃開始より遅れれば、ハーグ国際条約に違反すると認識していたと思われるが、本当に開戦宣言を事前通告する意思があったのだろうか。

また、外務省が起案した「帝国政府の対米通牒覚書（案）」は、大本営政府連絡会議で審議されたものの、国務の最高決定機関である閣議に請議されることなく単なる了承事項とされ、天皇への上奏もなされなかった。こうした手続きの形式的異例さにおいても、「覚書」は開戦宣言を伝える最後通牒、国交断絶通告とはなり得ない。東郷が外務大臣限りの権限をもって、「覚書」を野村駐米大使より直接ハル国務長官に手交させようとした意図はどこにあったのか。

外務省が持つ二つの顔

本章では、こうした問いに新たに発掘した資料をもって答えたい。それは同時に、開戦外交の実態について再検証を試みることでもある。

戦前において極秘扱いされていた外務省の記録「大東亜戦争関係一件」に含まれている、「開戦に直接関係ある重要国策決定書」、「戦争準備資料」、「開戦関係重要事項集」、そこに綴られた多くの文書は、外務省条約局および南洋局の革新派外務官僚によって立案されたものである。そこから見えてくるものは、陸海軍をサポートする形の無通告開戦の企図、「開戦宣言」が国際的にも国内的にも開戦後に公布される「詔書」によってなされるという計画であった。

日米交渉の検証は、日米両国の外交文書に依拠しながら、実証的に進められてきた。日本側の外交文書の中心は「日、米外交関係雑纂　太平洋の平和並東亜問題に関する日米交渉関係」と言われる記録綴りであり、そのほとんどは日米交渉に直接かかわった「亜米利加局第一課」が保管していたものである。東郷外相の著書『時代の一面』、あるいは極東国際軍事裁判の宣誓口供書および証言などに即応した形で存在している。

したがって、それらの外務省記録からは、日米間で最後まで妥協できなかった、㈠中国および仏印の撤兵・駐兵問題、㈡通商の無差別問題、㈢日独伊三国同盟の解釈履行問題が、交渉破綻の原因として見えてくる。そこから、東郷外相をはじめ、亜米利加局が戦争回避のために心血を注ぎ、努力を重ねた〝ストーリー〟が広く流布している。

だが、外務省にはそれとは反対に、先に挙げた戦争準備のための資料や南方への施策文書、いわゆる開戦手続き文書も残されていたのである。

そこには、「革新派」と呼ばれる外務官僚が多くを占める、条約局・南洋局・調査部によって作成された文書が多数存在していた。それらの文書からは、戦争目的や武力発動の大義名分を模索する姿が見えてくる。

つまり外務省には、東郷外相自ら日米交渉を指揮し、戦争回避の努力を担った亜米利加局と、開戦指導に積極的に協力した条約局・南洋局・調査部の二つの顔があったのである。

二　日米交渉担当者の外務省における位置

日米交渉の陣営

東郷茂徳は、一九四一年十月に東条英機内閣の外相に就任するにあたり、日米交渉の成立が甚だ困難な状態にあることを認識していた。それでも対米交渉を続行して、㈠前近衛文麿内閣の九月六日御前会議で決定をみた日本側最小限度の要求を、至短期間内に貫徹し得る見込みがあるか、

表1-1　東条内閣下の外務省日米交渉関係者

●常時関係した者
東郷茂徳外相、西春彦事務次官、山本熊一亜米利加局長（東亜局長兼任）、加瀬俊一亜米利加局第一課長、稲垣太郎事務官、廣田穣事務官、竹内春海事務官
●随時関係した者
佐藤尚武外交顧問、川越茂外交顧問、松本俊一条約局長
●交渉中の電信事務関係担当者
亀山一二電信課長、大西理美電信官
●英訳事務に当った者
加瀬俊一亜米利加局第一課長、小畑薫良嘱託

㈡最小限度の日本側要求をどの程度に緩和すれば、アメリカとの妥協の見込みがあり、日本としてその条件を許容し得るか、㈢アメリカ側の「覚書」（十月二日付）を容認した場合、日本の国際地位、対中国地位は満州事変前に比していかに変化するか、などを検討していた。一方で、日本軍部の態度を軟化させて、極力交渉の成立を希望し、対米戦争回避のために渾身の努力を払わんとしたという。

東郷の外務省における位置は、広田弘毅《こうき》の直系で欧米派とみなされるが、有田八郎、重光葵《まもる》の主流派（本流）というわけではない。東郷は、在外にあって第一次世界大戦後ドイツ在勤が長く、戦時の疲弊せるドイツの状況、「ナチ」政権の最全盛期を目撃している。終始親ソ派の立場をとりつつ、対中国外交の合理性を重んずる姿勢を維持してきた。

その東郷が欧米局長だった時代に、第一課長（ロシア担当）を務めた西春彦を事務次官に据えた。そして、日米交渉の主要案件が中国問題である関係上、東亜局長の山本熊一に亜米利加局長を兼任させ、山本局長の下に第一課長加

瀬俊一《としかず》、事務官稲垣太郎という態勢で処理に当たらせた（表1－1）。

日米交渉が国家機密であることから、これら局長、課長、関係課員と直接関係者だけを集めて協議し、局部長の幹部会議でもあまり状況を説明せず、日米交渉の対処をめぐっては広く論議しなかった。

革新派との対立

東郷外相は日米交渉担当の陣営を整える一方で、西次官に命じて、枢軸派・革新派の粛清を図った。対象となったのは、南進政策促進に関係した松宮順（仏印特派大使）、従来から外務省内で最も急進的と目された重松宣雄（文書課長）、藤村信雄（中華民国駐在一等書記官、未赴任）、仁宮武夫（南洋局第一課事務官）らである。

しかし、省内の革新派を一掃することは現実的に不可能であった。このことが、後の開戦外交に大きく影響してくる。

当時の外務省課長レベルの大勢は、革新派によって占められていた。西春彦の『回想の日本外交』によれば、省内の革新派分子がそうとうわがままなことをやっており、政策を主張するのではなしに徒党を組んでいると思われる節もあり、策動分子の行動が目についたと当時を振り返り、日米交渉がまとまりかけた頃、外務省内から反対運動が起ってはいけないと危惧していたという。

また、革新派の急先鋒の一人であった高瀬侍郎《じろう》は、昭和十年代前半において、若手の課長クラ

表1-2　日米交渉不調となりたる際の当面の諸問題（並に担当者）

一、日蘇関係の調整（欧亜局第一課　成田勝四郎）
二、支那事変収拾（東亜局第一課　太田三郎*）
三、枢軸関係強化（欧亜局第二課　与謝野秀*）
四、南方問題　①対泰施策（例えば共同防衛による軍の進駐）および②対仏印施策（南洋局第二課　東光武三*）、③対蘭印施策（南洋局第一課　豊田久二*）、④対比島施策（亜米利加局第一課　稲垣太郎担当官）
五、占領地行政
六、情報関係①諜報関係（調査部第六課　吉岡範武*）、②啓発関係（調査部第五課　広田洋二*）、③通信関係
七、在留民引揚
八、第三国被害関係（条約局第二課　佐藤信太郎*）
九、国際法関係（条約局一課　西村熊雄）
十、国内関係（調査部第六課　吉岡範武*）

スをはじめ大多数の事務官は、「革新派の意見に全員賛成した」と証言しており、同じく少壮革新派の一人であった牛場信彦は、「戦前、僕らの頭にあったのは日本の運命ということ」であって、「お国のため」の革新運動は、当時外務省関係者にとってタブー視するようなことではなかったと述べている（『外交の瞬間』）。

これら革新派ないし枢軸派と目される外務省の課長らは、開戦外交の政策立案過程において、軍部の要求を拒絶対抗するどころか、共同体制をとった形跡すらある。

実際、日米交渉の期限が迫ってきた頃、一九四一年十一月二十日前後に作成されたと思われる外務省文書「日米交渉不調となりたる際の当面の諸問題（並に担当者）」に名を連ねた課長クラスは、成田勝四郎・稲垣太郎・西村熊雄を除けば、外交政策の改革を唱える少壮外務官僚によって結成された「僚友会」、後の「水曜会」および「十の日会」に所属していた現状打破的革新派・南進論者で占められている（表1―2、＊印の人物）。

特に注目すべきは、革新派が国際法関連を担当する条約局や、軍部の南進論派をサポートする南洋局の主導権を握っていたことである。

革新派が政策立案の中枢を担っていたことは、日米交渉の最終的段階の開戦外交に移行する過程で、極めて大きな影響をもたらしたと考えられる。なぜならば、彼らには「対英米必戦論」と「無通告開戦の自存自衛戦争」という主張があり、東郷外相は軍部の圧力のみならず、身内の対英米強硬論の勢いに迎合したことになるからだ。

三　条約局第二課の開戦準備

交渉成立の見込み

一九四一年十一月五日の御前会議によって「帝国国策遂行要領」を決定し、「自存自衛を完《まっと》うし大東亜の新秩序を建設する為」、日本は対米英戦争を決意した。さらに、日米交渉の期限を十二月一日午前零時までとし、武力発動の時機を十二月初頭としている。それまでの間、陸海軍は「作戦準備を完整」し、武力発動の直前、タイとの間に軍事的緊密関係を樹立することに定められた。ここに、国務統帥による戦争の国家意思決定がなされたのである。

日米交渉の妥結が不可能という状況が濃厚になるにつれ、開戦の事務手続きが進められていく。東郷茂徳外相は十一月五日の御前会議において、残された時間に日米交渉を成立させることは遺憾ながら望み薄であり、ただ外相としては万全の努力を尽くすと発言している。また同じ頃、イギリスから帰朝したばかりの重光葵駐英大使は「大体に日米開戦殆《ほと》んど必至」(『大蔵公望日記』)との考えを示し、外交顧問の有田八郎は「十中八九は日米交渉不成功」(『天羽英二日記』)と断言している。さらに、東条英機首相は「成功可能性三分失敗七分の公算なるべし」(「外務省外交史料館記録」)と述べるなど、いずれも日米交渉の悲観的結末を予測していた。

西春彦次官は、交渉成立の見込みを五分五分と踏んでいた。しかし東条首相と同じように、成算三分しかないと東郷から聞かされた西は、「どういうつもりで成算が三分しかないと見透したのか知らぬが、私は少々驚いた」と述懐している。西自身は「あれだけの案(後述「乙案」)があれば、まとまる見込みは必ずしもなきにしもあらず」という気がしていたという(『回想の日本外交』)。

十二月一日未明までの最終的局面の日米交渉の施策は、山本熊一亜米利加局長、加瀬俊一第一課長が中心となってすすめられた。妥結不可能との認識が濃厚となる段階からは、対米最後通牒の「覚書」が起草される。

一方、松本俊一条約局長の下、佐藤信太郎第二課長は、開戦前の措置としての国際法問題への対応策準備にとりかかる。佐藤は僚友会の中枢的立場にあり、対米強硬の姿勢をとっていた。

「昭和十六年度条約局第二課執務報告」によれば、「大東亜戦争開始前の措置」として、次のような業務を行った記事がある。

支那事変その他東亜情勢について米国大統領と交渉し局面打開に努力したが、米英側の頑迷なる態度は将来の予測を許さざる事態なれるに依り、条約局第二課においては万一の場合を考慮して、日本の参戦の場合起り得る国際法に関連する諸問題の学説および先例について調査研究を行った。その主な事項は、㈠開戦に当り執るべき措置として、イ開戦宣言、開戦の詔書および開戦の声明並に通告、ロ交戦国相互の外交官引揚、ハ利益保護委託など、㈡占領地における軍政施行に関する先例、㈢その他戦時国際法関係の事項として、イ開戦の手続及戦争開始の時期に関する諸説と実例、ロ米国国内法における宣戦手続、ハ交戦区域及交戦権行使の場所に関する考察などである。

条約局第二課の動向

こうした業務の中で条約局第二課では、「帝国の参戦に当り執るべき措置に関する件」(十一月四日付)および「帝国の参戦に当り執るべき措置に関する件(追加の一)占領地に於ける軍政施行に関する先例」(十一月十二日付)の調書を作成している。

これらの文書によれば、日本は「開戦宣言」を規定したハーグ国際条約に拘束されることを明確に認識しており、「開戦宣言の後は、開戦の詔書の渙発《かんぱつ》せらるることの外、開戦の事実或は右詔書自身を各中立国に通告することを要す」と言明している。また、開戦の詔書の他に、政府は「開戦に付、戦争の理由及び目的を明瞭にせらるる国民一般に対する声明を発する必要あるべし」と述べている。

さらに、佐藤信太郎条約局第二課長の起案した「開戦の手続」(十一月十八日付)によれば、開戦には一般的にまず相手国に事前に一定の要求を行い、これが容認されないときは開戦宣言をなし、その後敵対行動に出ることが通常の形式であるとみなされていたが、最近は必ずしもこうした経過によらず、作戦行動の必要上速やかに突然敵対行動に出ることがあるとしている。

そして今次の独ソ開戦のように、開戦宣言なくして戦争が開始された例が多々あると述べたうえで、戦争開始の四つの場合を次のように列記した。

一、相手国に対する開戦宣言(宣戦布告)。

二、相手国に対して一定の要求を行い、これが一定の時間内に容認されない時は開戦する旨、あるいは自由行動に出る旨の通告(日独戦争および日露戦争の形式)。

三、陸・海・空軍の兵力による敵対行為の開始、ただしこの場合双方のいずれかが一方に戦争を為すの意思あることが必要である。従って単なる国境紛争のような場合は戦争ではない。

四、当事国に戦争を為す意思が明瞭でないが、敵対行為が開始され、しかもこの敵対行為が広範囲にわたり続行される場合。

佐藤は、第二次欧州戦争の英独間および仏独間の開戦は、第二の場合によるものであるとし、日露戦争、日独戦争の開戦も同様の形式によると述べている。ここで注目すべき点は、「独ソ開戦」の例を挙げたこと、第三および第四の宣戦布告なき「敵対行為の開始」による戦争開始をわざわざ示したことにある。

四　開戦外交のシナリオ

条約局のシナリオ作成

以上のように、日米交渉のシナリオは亜米利加局でつくられ、開戦外交のシナリオは条約局でつくられたのである。

宣戦布告の意を呈していない「覚書」を事前に通告しようとした亜米利加局、開戦後に開戦宣言を通告しようとした条約局、この別々につくられたがゆえのシナリオの矛盾を東郷外相はどう調整しようとしたのだろうか。それはまったくの不明だが、外務省の総括責任者として、東郷が開戦の最終手続きを決定したことは違いない。したがって、条約局のシナリオを裁定したのも東郷である。

外務省条約局では、一九四一年十一月二十日、「宣戦に関する件」および「宣戦に関する事務手続順序に付て」を策定し、開戦にそなえた具体的事務手続きの確認を行った。日清戦争、日露戦争の先例、特に一九〇七（明治四十）年一月三十一日「公式令」（勅令第六号）が公布された後の日独戦争の開戦手続きを参考にしながら、宣戦に関する事務および宣戦の布告に伴う事務の手続き、書類の形式などを検討し、開戦準備の実践的段階に入った。

この「宣戦に関する事務手続順序に付て」は、十一月二十七日の大本営政府連絡会議において審議され、開戦の国家意思決定から宣戦の布告に伴う措置の大本営政府連絡会議、閣議、御前会議、枢密院会議などの具体的日程が定められた。その予定は以下の通りである。

まず「戦争開始の国家意思の決定に関する事務」が執られ、十二月一日午前中に、大本営政府連絡会議を開き、「戦争開始の国家意思を決定」すべきことを同日の午後に開かれる「御前会議議題」とすることを決定する。連絡会議で決定した「御前会議議題」案は、閣議決定されたのちに、同日午後の御前会議にかけられる。

続けて「戦争開始の国家意思の表示に関する事務（宣戦の布告）」がとられる。宣戦の布告は枢密院の諮詢《しじゅん》事項であり、日独戦争の際と同様に「詔書」をもって公布するものであった。宣戦の布告としての「詔書」は、内閣官房総務課において起案し、「閣議案起草」として閣議に上申され、法制局には諮詢せず、内閣書記官長の印の側に法制局長官が捺印する。

閣議に対しては、「別紙の如き詔書を公布し、以て、宣戦を布告するの可否」という文面で上申し、また、枢密院に諮詢する趣旨により、閣議上申式および閣議決定後の上奏式の文書形態を次のように定めた。

○閣議上申式
某国に対する宣戦布告の件
詔書案別紙
右閣議に供す
追て本件は枢密院官制第六条第十一号に依り枢密院に御諮詢相成可然
（別紙）詔書案

○上奏式
某国に対する宣戦布告の件
右謹て上奏し恭しく
聖裁を仰き併せて枢密院の議に付せられんことを請ふ
年　月　日
内閣総理大臣
（添附）詔書案
……………………

御名御璽

年　月　日

内閣総理大臣
各国務大臣

（註）上奏には、詔書案閣議決定の原議を添へ、（原議に「御覧済内閣へ御下付」と符箋す）詔書案を上奏の内容として上奏す。

そして、Y（X＋1）日、つまり開戦の翌日（開戦後と理解すべき）、内閣官房総務課で起案された「宣戦布告の件」（別紙「詔書案」）を閣議決定し、上奏の後、枢密院に諮詢され、再び閣議において「枢密院上奏の通り裁可奏請の件」を決定し上奏する。裁可の後、下げ渡しの宣戦布告の「詔書」公布を官報号外によって行うが、下げ渡し直後「宣戦布告に関する政府声明」を行い、続いて「宣戦の布告に伴う事務」を執る。まず、「交戦状態に入りたる時期を明示する為の内閣告示」および「時局の経過並政府の執りたる措置綱要」などを閣議決定し、それらの諸件を決定と同時に発表し各庁宛通牒を行う。また、宣戦布告は宣戦の詔書公布により行うことなどが定められた。

こうした手続きと同時に、国民に向けての国論指導を具体的に実行すべき事項として、㈠宣戦詔書渙発の奏請、㈡政府決意の表明（政府声明）、㈢外交経過の発表、㈣必要に応じ臨時議会の招集、㈤翼賛会の動員などを挙げている。

○交戦状態に入りたる時期を明示する為の内閣告示
平、戦時の区分を明白ならしむる為、左案の如き告示を為すを適当と思料す。
内閣告示第　号
帝国は　日午　時　分より某国と国交断絶して交戦状態に入れり
年　月　日
内閣総理大臣

『大本営陸軍部戦争指導班機密戦争日誌』においても、開戦の翌日宣戦を布告すること、「宣戦の布告は宣戦の詔書に依り公布」すること、枢密院の諮詢の日時は機密保持上布告の日とすることなどが決定されたと記されている。そして、外務省が主導してきた日米「交渉は勿論決裂なり。之にて帝国の開戦決意は踏切り容易となれり。芽出度《めでたし》〳〵。之れ天佑《てんゆう》とも云うべし。之に依り国民の腹も堅まるべし。国論も一致し易かるべし」と記録されている。

東郷の厳命

こうした日程が、なぜ十一月二十七日の大本営政府連絡会議で決定されることになったのだろうか。それは、日本側最終案である「乙案」に対する回答ハル・ノートが、アメリカ側の最後通牒として受け止められたためと考えられる。戦後、多くの関係者が、ハル・ノートが開戦の決意を決定的にしたと証言している。

しかし、ハル・ノートが発出されなかったとしても、開戦外交は着実に進められていくレールに乗っていたと言える。十一月五日、来栖三郎大使が「甲」「乙」という日本側最後の二案を携えてワシントンへ向かうことになったとき、東郷は、十一月二十五日が交渉期限であることを来栖はもちろん、野村大使にも厳重に伝えているためである。

さらに東郷は、両大使に対して、「乙案」が日本側の最終妥協案であることを十一月二十日にハル国務長官へ伝えるよう指示している。また、十一月二十二日付訓電では、三、四日中に日米間の話し合いを完了させ、遅くとも二十九日までに「調印を了するのみならず、公文交換等に依り英蘭両国の確約を取付け」るよう、絶対の最終交渉期限を厳命していたのである。

野村、来栖両大使は、十一月二十六日、東郷外相の訓令に従ってハル国務長官と会談した。しかし、野村大使はローズヴェルト大統領の“no last words”という発言を引合いに出し、もはやアメリカ側に譲歩の余地はなく、交渉妥結は不可能であると報告した。さらに、交渉破綻の責任が我方に転嫁される惧れがあり、現に仏印進駐のために会談が停止されたというような言及があると言明した。

そして次のように進言し、日米交渉の打切りの意思表示を東郷外相に求めたのである。

我方が何等本件交渉打切の意思表示を為さずして、突如自由行動に出づることは、右の如き逆宣伝に利用せらるる惧《おそれ》あるのみならず、大国としての信義上よりも考慮を要する次第なるが、而も斯の如き意思表示は我軍機と緊密の関係あるべきを以て、政府の御裁量に依り東京に於て米国大使に対する通告、又は中外に対する声明等然るべき方法に依り、今次交渉の区切りを明かにせらるること、得策なるやに存せらる。（「外務省外交史料館記録」）

ハル・ノートへの対応

「乙案」へのアメリカ側対案、いわゆるハル・ノートは、十一月二十六日に伝えられた。東郷外相はその内容に愕然とする。絶望する東郷は、二十八日の閣議において、「対米交渉の経過及将来」を報告しているが、ハル国務長官の回答について、「従来我方の主張とは雲泥の相違あり、且《かつ》四月以降半才余に亘《わた》る彼我の交渉経緯を全然無視せる傍若無人の提案を為し来れり」と非難した（「外務省外交史料館記録」）。東郷自身、もはや日米交渉の妥協は絶対不可能と決断していたのである。

これを受けて東条首相は、「外相説明の如く愈々《いよいよ》望なき状態となれり、此の上は御前会議決定に基き武力解決となる次第なるも、尚慎重を期する為十二月一日御前会議となるべし、閣僚は其の前在京のこと」（「外務省外交史料館記録」）と言い渡し、閣僚の開戦決意をまとめた。

宣戦の「詔書」と同時に発表されるべき「政府声明案」および「日米交渉の経緯（自昭和十六

年四月至十一月)」も、同二十八日に外務省において起案されている。「政府声明案」は、原案のまま後に内閣案とされた。また「日米交渉の経緯」の文書中では、ハル・ノートについて、日本側の新提案(十一月二十日案)は一般的原則と両立せず審議不可能であり、新米国案を以て今後交渉の基礎としたいと申し出ており、その内容は日本として到底同意し得ざるものであるとの結論に達したことを明確にしている。したがってハル・ノートをアメリカ側の最後通牒と認識したかどうかはともかく、日本の開戦決意に重大な影響を与えたことは間違いない。

十一月二十八日、東郷外相は野村大使に回訓し、ハル・ノートに対して、政府見解を申入れて実質的には交渉打切りとするほかない情勢だが、先方には交渉決裂の印象を与えることを避けるよう指示した。また、十一月三十日付の訓電においても、正式文書による回答ではなく、口頭によりアメリカ政府に次のように申し入れる対応にとどめている。

東亜の現実を無視し、帝国の権威に関する点少なからざる新提案を為したるは帝国政府の理解に苦しむ所なり、殊に支那問題に付其の態度を豹変せるが如きは、七ヶ月に亘る交渉に於て米国政府が企図したる根本目的那辺《なへん》に在りたるやを疑わしむるものあり、仍《よっ》て茲《ここ》に米国政府に対し、深甚なる反省を求むるものなり。

(「外務省外交史料館記録」)

しかも、この申入れにより交渉を直ちに決裂に導くことのないよう、十分配慮するようにとの注意が付け加えられていた。

五　開戦宣言と戦争理由

戦争理由はどこにあるのか

開戦のシナリオが固まるにつれ、戦争理由・名目の骨子、いわば武力発動の大義名分が練られてゆく。これは当然、宣戦の「詔書」作成の流れと連動する。

昭和天皇はすでに一九四一年十月十三日、木戸幸一内大臣に詔書案の作成を指示していた。その際天皇は、今までの詔書を振り返り、国際連盟脱退あるいは三国同盟締結の際の詔書では「世界平和」のためと述べたが、国民はこの点を等閑視し忘れているとして、次のような要望を出した。

> 如何にも英米に対抗するかの如く国民が考えて居るのは誠に面白くないと思う。就《つい》ては今度宣戦の詔書を出す場合には、是非近衛と木戸も参加して貰って、篤《とく》と自分の気持を述べて、之を取り入れて貰いたいと思う。（『木戸幸一日記』）

宣戦の「詔書」の起草は、外務省条約局長松本俊一の下で進められた。それと同時に、十一月十日前後から、戦争理由の成文化を急ぐ動きがみられる。陸海軍省部の間においても、十一月八日頃から「対米英蘭開戦名目骨子案」の研究が進められる。

外務省が起案した「戦争理由（大義名分）」（日付欠）によれば、「一、日本の生存を脅威し名誉は毀損《きそん》せられたり」と述べ、アメリカは英・蘭・支の各国と策謀し日本の安全を脅威し、国民生活に必要欠くべからざる重要資源の補給を遮断し、経済圧迫を加重して日本の存立と平和的発展を不可能ならしめた、よって「生存権確保」のために武力に訴えるという。そして、東亜新秩序達成のための支那事変に不当に容喙《ようかい》し、また蔣介石政権を露骨に援助していることは、日本としては英米より「敵対行為を受けるに等しき状態」であると主張している。

続けて、「二、英米の極東政策は東亜の安定を計り進んで世界平和を招来せんとする帝国の国策と根本的に相容れざるものなり」と述べ、人種差別によるアジア植民地支配を批判している。さらに「三、帝国が生存を維持し防衛を確保せんとする最小限度の要求をも拒絶せり」と述べ、アメリカは自国の原案を固持し日米交渉に一歩も譲らず、専ら遅延策を講じて対日圧迫の行動に出たと主張する。そして、「四、同盟の信義に基きて蹶起《けっき》せり」と、独伊に対する信義と条約上の義務履行を述べている。

外務省では別途、山本熊一亜米利加局長が中心となって「対米英蘭蔣戦争終末促進要綱（外務省）」を十一月十二日に作成して、戦争をにらんだ方針策定に取りかかっている。

詔書作成のプロセス

さらに、外務省東亜局および南洋局が中心となって、開戦名目が立案された。その骨子は、東亜の安定を確保し世界平和の招来を望むことが日本の対外国策の要諦であり、そのための大東亜新秩序の建設こそが日本の不動の国是であるという点にあった。

「対米英開戦名目骨子（案） 昭和十六、十一、十一 連絡会議決定案」にも、従来の外務省の主張が踏襲されている。アメリカの対日経済措置を厳しく非難するとともに、外務省内の一部には、「日米交渉の内容を今少しく発表し帝国の対米主張を明ならしむる要ありと認む。（本骨子案の書振は余りに支那事変中心主義にて、之では対英米開戦の意義徹底せざるのみならず国民の血も湧かざるべきを恐る）」との意見もあった。

また、対米開戦となれば、その緒戦場は南方と予想していた塚本毅《たけし》南洋局長は、「対英米蘭武力発動の理由及戦争状態発生に関する宣言（案）」（日付不明）および「南方戦の性格、戦争目的に関する一意見」（十一月十九日付）を作成。戦争の基本的性格は「必需資源獲得戦」であり、宣言すべき戦争目的およびその順位は、㈠「帝国生存権の擁護―自存自衛権の必要上実力に依《よ》る敵性国家の包囲陣突破」、㈡「英米蘭に依る援蔣行為の抜本震源的排除」、㈢「大東亜の興隆（又は大東亜の恒久的平和、安定及興隆）」としている。

これらの開戦名目骨子案が、宣戦の詔書に盛り込まれていくことになる。

外務省条約局起草の宣戦の「詔書」案は、十一月二十七日の大本営政府連絡会議において披露されたが、内閣書記官長がとりまとめ役となって、さらに研究されることになった。「詔書第一案」として閣議に提示されたのは、日米交渉期限をむかえた十二月一日のことである。

その後、「詔書」案は確認できるだけでも第六案文まで作成され、十二月五日の閣議、六日の大本営政府連絡会議を経て最後的に確定し、十二月八日の午前中「宣戦を布告するの可否」とともに「詔書」案を上奏し裁可を得た。

この「詔書」からは、日清戦争および日露戦争の「勅書」や日独戦争の宣戦の「詔書」にはあった国際法遵守のくだりが削除されていた。その理由については、陸軍が中立国であるタイの南端、英領マレー・コタバルよりわずかに北のシンゴラに軍を上陸させる計画を持っていたためとされる。

徳川義寛『侍従長の遺言』によると、「詔書案が出て、東条さんが陛下に説明した際、陛下はこの点に気づいて何度も念押ししましたが、東条さんは理由としてタイのシンゴラを挙げて、『それ（国際法順守）を入れると、陛下ひいては日本が嘘をついたことになります』と説明した。そこで陛下は、主義としては認めないが、やむを得ず、お認めになったということです」と、戦後になって天皇から聞いた話の証言をしている。

日本はタイと軍事協定（軍隊の通過承認）を結んでから日本軍を進駐させる計画を立てていたが、協定の成立は日本軍の進駐後となり、タイとの間に軍事衝突を起こした。国際法遵守の問題は、日タイ軍事同盟の成立時間と開戦宣言の事前通告にも関わっていたのである。

六　南洋局のケーススタディ

海軍省とのつながり

開戦に向けての外交的最終段階の手続き、つまり最後通牒・交渉断絶通告および宣戦布告の方法も、外務省内で検討が重ねられている。

真珠湾攻撃の決定を知らされていなかった外務省だが、タイへの日本軍の進駐予定時刻は知っていた。そこで外務省では、緒戦場を南方と予想し、塚本南洋局長の下で「南方問題」の措置を検討していた。しかし、第一課長の豊田久二は枢軸派に属し「対蘭印施策」を担当し、第二課長の東光武三《とうこうたけぞう》は「十の日会」メンバーの南進論者で、「対泰思索（共同防衛による軍の進駐）」および「対仏印施策」を担当していた。

一九三五（昭和十）年前後から、海軍側が主導権をとる形で、外務省側との間に「外交・国防同志会」と言われる革新派の集まりができ、「海・外会合」が行われていた。初期の頃は、外務省から田代重徳・矢野征記《せいき》・川村茂久ら十三名、海軍側からは南進論者の中原義正・加来止男《かくとめお》・石川信吾らが出席している。

この会合がどの程度継続されたかは不明だが、海軍省と外務省革新派の南進論が横断的つながりを築いていったとみることは、想像に難くない。また、一九四一年の日米交渉末期の頃には、海軍省が「外交懇談会」「政治外交研究会」などと称して、日米交渉のことはもちろん、日米戦、戦争目的、思想戦、臨戦指導方策などについて話し合っているが、そこにときどき外務省関係者も参加している。

こうした会合に、田村幸策、神川彦松、矢部貞治らも出席しているが、矢部はその席で宣戦布告の形式に反対し、ハーグ国際条約を無視することはかまわず、戦争目的を明確にさせることによって自存自衛戦という建前をとるべきであると主張している。

南洋局のシナリオ

海軍と連絡をもつ南洋局では、「対米武力発動に至る各種経路（就中《なかんずく》開戦宣言をすべきや否やの問題）」という文書が十一月中旬頃に起案されている。その内容は、対米武力発動に至るまでの措置について観念上考えられる「各種経路」の方法、すなわち宣戦布告の順序を想定したものである。

南方戦は、結局英米蘭を相手とする全面戦となるが、最初の武力発動はまずフィリピンおよびマレーに対して行われるとの見通しに立って、宣戦布告の事前通告の手順や無通告開戦の場合などを、各種方法の長所・短所と共に列挙した興味深いものである。

甲案　開戦に必要な一切の準備完了まで、形式上は何とか交渉を継続し

第一案　駐米大使より米政府に対し、開戦宣言を通告し、その直後二十分位後、米に対し武力発動する。
第二案　米政府に対し最短期限付にて条件付開戦宣言を含む最後通牒を発し、我方要求が拒否された場合、または期限経過後直ちに武力発動する。
第三案　米政府に対し最短期限付申入れを行い、我方要求が拒否された場合、または期限経過後直ちに
イ案　直ちに米政府に開戦宣言を通告し、その直後武力発動する。
ロ案　予め開戦宣言または何等の通牒を発することなく、直ちに武力発動する。
第四案　米政府に対して予め開戦宣言または何等の通牒を発することなく、直ちに武力発動する。
イ案　例えば蘭印に向かう日本側軍艦に対する米側の発砲、フィリピン在留邦人に対する米側の加害行為等を口実として、自衛権の発動として対米武力行為を開始する。
ロ案　特別な口実によらず武力発動し、これと同時に武力発動の大乗的理由および南洋一円に対する交戦区域を内外に宣言し、これを米側に通告する。さらに相手国の抵抗により戦争状態存在するに至ったことを内外に宣言する。
ハ案　対米武力発動と同時に南洋一円に対する交戦区域の宣言のみ行い、適当な時期に武力発動の理由と戦争状態存在するに至ったことを内外に宣言する。
乙案　交渉経緯とともに、その打切りを通告および公表し、開戦に必要な一切の準備完了の

上

第一案　米政府に対して開戦宣言を通告し、その直後米に対し武力発動する。

第二案　米政府に対し予め開戦宣言または何等の通牒を発することなく、直ちに武力発動する。

以上が取り得る選択肢であるというが、こうした選択肢は第二次欧州戦争における諸外国の開戦手続きの動向や、ハーグ国際条約をも考慮に入れ想定されたものである。

無通告開戦のロジック

この文書を作成した南洋局の結論では、実際的見地からみて考慮の価値ある選択肢は、甲案の第一案ならびに第四案のロ案およびハ案の三案であるが、さらに諸般の実際的事情に照らせば、甲案の第四案のハ案が最も実現性ありとしている。

すなわち、日米交渉を継続させながら、開戦準備が完整した時点で、対米無通告開戦に踏み切り、武力発動と同時または直後に南洋一円の交戦区域、戦闘区域または作戦行動区域を設定する宣言のみを行い、その後適当な時期に武力発動の理由および相手の抵抗により戦争状態が存在するにいたったことを内外に宣言し、これを在京米国大使を通じてアメリカ側に通告するという経路である。つまり、事前通告なしの無通告開戦を勧めているのである。

この案の短所としては、日本から挑戦することを示してしまう点や、当初において戦争目的が内外に明らかにできない点が挙げられている。長所としては、たとえ蘭印に対する武力発動が遅れる場合にも、英米蘭に対して同時に戦争目的の発表ができる点が挙げられている。

東郷外相が、この案にどう反応したかは定かではない。しかし東郷自身が当初構想していた「帝国政府の対米通牒覚書」の通告方法は、甲案の第一案と一致している。すなわち、開戦に必要な一切の準備完了まで形式上は何とか交渉を継続し、駐米大使より米国政府に対し開戦宣言を通告し、その直後二十分位後、武力発動することであった（実際は、開戦宣言の表現を交渉断絶の通告に修正してしまった）。

南洋局は、この方法の長所について、戦争目的を明らかにし事前通告することで、ハーグ国際条約の規定にも合致し、通告と開戦の時間的な間隔も短く作戦的支障が比較的少ないとしていた。しかし、電撃的作戦遂行の見地からすれば欠点があり、本件のような訓電を予め駐米大使に発することは、暗号その他の関係上機密保持に万全を期し難いと指摘した。

東郷外相が実際に選択したのは、結果的に甲案の第三案のロということになる。すなわち日米交渉を継続しながら、米国政府に対し最短期限付申入れを行い、我方の要求が拒否され、あるいは期限経過した場合、予め開戦宣言または何等の通牒を発することなく直ちに武力発動する経路である。

南洋局は、この経路の短所について、電撃的作戦遂行上大なる欠点があり、事実上開戦の予告を与えるに等しく、国際信義には大体合致するが、条約上の開戦予告とはならないと指摘している。

外務省内では、密かにこうした宣戦布告方法のあらゆる想定を検討していたのである。

参謀本部が考えていたのは、外務省南洋局が「最も現実的な方法」と評価した甲案第四案のハであった。参謀本部と外務省南洋局の双方が連携して動いていた、という史料は未確認である。しかし、実際に陸軍が英領マレーで採った攻撃開始の方法は、甲案第四案のハ、つまり無通告開戦だったのである。

七　最後通牒の外務省一任

交渉の最終段階の責務

戦争開始の時日や作戦内容は、軍部の最高機密事項である。しかし外務省には、敵対国への「交渉打切り」の最後通牒および宣戦布告を通告するという、交渉の最終段階としての重要な責務がある。

日本は「開戦に関する条約」に加盟していることから、開戦宣言、または開戦宣言を含む最後通牒を事前に通告する必要がある。これを外務省、東郷外務大臣はどのように処理しようとしたのだろうか。

本章の冒頭で述べたように、杉山・永野両総長は、十二月二日午後二時参内し、御学問所において昭和天皇に、大本営政府連絡会議で決議した十二月八日午前零時以後の真珠湾攻撃を基軸とする武力発動を上奏し、開戦日の裁可を得た。そして、「連合艦隊司令長官は十二月八日以後大海令第九号により武力を発動すべし」との、開戦期日指定の大海令第十二号もまた発せられるに至っている。

十二月三日の閣議では、東条首相は「戦時体制確立の為の制度提案の件」を述べ、「国民生活、生産拡充に関し立案改善、実行を要するもの及官公吏の権限拡大の為弊害等に付各省具体案を提示あり度」と告げ、いよいよ国民への戦時総力戦体制確立を促す制度の対策に入った。

しかし、日清戦争、日露戦争、日独戦争の開戦経緯においては、およそ次の流れを経ている事実を忘れてはならない。

㈠戦争の意思決定（御前会議→閣議決定→上奏裁可）
㈡戦争開始の国家意思決定（御前会議→閣議決定→上奏裁可）
㈢敵対国への最後通牒・交渉断絶通告（閣議決定→上奏裁可）
㈣「宣戦の布告」および「詔書（勅書）」（閣議決定→上奏→枢密院諮詢→上奏裁可→詔書渙発）
㈤交戦状態に入った時期の明示（内閣告示）

つまり外務省は、対米開戦に際して、なぜか㈢敵対国への最後通牒・交渉断絶通告について、国内的開戦手続きと国際法上の開戦宣言手続きを無視したことになる。

外務省（条約局）の「宣戦に関する件」は、日露戦争および日独戦争の先例にならうべきと述べ、開戦の意思決定は国務に属する事項であるが、統帥事項と極めて重要かつ密接な関係のある国家最高の意思決定であると位置づけた。そして、御前会議において議し、「開戦に付ての内閣総理大臣及各国務大臣の意見書に各国務大臣署名し、上奏、裁可を仰ぐを適当とすべし」と判断している。

開戦通告が消された覚書

日米開戦の経緯を概観すれば、条約局の作成した開戦へのシナリオである「宣戦に関する件」および「宣戦に関する事務手続順序に付て」によって実行されたことになる。

戦争の意思決定は、いったん九月六日の御前会議における「帝国国策遂行要領」で示されたが、昭和天皇は日米交渉の継続を強く望まれ、近衛内閣の後継である東条内閣に、木戸幸一内大臣を通して「白紙還元の優諚《ゆうじょう》」が伝えられた。しかし、改めて十一月五日の御前会議において戦争の意思決定がなされている。戦争開始の国家意思決定は、予定されていた事務手続きに従って、十二月一日午前の閣議、午後の御前会議、上奏、裁可によってなされた。同日、宣戦の「詔書」も閣議で審議されている。

対米最後通牒の「覚書」文案については、大本営政府連絡会議において議論され、陸海軍関係者の意見により修正された。山本熊一亜米利加局長が起草した十二月三日付「帝国政府の対米通牒覚書」には宣戦布告を含む文面が盛り込まれていたが、東郷茂徳は「連絡会議には十二月四日初めて上議せられたが、各員に配布せられた上其同意を得た。閣議では翌五日自分から通告案の要旨を説明して其承認を得たのである」と述べている（『時代の一面』）。

閣議請議の形式をとらず了承事項としたのは東郷外相の意図的判断で、単なる交渉打切りを申入れる文書であるから、上奏裁可の手続きを経る必要もなく、さらに、その後の修正も外務省限りの処理として可能であるということを念頭においてのことと思われる。

したがって、五日付文書では交渉の条件付打切りに修正され、最終的文面は外務大臣に一任されたが、六日付最終文書では単なる交渉打切りの対米「覚書」にさらに修正された。その文面には、日露戦争の際の「独立の行動を採る」、日独戦争の際の「必要と認むる行動を執る」というような通告が宣言されておらず、「仍《よっ》て帝国政府は茲《ここ》に合衆国政府の態度に鑑み今後交渉を継続するも妥結に達するを得ずと認むるの外なき旨を合衆国政府に通告するを遺憾とするものなり」と述べたのみである。

結局、形式的にも閣議決定、上奏、裁可の手続きを経ることのなかった異例な対米最後通牒「覚書」は、開戦宣言または条件付開戦宣言を明記しないまま、東郷茂徳外相から野村吉三郎駐米大使へ訓電されたのである。そして十二月七日、予定より一時間二十分遅れて午後二時二十分にハル国務長官へ手交されたため、真珠湾攻撃は宣戦布告の無通告開戦となった。

東郷外相は、対米最後通牒としての「覚書」を事前に通告することを強く望んでいた。しかし、その文面においては、開戦宣言の形式または条件付開戦宣言を含む最後通牒の形式を自ら放棄したのである。

「覚書」の最終的修正は、東郷外相と山本亜米利加局長によってなされ、まさに「外交を犠牲」にした。東郷外相が自ら次のように認めている。「これが形式的には宣戦の通告とは異なるものなるは明らかである。即ち当初自分の希望して居たものとは相違して連絡会議が決定した交渉打切りの形式となった」（『時代の一面』）。

八　革新派による無通告開戦指導

「詔書」の公布と駐米大使への通告

一九四一年十一月二十七日、大本営政府連絡会議において、「宣戦布告の件」は開戦後、閣議決定を経て枢密院に諮詢を奏請することに決定された。これを受けて、参謀本部の『大本営陸軍部戦争指導班機密戦争日誌』には、「開戦の翌日宣戦を布告す。宣戦の布告は宣戦の詔書に依《よ》り公布す」と記録されている。

外務省条約局では、「宣戦の布告」は「宣戦の詔書の公布」に他ならないと認識されていた。対米最後通牒「覚書」は、ハーグ国際条約の規定する開戦宣言または条件付開戦宣言を含む最後通牒ではなかった。それがゆえに国際法上の「開戦宣言」とはなりえず、また、閣議決定、上奏、裁可を経ることもなく、国内的措置の形式からいっても敵対国への最後通牒ではなかった。

したがって、十二月八日午前十一時四十分に「米国及英国に対する宣戦の布告の件」および「詔書」が裁可され、直ちに渙発された宣戦の「詔書」こそが、国際的にも国内的にも、「理由を附したる開戦宣言の形式」をととのえた宣戦布告であると認めざるを得ないのである。日本政府は、それ以前になんらの国際的開戦宣言も行っていないことになる。

「詔書」には明確に「朕茲《ちんここ》に米国及英国に対して戦を宣す」とあり、それが国民に対するものであろうとも、一国の元首が米英に対する開戦を宣言し、それが電波に乗って敵国に通達されるであろう以上、開戦宣言の通告であるとみなされるべきである。「詔書」の渙発と同時に、ラジオ放送によって対米英蘭戦争が発表され、続いて東条首相の「大詔を拝し奉りて」と題する演説、「帝国政府声明」、さらに外務省が「日米交渉経過」を発表している。

東郷外相は「詔書」の公布を待ってのことと思われるが、昼近く、大野勝巳亜米利加局第二課長を米国大使館に遣わし、クロッカー一等書記官に「戦端が開かれたという公式発表」を読み上げ、交戦状態に入ったことをアメリカ大使館に初めて告げた。

ジョセフ・C・グルー『滞日十年』には、記録のためとして、その「通告の本文」が掲載されている。東郷から駐日米国大使グルーに宛てた書簡であるが、冒頭に「第一三六号　極秘　調査五」とある。そこには、「戦争状態が起れる」状態が発生したことが正式に記されていた。

調査部第五課は、対外宣伝啓発に関する事務を掌《つかさど》り、広田洋二課長の主管の下で発出された文書であることを示している。四年間のアメリカ在任の経験をもつ「知米派」の広田は、「僚友会」「水曜会」そして「十の日会」など外務省革新派の中核となるグループの主力メンバーであり、外務省における防共協定強化論の代表格でもあった人物で、松岡洋右以上に現実主義的な「力の取引」をアメリカにせまる強硬論者であった。

そのため東郷は、外相就任の際、重松、藤村、仁宮と共に排除しようとしたが、たまたま広田がその時病気に罹っていたために免官を免れたという。

外務省革新派の開戦指導

昭和天皇は、午後二時十分、陸海軍両大臣に「朕は帝国の自存自衛と東亜永遠の平和確立との為、遂に米英両国に対し戦を宣するに決せり。朕は汝等軍人の忠誠勇武に信倚《しんい》し、克《よ》く出師《すいし》の目的を貫徹し、以て帝国の光栄を全うせんことを期す」と勅語を下賜《かし》。午後二時三十分、米英両国より対日宣戦布告がなされた。

十二月八日の出来事の詳細を以上のように改めて検討していくと、国際的にも国内的にも認められた日本の宣戦布告は、午前十一時四十分に渙発された「詔書」ということになる。

開戦の翌九日、「宣戦親告の儀」が宮中三殿（賢所《かしこどころ》・皇霊殿《こうれいでん》・神殿）においてとりおこなわれた。そして、十二月十日の大本営政府連絡会議において、「今次の対米英戦争及今後情勢の推移に伴い生起することあるべき戦争は支那事変を含め大東亜戦争と呼称す。十二月八日午前一時三十分より戦時とす」と決定された。シンゴラでの上陸作戦を開始した時刻であり、真珠湾攻撃よりも二時間前のことである。

先述した通り、外務省南洋局では、最初の武力発動はフィリピンおよびマレーに対して行われるとの見通しに立って、今次戦争を南方の「必需資源獲得戦」と位置づけた。条約局においても、独ソ開戦のように開戦宣言なく作戦行動の必要上速やかに突然敵対行動に出ることもあり得るという考えを示し、「詔書」の中に「自存自衛の為」の戦争であることを明確化した。

東条英機首相は、まさにこれら外務省革新派の提示した開戦指導どおりに事をはこんだことになる。「日米交渉」の最終段階において、外務省は軍部の奇襲作戦に対し全面的協力態勢に入っていた。

しかしあえて付記しておきたいが、こうした開戦外交に嵌《はま》ってゆく理由には、「ハル・ノート」発出に象徴されるアメリカ側の硬直的な徹底した抑止策に、日本が尊厳ある国家として対抗せざるを得なかったということがあった。「ハル・ノート」を受け入れることは、戦わずして世界の三流国に転落することになるとの焦りがあったのである。

東郷外相は、省内の革新派に屈して無通告開戦に踏み切ったとは言えない。革新派が外交政策を直接左右するほどの影響力を振るった形跡はない。東郷外相自身も亜米利加局を自ら指揮して日米交渉に心血を注いだが、ハル・ノートを受けてからは、無通告開戦已《や》む無しとした形跡がある。その最も顕著な例は、「帝国政府の対米通牒覚書」の修正に見ることができ、何よりも亜米利加局に準備させた英文の「宣戦布告文書」を発布することなく、幻に帰せしめたことにある。

その「宣戦布告文書」では、対日経済封鎖＝経済戦争が「今や日本の国家的生存を重大な危機に陥れました。この運命の岐路に立って、日本は生き残りを可能とする唯一の手段として、基本的生存権を擁護することを決心しました。わが国の忍耐は最早尽きて、その運命が危機に瀕しているために、日本国民は一致団結して挑戦を受けて立ちます」と訴えている。

それは、多くの為政者、軍人が共通して抱いた日本の危機認識であろう。この危機認識の醸成は何に起因しているのか。第三章では、対米英開戦前史としての経済戦争を検証する。

外務省内における開戦外交の政策立案過程では、「東亜モンロー主義」を主張しながらも日米交渉を妥結させようとする主流派は少数であった。大勢は、条約局・南洋局などの南進派・枢軸派の主張に見られるように、既存の国際秩序を全面否定し、東亜新秩序建設の実現に向けて米英対決姿勢を志向する革新派にあった。革新派は、外交的見地から陸海軍に積極的に協力し、開戦指導の諸政策を立案、実行したのである。

それでは、外務省主流の欧米派は、なぜ最後まで開戦阻止を貫徹することができなかったのか。革新派が、なぜ省内の大勢を占めるに至ったのであろうか。第二章では、戦間期の国際社会の急変と外務省の組織人事の変容を俯瞰《ふかん》し、戦争の決断を選んだ外交の破綻の理由を再考する。

第二章
外務省革新派の形成とその変容

一　外務省の組織・機構の変容

外務省の創設

日本外務省の革新派とは、どのような経緯で成立したのだろうか。

外務省内の革新運動の系譜をたどれば、第一次大戦の戦後処理をめぐって開かれたパリ講和会議にその端を発する。そして、昭和戦前期の外務省には、主流の欧米派と言われる幣原《しではら》喜重郎や出淵《でぶち》勝次、佐藤尚武、広田弘毅らとともに、有田八郎、重光葵、谷正之、白鳥敏夫らはアジア派を形成し、二大勢力を成していたという。

欧米派のなかでも、一九二〇年代の外務省の中枢を担ったのが幣原であり、「幣原外交」として親米主義外交を展開した。一方、アジア派の有田は一九二七年九月に亜細亜局長に就任し、ときの田中義一首相兼摂外相の「田中外交」の下で、対中国積極外交を展開した。アジア派は満州事変以後、革新派とも称されるようになるが、この革新派はパリ講和会議の外務省改革後に入省した少壮の外交官たちで、旧来のアジア派とは性格を異にする。

外交官たちの外務省内および在外公館における位置を、パリ講和会議前後の外務省の改革から太平洋戦争への道へと進む外務省の組織・機構の変容において、説明を加えておく必要があろう。

そもそも日本外務省は、一八六九（明治二）年、太政官制の下に創設されたが、それ以前、明治維新政府の誕生と同時に「外国事務掛」を設置した後、維新期の混乱のなかで、「外国事務課」、「外国事務局」、「外国官」と名称を変えて、外務省に繋がる前史をもつ。その後は、創設以来の名称を今日まで変更することなく百四十五年間継続してきた、唯一の行政省である。

外務省の組織・機構は、国際関係の変容の中で何度か改革、変成を経てきた。アジア太平洋戦争終結までの七十七年間のうち最大の機構・組織改革は、第一次大戦終結前後の時期であろう。国際的に二国間外交（旧外交）から多数国間外交（新外交）の時代へ即応するため、それと同時に、日本の五大国の一員としての国際的地位の向上に見合った外交活動のため、大幅な機能・組織の改革を必要としたのである。

大正前期の外務本省の機構は、大臣、次官の下に外交事務を掌る政務局と、通商航海および移民事務を掌る通商局（両局とも第一課が亜細亜地域、第二課が亜細亜以外の各地域を担当）および大臣官房があり、二局四課制をもって第一次大戦を経験した。その時期の在外公館は、六ヵ国に大使館（米英独仏伊露）、十三ヵ国に公使館が置かれるようになっていた。

戦時中、講和会議の準備を進めるかたわら、戦時および戦後に施設すべき外務省所管事項を調査させるために臨時調査部（一九一七年二月）を、また、時局に伴う通商条約の改正、締結に関連する事項を調査審議するための臨時条約改正調査委員会（一九一八年十二月）が設置され、シベリア出兵問題が紛糾すると臨時西比利亜経済援助委員会（同年八月）が設けられた。また、寺内正毅内閣時代、臨時外交調査会を組織（一九一七年六月）し、外交政策とりわけ対中国政策の超党派的統一化を図った。

条約局の設置

一九一九年七月、原敬内閣の内田康哉《こうさい》外相、幣原次官の下で外務省官制の改革が行われた。そのとき、それまで外務省の局は政務局と通商局との二局であったのを三局に改め、条約局が設置された。また、国際連盟第一回理事会が一九二〇年一月に開催されると、臨時平和条約事務局が置かれた。

条約局の職掌は、「条約及び渉外法規事項に関する事務を掌る」ことであり、分課規程には次の六項が定められている。

一　条約及び協定の起草及び解釈に関する事項（第一課）

二　領事職務条約、犯罪人引渡条約、司法共助条約、国際紛争平和的処理条約及び仲裁裁判条約の締結改正に関する事項（第二課）
三　海戦法規、陸戦法規、中立法規、赤十字その他戦争に関連する条約の締結改正に関する事項（第二課）
四　前二号に掲げざる条約及び協定にして第七条第二号又は第九条第二号に属せざるものの締結改正に関する事項（第二課）
五　渉外法律事項（第三課）
六　国際的法制その他これに関連する各般の調査事項（第四課）

初代局長には松田道一《どういち》大使館参事官が任命され、第一課長に川島信太郎書記官、第二課長に杉村陽太郎書記官、第三課長に岡本武三書記官が命じられた。なお、局名が条約局に決定されるに際して、法律局、取調局、専門局などの名称が候補として挙がっていることから、その局の性格、特色が窺われる。

松田局長が在仏大使館参事官に異動した後の局長には、山川端夫《ただお》臨時平和条約事務局第一部長が兼任し、一九二五年八月に法制局長官に任命されるまで、五年間就任した。以後、条約局長には、長岡春一《はるかず》、栗山茂らが就任している。

外務省は創設以来、法律顧問を抱えていた。著名な外国人として、明治時代にはデニソンがおり、その後任として大正期以来はベイティ博士がいた。また、大正期から「大東亜戦争」期にかけては、長年にわたり外務省の国際法問題その他取調事務に最も深く関係し、多大な功績をのこした立作太郎《たちさくたろう》東京帝国大学法科大学教授が挙げられる。立博士はパリ講和会議、ワシントン会議の随員でもあった。外務省条約局と立博士は、開戦外交の宣戦布告問題にかかわることになる。

先述の通り、条約局は三課に分かれていた。第一課が条約協定の起草と解釈、第二課が条約の締結改正、第三課が渉外法律事項と国際法制の調査を分掌した。また、政務局と通商局にもそれぞれ第三課が増置されたが、後者は大戦勃発とともに日本の輸出入貿易が飛躍的に伸張し、各種の産業も著しく発展するという事情を背景に内容の充実を図ったもので、そのため通商広報係も増設された。

亜細亜局と欧米局

一九二〇年十月には、外務機構史上、画期的な変化がみられた。一八九一年以来存続し、かつ外務省の実勢力であった政務局が、亜細亜局と欧米局に分裂し、通商局、条約局とともに、一九三四年までの四局制時代を開始したのである。

亜細亜局は中国、タイなどを分掌区域とし、第一課が一般外交政策と軍事、第二課が財政経済的発展、第三課が在留邦人朝鮮人の保護取締と満蒙の特殊事務を掌った。欧米局は亜細亜局主管以外の地域で、第一課がロシア、第二課が欧州諸国アフリカなど、第三課が南北アメリカを担当し、それぞれ一般外交政策、政治条約、国際協定の締結改正、軍事関係を管掌した。

こうした大変革の中でも脚光をあびたのは、「少壮有為連を抜擢の上新設した亜細亜局」である。「東京朝日新聞」（一九二〇年八月十五日付）は、次のように評しているが、亜細亜局はその後のアジア外交戦略に偏重していく日本外交の分岐点を作り出し、国民もこれに同調する雰囲気を醸し出した。

亜細亜局の局長には芳沢（謙吉）局長がなり、その第一課長には木村鋭市氏、第二課長は岡部長景氏に内定し、第三課長は物色中だが、こうして少壮有為の外交官を抜擢し大いに外交刷新をやるということだ、この亜細亜局を置くということは、従来日本の外交は欧米を主とし、同文同種の深い関係あるにも拘《かか》わらず、隣邦支那をややもすれば閑却する傾向にあって、同じ支那問題を解決するにしても、常に欧米を通じて之をやったものだが、今後は支那を枢軸とし欧米を洞察するということにし、亜細亜中心の外交に重きを置くに至った為である。

一九二一年八月、情報部が外務本省に、国際連盟帝国事務局がジュネーブに設置される。パリ講和会議における経験を契機として、まさに機構、制度、人事面で外務省が未曽有の充実ぶりをみたときである。外務省の組織・機構の改革は、第一次大戦後の複雑多様化する国際環境に対応するものであったが、それでも講和会議随員として参加した少壮外交官にとっては不充分で不満であった。パリ講和会議で残された問題も含めて、極東の諸問題その他がワシントン会議において話し合われることになった。

二　パリ講和会議の日本全権団

未曽有の国際会議

パリ講和会議は、一九一九年一月十八日、パリのフランス外務省で開催され、六月二十八日、ヴェルサイユ宮殿において対独平和条約が調印された。参加国は、敗戦側のドイツ、オーストリアその他と、革命ロシアを除く交戦国全てで、イギリス自治領を加えて三十三ヵ国、全権代表は約七十名、これに各国の随員団を加えると千名を超える大人数という未曽有の一大国際会議が繰り広げられた。

日本は連合国のアメリカ、イギリス、フランス、イタリアと肩を並べる五大国の一員として出席した。原敬内閣の内田康哉外相は、西園寺公望《さいおんじきんもち》を主席として、牧野伸顕《のぶあき》、珍田捨巳《すてみ》(駐英大使)、松井慶四郎(駐仏大使)、伊集院彦吉(駐伊大使)の五人の全権と総勢六十人に及ぶ随員を派遣した。外務省関係者の主な顔ぶれを挙げれば、表2－1の通りである。

このほか、陸軍側からは奈良武次《たけじ》中将、田中国重少将、二宮治重《はるしげ》中佐、畑俊六《しゅんろく》中佐ら、海軍側から竹下勇中将、山川端夫参事官、野村吉三郎大佐、山本信次郎大佐、大角岑生《みねお》駐仏武官ら、

表2-1　パリ講和会議に参加した主な外務省関係者

安達峰一郎（駐白公使）、落合謙太郎（駐蘭公使）、本多熊太郎（駐スイス公使）、坂田重次郎（駐スペイン公使）、長岡春一（参事官）、松岡洋右（書記官）、佐分利貞男（書記官）、吉田茂（書記官）、木村鋭市（書記官）、有田八郎（事務官）、斎藤博（書記官）、重光葵（事務官）、堀内謙介（書記官）、芦田均（書記官）、加藤外松（書記官）、栗山茂（書記官）、谷正之（書記官）、沢田廉三（官補）、越田佐一郎（官補）、横山正幸（官補）、松宮順（官補）、森新一（副領事）、佐藤今朝蔵（副領事）

さらに森賢吾（駐英財務官）、立作太郎（国際法学者）、岡実《みのる》（農商務省商工局長）ら専門家も随員した。また、西園寺八郎、近衛文麿らも主席全権の随行者として参加していた。

日本全権団は、パリのヴァンドーム広場の一角に位置するホテル・ブリストルを全部借入れて日本事務所としたが、全権団の自動車三十台が日の丸を目印に威容を正して並んでいるという光景は、一際パリの人々の目を引いたという（『凱旋門広場』）。

西園寺主席全権は当時すでに七十歳の老齢で、健康にも不安があり、多くの重要会議には牧野が主席代表格で出席した。珍田と松井は会議と折衝で牧野に協力し、伊集院はもっぱら代表団の内部統制と連絡の任にあたった。そのもとで、落合謙太郎公使が事務総長役を引き受け、松岡洋右は報道係の主任、吉田茂は牧野の補佐であった。

しかし、これらの陣容をもってしても、予想以上に膨大な事務処理と輻輳《ふくそう》する雑務をさばきながら、八十にも及ぶ委員会に出席することは容易ではなかった。複雑な各種議題と広汎な大部の案については、急に詳細な調査も立案もできず、わずかに少数の随員で問題の討議遂行に追随するのに必死の努力をするといった有様であった。

また、講和会議の重要事項は五大国会議の討議によって処理されるため、米英仏伊日の代表それぞれ二名から成る十人会議を創設し、日本は牧野伸顕、珍田捨巳（または松井慶四郎）を送り込んだ。これと併行して五大国の外相レベルから成る五人会議が組織され、講和の一般問題についての審議を行った。

国際連盟創設をめぐる態度

講和会議の主要な任務は、敗戦国ドイツに対し戦争の責任の処罰を決定して戦勝国に有利な新しい国際秩序をつくりだすとともに、人類にもたらした惨禍に鑑みて、二度と大戦の起こることのないよう、平和を恒久化するための体制を生み出すことにおかれていた。そこで、アメリカのウィルソン大統領によって提案された国際連盟の樹立が会議における至高の課題とみなされ、五大国の十人会議の劈頭《へきとう》から大問題となった。

日本外務省の準備委員会では、研究も情報も不充分で、その実態をめぐってあれこれ揣摩《しま》臆測をめぐらしている有様であった。日本は、国際連盟によって主権の制限を受けたり、対外行動に拘束を加えられたりして、不利を被るのではないかといった疑惑の念を抱いた。本省にいた幣原も「こんな円卓会議で我が運命を決せられるのは迷惑至極だ。本条項は成るべく成立させたくないが、どうもこういうものは採用されがちだから、大勢順応の外ないだろうが、充分に研究してかからねばならぬ」（『幣原喜重郎』）との判断をもって、連盟成立には消極的態度であった。

内田外相は全権に、具体的成案の議定はなるべく延期させることに努めるようにとの訓令を与えた。一月二十二日の十人会議では、牧野全権は訓令に従って次のように発言し、各国から非難されるところとなった。

日本としては、この問題で各国と協議することを厭うつもりはないが、距離的な遠隔さと準備不足のために、自分としては本国政府からの訓令なしには、拘束力をもつ連盟の諸規則に決定的な意見を申しのべるわけにはゆかない。むしろ日本政府は、新しい機構を検討し、理解する時間的余裕を望んでいる。

（『外務省の百年』）

ウィルソンは、講和会議の基礎として他の国々がすでに承認を与えている原則に、日本は同意を保留しようとするのかと牽制した。また、イギリスのロイド・ジョージは、連盟規約の起草委員会に日本は代表を出さないつもりかと反撃し、米英による対日批判に苦慮するスタートとなった。日本代表は開会劈頭から苦境に立たされ、連盟問題への日本の熱意不足を他国に深く印象づけることになった。

一月二十五日の全体会議では、国際連盟の成立、連盟規約が講和条約の不可分の一部であること、連盟規約を作成する委員会を作ることが決議された。英米の合作という形でできた連盟規約の実質的修正という方向において、日本が特に問題としたのは、軍備制限問題、仲裁裁判その他による判決後三ヵ月間、紛争を武力解決に訴えない点、規約違反に対する制裁問題、委任統治問題、国際労働法問題、人種的差別撤廃問題などであった。

重要事項は十人会議の討議によって処理されたが、第六十五回の後ポーランド問題が紛糾した際、機密漏洩事件を直接の動機として、五大国会議を停止し、三月末以降、欧州問題については、日本を除いた四頭会議（イタリアも一時出席しなかった）に委ねられることになった。日本の除外は、威信を損なうものとして、日本国内でも問題とされ、代表団の若手の間にも不満が強く、松井大使からの抗議によって、その後四頭会議が山東およびロシア問題を取り上げたときは、日本全権の出席が求められ、六月中旬以降は、牧野全権がこれに常時出席することとなった。

ヴェルサイユ条約調印

六月二十八日に調印されたヴェルサイユ条約は、フランスやポーランドなどへの領土割譲、ライン川左岸の非武装化、オーストリアとの合併禁止、再軍備の禁止、海外植民地の放棄、ドイツの戦争責任を根拠とする巨額の賠償を課した。連合国が一方的に講和条件を決定してこれをドイツに強要し、口頭の弁明を一切許さなかったという、勝者の会議であった。

パリ講和会議は戦勝国間の会議外交戦であり、国家の実力を発言権の尺度とする傾向が五大国間にもあったことが重要な特徴であったと、長岡春一（一等書記官）は『日本外交文書　日本外交追懐録』に記している。また長岡は、「日本は無関係な欧州事項に容喙《ようかい》しないから、その代わり欧米諸国も極東の事項に口を出さないようにしてもらいたい」という考え方があったとも追懐している。特に日中問題は日中間の直接交渉によって解決し、欧米の容喙を許さないとする強硬な態度は、その後のアジア太平洋戦争まで続く日本外交の姿と言える。一方、米英は、第一次大戦後に築いた国際秩序の現状維持にこだわり、極東の急進的変容を認めようとしなかった。

さて、パリ講和会議に参加した結果、日本は世界五強に列し、欧州の政治に関与することとなった。また、国際連盟の理事国として国際舞台に参画する権利を得た。

しかし、日本の希望（人種差別撤廃、旧ドイツ領南洋諸島の割譲、山東のドイツ権益承継）を貫徹することができなかった要因として、国際会議に対する研究調査が適切でなかったことが問題視された。特に経済、労働、交通の問題については、何ら予想も準備もない有様で、日本全権の対応ぶりは随行記者団から大いに論難され、外国記者団からも「サイレント・パートナー」と揶揄《やゆ》された。

二　ワシントン会議の日本全権団

軍縮問題の討議

一九二一年七月、イギリスは、日英同盟の更新について「太平洋会議」を開き、諸懸案を商議してはどうかとの提案の構想を打ち出した。

アメリカも新たな国際会議の開催を提唱する。アメリカの直接的提唱の目的は、海軍競争の防止にあった。アメリカは、一九一七年には史上空前の建艦計画ともいうべきダニエルズ計画に基づき、一挙に十六隻の主力艦を船台に載せ、このまま推移すればイギリスをも凌駕するという予想であった。イギリスもアメリカの軍拡に刺激され、大艦主義の下に製艦計画を立案したほどであった。

しかし、アメリカの経済力をもってしても、建艦競争は負担であった。アメリカは巨額の戦債を引き受けていたからである。また、日英の反米をまねき、両国の緊密化を促進する結果を恐れたこともあった。

こうした背景からワシントン会議が開催される運びとなった。

軍縮問題は、日本にとっても歓迎するところとなった。国内では「八八艦隊」建造計画が進められていたが、戦後急激に膨張した歳出予算の中でも陸海軍予算の占める比率が膨大なもので、一九二一年度の総歳出十五億八千四百万円のうち実に四十九パーセントを占めていた。しかも、その主なものが軍艦建造費、新兵器にあてられていた。

しかし日本は、太平洋問題、極東問題には警戒した。欧州問題ではヴェルサイユ条約の批准を拒否し、国際連盟から離脱して、伝統的政策であるモンロー主義に戻ったかのようにみえたアメリカであったが、極東問題では積極的な動きをみせていたからである。

アメリカの提案した議題は、軍備制限（海軍軍備の制限、新式戦闘手段の抑制に関する法則、陸上軍備の制限）、太平洋および極東問題（支那に関する諸問題、西比利亜に関する諸問題、委任統治諸島）であった。内田外相は幣原駐米大使へ、会議の議題は軍備制限問題に局限したいが、やむを得ず太平洋問題や極東問題の討議をみる場合には、中国の領土保全、門戸開放、機会均等といった一般的主義の問題に限定し、「已成の事実又は日支両国間限りの問題の如きは之を除外したき所存」（「外務省外交史料館記録」）であると伝えていた。日本政府は、特に満蒙における日本の地位、いわゆる二十一ヵ条問題、山東問題を付議することは容認できないとしていたのである。

アメリカが委任統治諸島について議題としたのは、パリ講和会議の際、ヤップ島問題が日米間の争点となったことを受けてのことだった。ヤップ島はハワイからフィリピンにいたる中途にあり、かつ太平洋上の海底電線の中心地点であったため、日米両国にとっては戦略上、交通電信上、実に重要拠点であったからである。アメリカは旧ドイツ領の海底電線を一括して国際管理方式を主張した（会議の結果は、アメリカ国民は日本国民と平等に海底電線、無線、居住の権利を得た代わりに、日本は委任統治に関するアメリカ側の承認を得た）。

ワシントン会議随員

全権団の顔ぶれは加藤友三郎《ともさぶろう》（海軍大臣）、幣原喜重郎（駐米大使）、徳川家達《いえさと》（公爵）、埴原《はにはら》正直《まさなお》（外務次官）の四全権のもと、総勢百四十三名である（表2-2）。

なお、全権団に同行した報道陣も四十余名という大規模なものとなった。ワシントンに到着し

表2-2　ワシントン会議の参加者

●外務省（五十三名）
松平恒雄（欧米局長）、佐分利貞男（在米大使館参事官）、石射猪太郎（書記官）、斎藤博（在シアトル領事）、沢田廉三（書記官）、木村鋭市（書記官）、白鳥敏夫（事務官）、河相達夫（書記官）、大橋忠一（書記官）、天羽英二（事務官）、杉村陽太郎（書記官）栗山茂（書記官）、有田八郎（書記官）高柳錠太郎（翻訳官）ら

●海軍（十八名）
加藤寛治（中将）、山梨勝之進（少将）、野村吉三郎（大佐）、清河純一（大佐）、末次信正（大佐）、永野修身（大佐）、上田良武（大佐）、堀悌吉（中佐）ら

●陸軍（九名）
田中国重（少将）、大竹沢治（少将）、原口初太郎（少将）、建川美次（中佐）、森田宣（中佐）、田代皖一郎（少佐）ら

●全権顧問
横田千之助（法制局長官）、立作太郎（東京大学教授）、松村真一郎（法制局参事官）、田昌（財務官）ら

た全権団は、十一月四日、原敬首相の凶報に接することとなる。

会議は十一月十二日より開催され、総会議が七回、軍備制限総委員会が二十一回、極東および太平洋総委員会が三十一回、その他の小委員会分科会を合わせると、じつに百三十五回の会合を重ね、三条約が締結された。すなわち、太平洋をめぐる四ヵ国条約、中国をめぐる九ヵ国条約、海軍軍縮の五ヵ国条約である。会議は一九二二年二月六日に閉会した。

ワシントン会議は、アメリカの極東政策の国際的成文化であると言われるように、アメリカ主導で展開された。アメリカは日本の優位に立っていたことはもちろんであったが、注目すべき一例を挙げれば、ヤードレーを主任とする「米国暗号室《ブラック・チェンバー》」は、日本全権団の往復電

報の解読に成功していた。外務省がこの事実を知ったのは一九三一年のことであり、外務省内の電信課に暗号研究班が組織されることになる。

ともあれ、ワシントン会議によって創出された国際秩序は、「ワシントン体制」として今後十年にわたり世界を律していくことになり、日本にあっては親米外交としての「幣原外交」が展開される時期にあたる。

開国からわずか半世紀、日清戦争によって台湾を領有して三十年に満たない間に、日本はアジアにおける雄国であり、世界三大海軍国の一員であるという過剰意識が芽生えていた。領土拡張と軍備拡大のあまりのスピードは、様々な面で国際摩擦を生起していくこととなり、その修復に外交努力が追い付いていかない矛盾を抱えていくことになる。

一方、国際社会は、急激な変化をもたらす日本の行動に、警戒の念を強くしていくこととなる。アメリカは、領土保全、主権尊重、門戸開放を主張して、極東の現状維持を対日の足枷にしたのである。

四　ワシントン体制への挑戦

協調システムの矛盾

第一次大戦後の一九二〇年代の国際平和秩序は、欧州のヴェルサイユ体制と極東のワシントン体制によって築かれた。日本が直接的に関わるワシントン体制は、多数国間条約と経済関係の密接化が、国際関係の安定に寄与したと評価された。

しかし、ワシントン体制そのものの中に、後日その体制を崩壊させる要因が内包されていた。第一に日英米の提携システムは、対中国との関係においては、いわば支配的従属システムの設定に他ならなかったこと（しかも中国の条約改正、ナショナリズム運動に基本的にどう対応するかの具体的な協定がなかったこと）、第二に日本が強硬に主張した満蒙における「特殊地位」および「特殊権益」の問題については各国間の合意が曖昧なまま残されたこと、第三にソ連がこのシステム外のアクターとなったこと、などが挙げられている。

こうしたワシントン体制の特質が、やがて、それぞれ次の三つの攪乱《かくらん》要因として成長してくる。

第一は蒋介石による北伐とその後の不平等条約解消宣言にみられるような、中国ナショナリズム運動と国権回復運動の昂揚である。第二は日本の「満蒙特殊権益」の擁護と拡大のためには、英米に追従するのではなく自主的政策を展開すること、さらには、むしろソ連、中国と提携すべきであるとする陸軍の反ワシントン体制派の台頭とその政府批判的活動である。そして、第三は中ソ協定調印（一九二四年五月三十一日）により、ソ連はツアー政権が中国で獲得した一切の特権、治外法権を放棄すると声明したが、そのソ連の革命外交が中国に向かってきたことである。

また、日本の対外関係についてみた場合、ワシントン会議の四ヵ国条約によって日英同盟の破棄を、九ヵ国条約によって実質的に石井・ランシング協定の破棄を余儀なくされた。したがって、一九二〇年代の始まりは、二国間外交を基軸とした「旧外交」の機能が崩壊し、それに代わる多数国間外交の時代の「新外交」システムの模索が開始されたと言える。

さらに、国際経済の観点からみても、ヨーロッパにおいては戦勝国、敗戦国ともに経済的疲弊が著しい状態にあった。イギリスから債権国アメリカへとその繁栄が移動したが、日本経済についても、生糸の対米輸出拡大に支えられながら、一九二〇年代後半を期に貿易収支が着実に改善され、資本・技術の両面においてもアメリカ依存の傾向を強め、新たな国際経済関係へ移行したのである。

しかし国際的に安定した時期であり、かつ、その後より安定した国際秩序を生む可能性をもった時代であったにもかかわらず、一九二九年秋、アメリカに端を発した世界恐慌によって、それまでの軍縮、経済的相互依存、デモクラシー社会の改革や政治の民主化、文化的相互理解によって築き上げられてきた協調安定の国際秩序が、一九三〇年代には崩壊に移行する。軍備拡張、経済的自給自足圏（アウタルキー）、保護貿易体制、民主的平和の方式に反する国内革新、国家主義的新文化の創造（パラダイム・シフト）といった、アジアモンロー主義の台頭による日本ファシズムの形成に変容したのである。

そうした文脈を考えるとき、ワシントン体制の現状打破は、東亜新秩序建設に連なるアジア太平洋戦争への道であった。

主流と傍流の二つの対外路線

日清戦争以後の大陸膨張政策は、英米への政治的、経済的依存を不可欠としているという、一面大陸侵略（不平等条約を基盤に特殊権益を行使したという意味において）、一面英米従属という「二重構造」的な国際関係にあった。

さらにそれは、中国を取り巻く列国間の利権獲得競争の中で英米協調依存によらざるを得ない一面と、それによって拡大されていく日本の勢力は必然的に英米競争対立をまねくという一面との矛盾した「二面性」を同時に内包していた。

この東アジアにおける「二重構造」と「二面性」の特質は、日本の国際関係に参入する時期の後進性、および国力の劣勢が故にもたらされた特殊性によるものであった。いわば受動的な国際システムの対外要因から派生したものであるが、この「二重構造」と「二面性」が反作用的に日本の大陸政策を規制し、政治指導者にとっては、自国の国家利益を追求していくうえで、一方では対英米協調姿勢をとり、可能な限り中国における権利獲得政策を堅持するという、東アジアにおける国際関係の現状維持的な対外路線を志向し、他方では英米との対決の姿勢をとり、中国における既得利権の擁護拡大と新利権の獲得という現状打破的な対外路線を志向する、いわば能動的な対外路線の選択から派生した、相反する「二つの対外路線」を一体的に形成させてきた。

日清戦争後に始まる「二重構造」「二面性」の特質下において、一九〇〇年初頭の陸奥《むつ》宗光の条約改正から小村寿太郎の「日英同盟骨髄論」へ、さらに大正期に入り、加藤高明に引き継がれていく「日英同盟路線」が日本外交の主流となっていた。

しかし一方では、日清講和条約への三国干渉の後、アジア大陸への勢力圏を拡大するためにはロシアとの間に分割協定を結んだ方が良いという議論もあり、伊藤博文らに代表される満韓交換論として表れた。また、日露戦争後には第一次大戦までの間に実際に四次にわたる日露協商が結ばれており、「日露協商路線」という「日英同盟路線」に対抗する対外路線もあった。

この互いに対立関係にある「二つの対外路線」は、第一次大戦によってそれぞれ挫折し、一方はワシントン会議による四ヵ国条約によって日英同盟が破棄され、他方はロシア革命によってその有効性が失われた。そして、まさに大陸政策の対象とされた中国自体が革命という状況に移行しつつあり、日本外交は一九二〇年代に入り、新たな対外路線の選択を模索することになった。

アジアモンロー主義の形成

日本は、ワシントン体制の枠組み内での新たな対外路線を選択した。それは、英米との協調を志向し、中国における門戸開放、機会均等主義に立脚し、その枠内で可能な限り権益を確保しようとするワシントン体制順応の立場であった。いわば「日英同盟路線」の延長上にある安定秩序を求め、急進的な改革を望まない現状維持的な保守型と言えるものであった。

すなわち、英米主導の帝国主義世界の協調体制＝極東の「二重構造」の甘受は、原敬内閣において選択され、それが対外路線の基調となり、その後、一九二〇年代の若槻礼次郎内閣まで主流をなしてきたのである。特に加藤高明護憲三派内閣および若槻礼次郎憲政会内閣の外相に就任した幣原喜重郎の英米協調外交路線として、いわゆる「幣原外交」を展開させた。

その間、反ワシントン体制的傾向の立場、つまり「日露協商路線」の延長上にあって、「二重構造」「二面性」の解消、いわば列国から抑圧されている「東アジアの解放」、あるいは「東アジアにおける盟主」としての存在確立のための新体制造りを行おうとする革新型の対外路線が、第一次大戦中にアジアモンロー主義として形成された。英米協調路線が日本外交の主流であった一九二〇年代には、英米協調路線に対する最も有効な批判として存続しながら、対外政策路線としては傍流の位置にあったわけである。しかし、アジアモンロー主義的立場を実際に支えていた政治勢力は、一九二〇年代までは軍部や右翼であり、あるいは特に対満蒙政策の政府批判側としての野党の主張にもみられるが、確実に英米協調路線に対抗する力として成長しつつあった。

英米協調を基本路線としてきた政府の政策決定においても、「満蒙問題」については、列国の要求する門戸開放、機会均等を認めながらも、徐々に日本の「特殊地位」「特殊権益」が明確に主張されつつあった。

たとえば、原内閣の「満蒙に対する政策」（一九二一年五月十三日）および「張作霖《ちょうさくりん》に対する態度」（同年五月十七日）の閣議決定をもって日本政府の基本方針とし、清浦奎吾内閣においても、「対支政策綱領」（一九二四年五月三十日）を外務・陸軍・海軍・大蔵四省協定によって再確認した。さらに田中義一内閣の「対支政策綱領」の閣議決定は、満蒙権益の擁護、在留邦人の生命財産の保護については武力行使もあり得ることを主張した。

しかも、この「二つの対外路線」の対立の図式は、一方の英米協調路線が「満蒙問題」の解決で、何ら有効的解決を見出せない状況にあって、他方の英米対決路線がそれに代わる日本外交の主流になっていき、一九三〇年代にはアジアモンロー主義が英米協調政策を圧倒していく過程として、急進ファシズム運動を台頭させることとなる。

五　国際連盟の視点

連盟加入の是非

日本全権団を実際的に率いた牧野伸顕は、パリ講和会議に臨むにあたって、「外に対して世界の大勢に順応すべく帝国のために極力唱道するが、内に顧みて茫然自失するような窮境に陥らないよう切に祈らざるをえない。今後は努めて威圧権謀の手段を排斥し、正道を踏んで弱国を助けることを以て主張としなければならない」(「外務省外交史料館記録」)と述べ、戦後の平和主義的な世界の風潮に鑑みて、日本の対外政策に反省を加える必要のあることを訴えた。

日本のこれまでの政策は、正義公正を標榜しながら、機会均等、門戸開放、内政不干渉を声明し、日支親善を唱道するが、実際の行動はこれらの方針に合致せず、列国から不信、疑惑を招いてきたと反省し、「帝国の国際的信義の回復増進をはかること」が絶対に必要であると述べた(同前)。

また、国際連盟問題を取り上げ、現下の平和主義、国際協調主義の世界的風潮に照らして、国際連盟が成立する形勢は不可避であると見通したうえで、日本として単に側面から大勢を逡巡観測するにとどまって、後にこれに順応するような態度では日本の前途にとって不利になることは歴然である。むしろ、この際少なくとも主義上は進んで国際連盟の成立に賛同することが必要であると訴えた。牧野のリベラルな政治的立場をよく反映している。

しかし、政府および外務本省では、日本外交の拘束という負の要因にのみ視点が傾き、消極的姿勢で対応しようとした。この国際連盟における日本外交は、牧野が述べたように、日本政府の消極的姿勢の参加という意味において不利な態勢を強いられ、日本代表を常に厳しい環境に置き去りにした感がある。

外務省は、パリ講和会議、ワシントン会議の会議外交戦を経験し、新たに誕生した国際連盟の理事国の一員としての立場を自覚するようになる。連盟規約はヴェルサイユ条約の劈頭に掲げられて、六月二十八日に各国が調印し、一九二〇年一月十日批准書寄託をもって、国際連盟の活動が始まった。パリ講和会議およびワシントン会議の随員であった立作太郎は、国際連盟について「世界平和の確立を其の主たる職能とし、兼て他の種々の点に於ける国際協力を其職能と為し、共同的の常設機関を有する諸国家間の条約上の社団であって、或る一定の関係に於ては、国際法上の法人格者として行動するもの」と定義している（『国際連盟規約論』）。

日本は緒戦の勝利を収め、いち早く戦後の講和会議を予想して、外務省内に「日独戦役講和準備委員会」を設置して対策を練っていたが（四十二部七十冊にわたる「講和準備委員会調書」を作成）、連盟論に関する情報収集、検討はほとんどされていないに等しい状況であった。

ウィルソンの十四ヵ条が公表された後、幣原喜重郎外務次官、芳沢謙吉政務局長、小村欣一課長、武者小路《むしゃのこうじ》公共《きんとも》課長らが逐条討議しているが、幣原次官は、連盟規約によって日本外交が拘束されることに疑念を持ち、慎重であるというよりは消極的であった。その後、山川端夫がパリより連盟規約の草案を持ち帰って（ウィルソン大統領は、「国際連盟規約原案」を、一九一九年二月三日に開催された第一回国際連盟委員会において配布した）、杉村陽太郎、矢野真《まこと》らが翻訳して、初めてその全貌がはっきりしたという始末だった。

そのため、日本政府は全権団に対し、連盟問題について具体的成案の議定はなるべく延期することに努め、かつ成立の形勢をみるにいたらば、人種問題について適当な保障方法を講ずるよう努力すべしと訓令した。

国際連盟への加入

日本は三大要求事項（山東問題、南洋諸島問題、人種平等問題）を別とすれば、講和会議が始まってみると、連盟問題こそが、従来かつて逢着したことのないほどの重大事と自覚するようになったという。連盟に加入する以上は、立作太郎が定義したように、日本の主権が拘束され、権利とともに重大なる義務を他の英米仏伊の四国と同様に負担することを覚悟しなければならなかったからである。

日本が国際連盟に非常に消極的であったのは、ようやく日本が世界的地位を占める端緒を開いた第一次大戦後に、軍備を制限され、外交施設を拘束されることになっては、日本の国益は連盟によって増進されるどころか非常にマイナスである、との意識があったからに他ならない。

日本全権団は、連盟成立に対する賛否について、次のような苦心を述べている。まず日本の取りえる態度を、㈠連盟に加入しなるべくその規約の実質を修正して条件を緩和し、日本の将来の進展に対する障害を少なくする、㈡まったく連盟の外に立って自由に行動する、の二途があると考えた。

㈠については、連盟規約案中、日本が最も好まないとするのは第八条の軍縮制限問題、第十六条の制裁規定であるが、前者は戦後各国の風潮で同意することはやむを得ず、後者は戦争防止の主義に同意する以上その修正または緩和を主張することはできない。

㈡の場合は、以下の七点が考えられる。①他国の決定に事後に追従しなければならない不利、②連盟はまず加盟国の利害を考慮する、③人種差別問題は一層険悪となる、④孤立するとさらに日本の発展は阻害される、⑤せっかくの五大国の地位を棄てなければならない、⑥列国はいよいよ日本の外交方針に疑惑を向ける、⑦国際経済上不利となる。

以上の点を考慮したうえで、連盟規約は講和条約の一部を形成するため、日本が連盟に加わらなければ、ドイツと単独条約を結ばなければならない手続き上の問題も生じ、連盟に加入せざるを得ないと判断した。

国際連盟規約

連盟規約は前文、本文二十六ヵ条および二付属書から成っている。連盟の目的および精神は前文に掲げ、「戦争に訴えざるの義務」、「国際法の原則を確立」、「組織ある人民の相互の交渉において正義を保持」、「国際協力を促進」、「各国間の平和安寧を完成」を謳っている。

第一条には連盟加入脱退、第二条から第七条は機関組織の構成、第八条以下に連盟の利用、活動が規定されており、軍縮問題（第八条、九条）、侵略に対する保障（第十条）、紛争の平和的処理方法（第十一条から第十五条および十七条）、制裁（第十六条）、常設国際司法裁判所設置（第十四条）、条約の登録公表（第十八条）、適用不能または本規約と条約不両立の改廃（第十九条、二十条）、平和確保の局地的了解の有効（第二十一条）、委任統治規定（第二十二条）、婦人児童問題、アヘン問題などの社会、経済、人道問題の規定（第二十三条）、国際労働機関の設置、一切の国際機関との関係の規定（第二十四条）、赤十字社との協力（第二十五条）、規約の改正（第二十六条）となっている。

また、付属書の一では原連盟国名を列記し、二では規約第六条に定めた第一次事務総長の名を指定していた。日本は、戦時中連合国として大戦に参加し、平和条約に調印したので、原加盟国であり、「主たる同盟及び連合国」であることから常任理事国となった。しかしアメリカは、ウィルソンが苦心して誕生させた連盟であったにもかかわらず、国内反対勢力の策動のため、講和条約に批准できず非連盟国となった。

国際連盟は総会、理事会、事務局の三機関に、国際司法裁判所、国際労働機関を加えた組織ということができる。その中で、事務局(事務長、事務次長――若干名の幹部組織の下に十一の主要部)は連盟の行政府ともいうべき中心勢力を形成した。この事務局に日本は新渡戸《にとべ》稲造《いなぞう》を事務次長として送り込んだ。

理事会日本代表の連盟脱退までの顔触れは、松井慶四郎、珍田捨巳、永井松三、石井菊次郎、安達峰一郎、芳沢謙吉らである。連盟総会日本代表としては、石井菊次郎、林権助《ごんすけ》、安達峰一郎、有吉明、松田道一、長岡春一、藤村義朗、松平恒雄、佐藤尚武らが出席している。

また、連盟の事務処理のために海外出張所として国際連盟帝国事務局がパリに置かれたのは、一九二一年八月(連盟の各種会議および事務局本部との接触を保つために、ジュネーブに出張所設置)、歴代の局長は、松田道一、杉村陽太郎、佐藤尚武、沢田節蔵らである。

国際連盟の活動に、日本がいかに寄与したかは、新渡戸稲造、石井菊次郎、松井慶四郎、杉村陽太郎らの業績をもってして明らかなところであるが、昭和期に入ると日中間に軍事衝突が起こり、日本代表は次第に困難な立場を強いられながらも、常任理事国として連盟の精神を貫こうと懸命の努力をしたのである。

六　国際連盟規約と日本外交の矛盾

南京政府の訴え

国際連盟の常任理事国になった日本は、大国としての国際平和維持の義務を負うことになった。しかしそれは、工業大国として経済発展を追求した日本外交の大陸膨張政策と矛盾を抱えるようになる。

中国の北伐の混乱に際して、日本は中国北部における特殊権益擁護と在留邦人の現地保護政策から、山東出兵を断行した。一九二八年五月三日に起こった済南事件をきっかけに始まった日中両軍の武力衝突について、南京政権（蔣介石政権）は、済南事件で日本兵が済南交渉員を殺害した事実を指摘し、日本の山東出兵は中国の領土保全、政治的独立の侵害であり、国際平和に対する脅威であると述べた。さらに、規約第十一条第一項にしたがって臨時理事会を招集し、日本軍の戦闘制止および撤退を要求するよう希望し、本問題の解決は国際的調査または仲裁裁判をもってすることを、五月十日付電報をもって事務総長宛てに提訴したのである。

杉村次長はドラモンド事務総長と協議し、連盟国ではない南京政府の申し出は手続き上これを受け取ることができないが、事務総長が無下に申し出を握り潰すことは穏当を欠くきらいがあるとして、抗議の全文を公表した。

杉村次長は、日本のとるべき対策について、安達大使、佐藤公使、木村公使らと協議した。日本はむしろ積極的にこの機会を利用して日本側の公明正大な態度を内外に示すことが、国際信義上または日中将来の国交上もっとも賢明な策であることを、杉村次長が逐一説明した結果、安達大使らもこれに賛同した。そこで日本側としては、北京政府（張作霖政権）が南京政府の抗議を支持して臨時理事会の開催になったとしても、進んで自国の立場を弁明する旨の声明を連盟に発し、中国とはあくまで協調的態度をもって接するとの態度を一決して、その旨を外務本省に請訓した。

事務局の日本人職員、特に古垣鉄郎情報部員が記者連へ、原田健政治部員がアメリカ人へ、それぞれ説明応酬にあたるなどの活動が功を奏して、事態の悪化を防ぎ得た。この間、パリの日本事務局の佐藤尚武局長も、ドラモンド事務総長に山東出兵に関する日本政府が発表した声明書を送付するなど火消し役を務め、五月二十八日、日本政府声明書が連盟に提出されたこともあって、列国が南京政府を承認していないとして、幸いにも連盟はこの問題をとりあげなかった。

木村鋭市と佐藤尚武

その後も張作霖爆殺事件を引き起こすなど、多事多難な昭和初期を迎えていた。

この時期、田中義一首相が外相を兼摂し、吉田茂が次官に就任した。その吉田のもとに新次官就任の祝辞に加えて国際連盟に関する私見を具申した書簡が二通寄せられた。一つは木村鋭市在チェコ公使、もう一つは佐藤尚武在ジュネーブ事務局長のものである。この二人の連盟に対する意識は極めて対照的であった。

木村は、原敬内閣の東方会議において亜細亜局第一課長、田中内閣の東方会議では亜細亜局長として関与しており、チェコ公使以後は南満州鉄道株式会社の理事に就任しており、中国問題に長年関与している人物である。国際連盟については、第九回総会に代理代表として出席しているとはいえ、連盟関係では初経験でありそれだけにいかにも部外者的見方をしている。

木村の持論は、日中問題こそが日本の生死にかかわる問題であり、連盟において議論されているような些少の問題と併行して取り上げられるべき問題ではないとするものであった。すなわち、利害関係の少ない南北アメリカやバルカン諸国の多数者あるいは大国といえども事情を了解しない人々の間で中国問題を討議し、アヘン問題、バルカン諸国和解問題などと同時に取り扱われることは絶対に避けるべきだとしている。その要旨は以下の通り（『外務省の百年』）。

連盟に関して日本は両様の観測をしている。連盟は国際重大問題の公平な解決法と考えるものと、連盟は単に小国間の小問題の解決所にして、大国はこれを利用して己の利益のためにするものと考える。実際はその中間にあると考えるが、当分の間は重大問題、ことに大国に関する問題の解決場所ではない。日支問題の解決の場に利用する考えは捨てるべきである。

一方で佐藤の書簡は、会議の空気を伝える木村書簡と違って、連盟における安達大使と杉村次長の活躍ぶりを報告したものである。佐藤は連盟第一回総会に参加し、一九二七年から三〇年まで日本事務局長の任にあり、満州事変が発生した時期の第十二回総会の日本代表として出席している、いわば連盟通である。

安達大使は、一九三〇年、自身がその設立に努力した常設国際司法裁判所の裁判官となり、一九三四年に激務のためアムステルダムで死去し、オランダ政府は国葬をもってその功績をたたえた人であった。安達大使の活躍ぶりについて、佐藤は、欧州各国ことに南米諸国代表者間に人望を有しているのは、決して一朝一夕の事にあらず、第一回総会以来九年間の長きにわたり不断の努力を続けられた結果にほかならないと讃辞を寄せている。

また佐藤は、杉村次長の活躍についても高く評価し、連盟の事務局における立ち振る舞いがいかに重要で大変かを述べている。書簡の要旨は以下の通り（『外務省の百年』）。

事務局が個々の国家的機関の集合ではないにもかかわらず、実際はかえって国家的色彩がはなはだ濃厚であるという一事に原因する。欧州国際関係の現状がもっとも鋭敏に反映される事務局内の陰謀術策は、想像以上のものである。

佐藤は、国際連盟が各国間の外交が飛び交う現場であることを強調しているのである。

満州事変への対応

佐藤は、満州事変（一九三一年九月十八日）に関する連盟の対応にも関わり、連盟脱退への過程で苦慮した。当時、第十二回総会と第六十五回理事会が開催中であり、総会には日本全権として芳沢（駐仏大使）、松平（駐英大使）、佐藤（駐ベルギー大使）が、理事会には芳沢大使が参加しており、ジュネーブには五十一ヵ国の代表および新聞記者連が参集していた。事変勃発については、翌十九日に直ちに報道された。

日本は常任理事国、中国は数日前に理事改選で非常任理事国に当選しており、その意味でも会議の難航が予想された。中国代表は施肇基《しちょうき》在英公使であり、九月二十一日、規約第十一条をもって「国際の平和を危殆《きたい》ならしめる事態のこの上の進展を阻止するため即時手段をとるよう」(「外務省外交史料館記録」)理事会に提訴した。

日本代表の芳沢が、事変発生当初から日本軍の行動は居留民の安全、鉄道保護に限られており、しかもすでに占領地から撤退しつつあると説明したのに対し、中国の施代表は、日本軍の撤兵の報は誤りで、現状調査に中立委員の派遣が必要であると応酬した。しかし、イギリスのセシル代表が、日本側が撤退しつつあると言明する以上、紛争は当事国で解決されるのが当然であると述べるなど、初期の段階では日本側の立場が有利であったといえる。

しかし、十月八日、関東軍が錦州爆撃した報に接した後、在京の英米仏伊各国大使がこぞって日本に抗議したことで、そのまま連盟においても日本への非難が集中した。ジュネーブの日本代表団から見ても、「如何に強弁するも公平なる第三者を首肯せしむることは出来難き」(「外務省外交史料館記録」)関東軍の行動であった。それでも芳沢は、満州における日本の特殊権益を強調して、条約不履行の同地における中国側の排日運動について言及した。

理事会は、連盟の力だけでは日中紛争を処理することが不可能と認め、かねて連盟に協力する意思を声明していたアメリカをオブザーバーとする可否について検討するようになった。日本は理事会構成に関する規約違反として、アメリカの出席を拒否したが、アメリカの出席招請案は十三対一で通過した。

その後、施肇基は、日本軍が天津事件に乗じて宣統帝溥儀《ふぎ》を奉天に護送し、その擁立を企てているとの南京政府の電報を公表し、日本軍が満州各地で違法な政府の樹立に努めていると非難した。その頃関東軍は、新たに北満工作を開始しており、十一月十八日のチチハル占領の報が連盟に届き、各国理事の神経を逆なでした。

日本国内では、一九三一年十二月、第二次若槻内閣が総辞職して、犬養毅《つよし》内閣が成立し、芳沢大使が、翌年一月十四日付をもって外相に就任したため、佐藤が理事会代表に就任した。

一月二十五日開会の第六十六回理事会は、フランスからはブリアンの代わりにポール・ボンクールが出席し、中国代表も施肇基の後を顔恵慶《がんけいけい》（駐英公使）が務めていたが、顔代表の対日抗議は従前に加えて激しさを増した。一月二十八日に上海事変が勃発するや、二十九日、中国側は規約十五条をもって連盟に提訴したので、世論は日本の行動に一段と厳しい視線を浴びせた。

佐藤大使は、この時ほど国際世論なるものがいかに偉大な力を持つか痛感したことはなく、その中で苦闘する自分がみじめともなんともいいようのないものであったし、それほど「上海事変」は国際世論の前には不評判のきわみともいうべきものであったと述懐している（『回顧八十年』）。それでも佐藤は日本代表として、中国による外国人の権益無視、抗日の実情について忌憚《きたん》ない意見を赤裸々に列国に訴えたという。

中国側が提訴した規約第十五条は、主として理事会の報告を規定したものであるが、その九項によると紛争を理事会に付託した後、十四日以内に当事国の一方の請求があったときは、これを総会に移すことができることを約していた。そのため、三月三日より臨時総会が開かれることになり、日中両国の紛争は初めて総会の審議に委ねられることになった。

しかし、ここでまたもや抜き差しならぬ問題がもち上がった。三月一日、満州国は、奉天、吉林、黒竜江、熱河、東省特別区および蒙古各旗盟の民衆は中国との関係を断ち、独立政府を建設するため合同したとして、その建国を内外に発表したのである。かくて臨時総会は、極めて険悪な空気の中で開会された。日本側全権は松平、佐藤、吉田茂（駐伊大使）であった。

七　革新派の思想と行動

外務省内の政策集団

ここで再び、外務省内におけるグループ分けに目を転じてみたい。外務省の主流は、満州事変後、欧米派からアジア派の有田、重光へと代わっていく。しかし彼らもまた、外務省改革を唱える少壮外交官らに批判され、伝統派と称されるようになる。

第一次大戦後の幣原外交以後は、アメリカ主導の国際関係に順応したという意味において、英米協調外交路線はむしろ「米英」の順に表記して「親米英派」とすべきと思われるが、欧米派とする。また、田中外交期には親英外交と親米外交の対比があるが、短期間であったので区別はしない。

外務省の主流に位置した外交官たちを欧米派、伝統派とし、それに対する連盟派、アジア派、革新派という明確なグループ分けをすることは、必ずしも適切ではない側面もある。

たとえば、親米外交を推進した幣原は、「庶政一新」「広義国防」を唱え軍部との関係を密接化した広田弘毅の政治行動となじまなかったように、欧米派の全てが幣原派だったわけではない。その広田は、人脈的にはむしろ革新派と近かった。同様の理由で、幣原は、田中義一外相のもとに猟官運動をして次官となる吉田茂にも好意的ではなかったように見える。吉田自身は「幣原外交」よりも、「田中外交」下での奉天総領事としての職務が遂行しやすかったと回想している(『回想十年』)。

国際連盟との関係はどうであろうか。幣原らの外務省中央は、それほど国際連盟の活動に積極的ではなかった。国際連盟に熱心なのは、駐仏大使の石井菊次郎、常設国際連盟事務局事務次長の杉村陽太郎、国際連盟帝国事務局長の佐藤尚武など外務省の出先であった。ともに欧米派とされる幣原と佐藤だが、国際連盟に対する態度を異にしていたのである。佐藤は、国際連盟に消極的な本省にいら立っていた。これに幣原らと広田の関係を考え合わせるなら、欧米派と言われるものは一枚岩ではない複雑な内部状況があった。しかし、組織は得てして政策集団を形成することを考慮すれば、大まかな枠組みとして整理し、そのグループの政策的特徴を比較することは日本外交の軌跡を検討するうえで必要な視点であろう。

まずは、欧米派あるいは幣原派とも呼ぶべき政策グループである。幣原喜重郎、出淵勝次、佐分利貞男を中心とし、これに松平恒雄、木村鋭市、石射猪太郎らが加わる。彼らはワシントン会議の体験を共有しており、ワシントン体制順応外交路線を推進する。

一方、アジア派は、有田八郎、重光葵を筆頭に、谷正之、松宮順らで、彼らはパリ講和会議の体験を共有し、アジアの自主外交を標榜する。この二大外交路線が、満州事変後、広田、有田が外相に就任することによってアジア外交に偏重していった。そのアジア外交に革新派が加わるが、白鳥敏夫派と有田らが対立すると、有田や重光・谷などは革新派から伝統派と称され隔離されるようになった。

開戦外交と終戦外交の仮説

欧米派、伝統派、アジア派、連盟派、革新派が開戦外交と終戦外交においてどのような関係にあったのか、一つの仮説を立ててみた。

アジア派に一九三〇年代の外務省改革運動が結びつき、少壮外交官を中心に革新派へと変貌する。彼らはアジアの自主外交に加えて南進論を主張し始め、枢軸外交を唱えることによって枢軸派とも称されるようになり、政策立案において対英米戦争指導に協力していく流れに乗り、外務省内を掌握していく。だが、主流の欧米派、伝統派を排斥するまでの力は持たなかった。むしろ主流勢力から警戒され、彼らの行動は抑制された。

白鳥、松岡洋右が革新派のリーダー的存在となったが、白鳥と松岡は同一的枢軸派ではなかった。白鳥が「敢然とした英米対決姿勢」を示したのに対し、松岡は「毅然とした英米姿勢」をアピールした。また、白鳥や大島浩が完全なる攻守同盟の日独伊三国同盟条約締結を求めたのに対して、松岡は自動的参戦義務を保留し、参戦の自主的判断を確保した。彼らの詳しい動向については、以降の章で見ていくこととなる。

これら革新派・枢軸派に欧米派が屈して、日米戦争を決断したわけではないが、開戦外交に重要な役割を演じたのは間違いないだろう。欧米派および伝統派は東郷外相を支援する形で、日米開戦を回避する努力に徹した。外務省の政策立案の大勢は革新派によって占められたが、政策決定は主流の欧米派上層部によって下されていた。

また、終戦の過程においては、革新派にも軍部の主張する本土決戦を支持する動きはなく、伝統派と欧米派の合流によって終戦工作の努力がなされたが、そこにおいても革新派との対立抗争があったわけではない。

外務省革新派の原点

革新派の原点とみられるのが、外務省革新同志会であり、その創設は一九一九年のパリ講和会議に端を発する。代表団に加わっていた四人の少壮外交官、有田八郎、重光葵、斎藤博、堀内謙介らは、日本外務省の「体力不足」に深刻な危機感を抱き、講和会議開催中に現地で、「外交官採用における門戸開放」「人材の養成」「機構の拡充強化」などからなる外務省革新綱領を作成し、同僚に趣旨賛同を求めた。彼らは帰国後もその危機感を共有し、同年九月下旬、有田が中心となる形で外務省革新同志会を結成した。

革新同志会は、複雑になっていく国際関係を背景に、日に日にその影響力を強めていった。やがて彼らの主張、提案は外務省内の公式な場で討議されるようになり、省内に制度取調委員会が設置され、提案を次々と実現させていく。

その結果、一九二一年から二三年にかけて、外務省の機構・人事・予算は最も膨張し、職員数も飛躍的に増加した。実際、外交官・領事官の育成が始まった一八九四(明治二十七)年から一九一八(大正七)年までの二十五年間に、高等試験外交科試験に合格したのは百五十名だったが、一九一九年から一九二一年までのわずか三年間で、九十八名もの合格者を出している。

当然、こうした外交官採用の急増は、後に人事の停滞をまねく一因となった。満州事変以後に外務省革新運動の核となった「僚友会」の革新派の主要なメンバーも、一九一八年から一九二一年にかけて入省した少壮外交官たちであるが、彼らは「この儘《まま》では吾々《われわれ》は勅任官(二等高等官以上)になれない」(「川村(茂久)日記」)と停滞する人事に不満をもちながら、一九三〇年代後半の日中戦争から一九四〇年代前半の太平洋戦争時に本省課長クラスを占めることになる。

一九三二、三(昭和七、八)年頃になると、かつての革新同志会のメンバーは、会の指導的役割を果たした有田や重光が相次いで外務次官となり、広田弘毅が外務大臣に就任するといった形で、アジア派から隔離する。伝統派として、欧米派に代わって外務省の主流を形成していくことになる。

白鳥敏夫と革新派の台頭

そして、主流派に対抗するかたちで新たに登場してくるのが、白鳥敏夫を中心とした革新派（枢軸派）である。

満州事変前年の一九三〇年、外務省のスポークスマンである情報部長に就任した白鳥は、それまで幣原との関係を良好に保っていたが、いち早く国際連盟脱退を主唱した。また、外務省首脳部が事変の既成事実化に伴い、これを消極的に追認していくのに対して、白鳥は早くから事変の「意義」を積極的に支持し、全面的に擁護した。彼の主張は「アジアにかえれ」とのスローガンのもと、「皇道」という日本独自の価値に基づく新たな国際秩序を構築すべきだ、という考えに貫かれていた。

白鳥の外交論は、やがて少壮外交官を魅了し、白鳥グループを形成することになる。これが新たに登場する革新派の原型である。

彼らの活動は、満州事変以後に結成された「僚友会」によってさらに活発化し、人事改革に加えて、外交政策の革新をも目指すものとなっていった。具体的に「白鳥次官擁立運動」を目標に掲げながら、「皇道主義革新外交」、つまり対ソ・対英米強硬策および南進論を唱えていく。

やがて一九三五年頃になると、僚友会のメンバーは、一九一五、六年入省組から一九三四年入省組まで、合わせて七十名余を数えることとなり、省内の一大勢力を形成するに至った。入省一九一五年組の栗原正、一六年組の松宮順、一八年組の河相達夫、そして組織の実働部隊となった二一年組の佐藤忠雄、重松宣雄、高瀬真一、土田豊、藤村信雄、安東義良《よしろう》、石沢豊ら、さらに三二年組の牛場信彦、甲斐文比古、三三年組の高瀬侍郎、三四年組の平沢和重らまで幅広く加わり、外務省内に縦断的連携を築いていた。

しかも、白鳥が唱える「既存の国際秩序否定」は、陸海軍中堅軍人たちの国際政治観に極めて近かった。そのため、外務省の革新派若手官僚の間には、軍の主張に同調する対英米強硬外交、日独伊枢軸強化を求める運動が広がっていった。実際、海軍および陸軍とも連絡をとり「陸・海・外会合」を行うなど、軍部との横断的革新連携を図っている。また、外務省参謀本部とも評される「考査部設置問題」をめぐっても外務省内の対立、いわゆる白鳥騒動をまねいた。

そうした活動のなかで、「日米必戦論」を唱える吉岡範武（調査部第六課長）を最右翼として、平沢和重（亜米利加局事務官）、藤村信雄（同第一課長）、武野義治（東亜局事務官）らが中心となっていた革新派グループ「十の日会」の大勢は、英米可分論の立場をとっていた。彼らは「対米煙幕工作論」と称して、対英戦が対米戦に連動しないよう、対米和平工作を試みることを主張していた。

一九四〇年七月、第二次近衛内閣が成立し、松岡洋右が外相に就任する。松岡は白鳥を外務省顧問に据えて一旦は重用する。しかし、後に白鳥らを「外務省の人間」としてではなく「陸軍の人間」と見て警戒するようになり(『欺かれた歴史』)、自己の外交構想を実行に移すうえで、革新派やそれと結ぶ陸軍の干渉を排除するために、極端な秘密主義を採用した。

同年九月に三国同盟を締結し、四一年四月に日ソ中立条約を成立させ、「松岡外交」が脚光を浴びると、かつて機会主義的に革新派の陣営に加わった外交官の中で、革新派グループを離れて松岡の周囲に集まる者も現れるようになった。このとき革新派は、実質的に白鳥派と松岡派とに二分されたのである。

一九四一年春、松岡との勢力争いに敗れた白鳥は、日米戦争の不可避性を論じた直後、病気を理由に外交の舞台から姿を消すことになる。松岡外相の下で日米交渉を指揮した寺崎太郎亜米利加局長の手記『れいめい』には、次のように記されている。

狭義の白鳥グループのみならず「松岡外交」に心酔した人びとをも含む枢軸派の活動と、旗幟を鮮明にせずそれに同調するかのような「灰色」的外交官の存在のため、外務省における日米交渉は局長以下四人だけによって秘密裡《ひみつり》に進めざるをえなかった。

このように、すでに松岡外相時代の頃から、革新派官僚の影響力を排除するための努力は重ねられていた。外務本省において日米交渉を処理する担当官も少人数に限られ、局部長会議への情報もきわめて制限されていた。こうした状況が、東郷茂徳外相時代へ引継がれていったのである。

第三章
前史としての経済戦争

一　日本の対米英戦争決断理由

実質上の経済戦争

第一章でも言及したように、日本が対米英戦争を決断した理由とその目的については、開戦の意思を固めアメリカに通告した外務省亜米利加局作成の「帝国政府の対米通牒覚書」、あるいは内閣書記官長の下で取りまとめた開戦の「詔書」、そして交付されることのなかった「宣戦布告文書」（亜米利加局作成と推定される）に明確に記されている。

いずれもその中で強調されていることは、米英の経済制裁は実質上の経済戦争であると受け止め、自存自衛のために蹶起すると訴えていることである。

資産凍結の実施は全面的な経済関係の断絶に等しいもので、英米支（重慶政権）蘭は、日本に対する軍備増強による包囲態勢を築き、日本を経済的に破滅させることを企図しており実質的経済戦争である。それは、大国としての権威を侵害するものであり、東亜における日本の新秩序建設による平和確立を妨害するものである。今や日本は自存自衛のため蹶起して一切の障害を破砕する外ない――。日本の置かれた過酷な状況をこのように認識し、当時の大多数の為政者、軍人が、戦争への途を決断した。

こうした日本側の開戦の決断は、アメリカ側から突き付けられた「ハル・ノート」に対する回答でもあった。しかしこの決断は、近衛文麿内閣の一九四一年四月十八日からその後の東条英機内閣の十二月四日まで、計五十七回もの大本営政府連絡会議を重ねた協議の末に決定されたものである。しかも、日本の工業生産力はアメリカの九分の一という、恐ろしいほどの格差を熟知していた指導者の決定であった。

しかし連絡会議では、日本の敗北の可能性とその結果もたらされる事態についてはまったく議論されていない。むしろアメリカと戦うことが日本の宿命であるかのような空気に覆われ、意思決定者をも支配していたかのようなムードがあった。なぜそうした異常とも思える状況に陥り、日本の指導者は呪縛されたかのように身動きができなくなったのであろうか。

それは、日中戦争ですでに十八万人の戦死者、四十二万五千人の負傷者を出した国家の責任について、後には引けないとする面子《めんつ》や威武《いぶ》だけではない。アメリカの経済制裁がピークに達した一九四一年九月の段階で、すでに経済戦争に突入しているとの現実的危機が日本を覆っていたのである。

二ヵ月間の討議の末に、東条首相は十一月一日の大本営政府連絡会議で三つの選択肢を示した。第一案は戦争をせずに臥薪嘗胆《がしんしょうたん》する、第二案は直ちに開戦を決意し作戦準備を進め、その間の外交を従とする、第三案は戦争決意の下に作戦準備を進め外交は最小限度に止める、というものである。

アメリカの圧迫に全面的に屈服することになる第一案は問題とならず、第三案は直ちに武力に訴えることを意味することから、昭和天皇の宸念《しんねん》を顧慮して第二案を選択することになった。しかし、外交努力を十二月一日の午前零時までに限定し、その後はいつでも武力行使を発動できることに決した。

東郷茂徳は、東条らが組閣当初より一途に戦争を起こさんと決意していたとの見方に賛成することはできないと述べたうえで、「時を延引するのは米の利益、日本の不利益で、兎に角事態をはっきりせしむることが必要であった（東条内閣は功過はこれのみ）」（『時代の一面』）と、ジリ貧状態という事の重大さを強調している。

追い込まれる日本経済

「大東亜戦争」の根源は、日本の東アジアにおける武力侵攻にあることは否定できない。しかし、日米交渉に失敗し日米開戦に至った原因の一端は、アメリカにもあることを敢えて言わざるを得ない。

アメリカの対日経済制裁は、一九四〇年一月の日米通商航海条約破棄（前年七月通告）に始まって、七月末の在米日本資産凍結によってピークに達し、確実に日本経済を蝕《むしば》んでいった。日本の石油消費量の九十パーセントが輸入であり、そのうち一九三九年までは八十パーセント強がアメリカからの輸入であった。石油統計年報によれば、日本の石油輸入量は、一九四〇年には原油、製品合わせて四百二十一万四千キロリットルであったが、翌年の四一年には百三十五万七千キロリットルに激減している（一九四一年当時の世界石油生産量の六十三パーセントがアメリカであった）。その石油が、全面的に禁輸されたのである。

銅の需要も八十パーセントをアメリカの供給に頼っていた。また、日本の鉄鋼業はアメリカの輸入屑鉄《くずてつ》への依存度が高く、屑鉄の禁輸によって在庫量が減れば、日本の鉄鋼業はその能力を大きく下回る生産しかできなくなることは必定だった。

その他、ハイオクタン価の航空燃料、鉄鉱石、一部鉄鋼製品、スチール製品、銅、真鍮《しんちゅう》、青銅、錫《すず》、ニッケル、カリ、工業機械、合金（フェロアロイ）、アルミニウム、一部潤滑油など、いずれの品目もアメリカがほぼ唯一の供給源であり、日本の工業生産に欠かすことのできないものばかりである。

アメリカ以外からでは、欧州戦争の勃発以降、シベリア横断鉄道によってドイツからわずかばかり供給されていたに過ぎない。そのルートも六月に独ソ戦争によって断たれた。欧州貿易が遮断され、アメリカによって中南米貿易が妨害され、そしてアメリカ市場へのアクセスをシャットアウトされた結果、日本の貿易額は五十パーセントから七十五パーセントも激減するという大打撃を受けた。

つまり、日本経済が生き延びるために残された道は、一九四一年の七月以降、資源の豊富な東南アジア地域の英米仏蘭の勢力範囲に侵出し新たな経済圏を自立させるか、アメリカ経済に隷属するかの二者択一となったのである。何も手を打たなければ、日本は経済的に窮乏し、軍事力も衰退し無力化を余儀なくされることになる。まさに、経済戦争の脅威にさらされていたといっても過言でない状況であった。

経済制裁への応戦

そうした状況は、日本側の首脳も十分に理解していた。一九四一年九月六日の御前会議で企画院総裁鈴木貞一は、次のように発言している。

今日の如き英米の全面的経済断交状態に於きましては、帝国の国力は日一日と其の弾撥力を弱化して参ることとなるのであります。

最も重要なる関係に在ります液体燃料に就きましては、民需方面にありまして、極度の戦時規制を致しましても、明年六、七月頃には貯蔵が皆無となる様な状況であります。夫《そ》れでありますから左右を決しまして、確固たる経済的基礎を確立安定致すことが帝国の自存上絶対に必要と存ずるのであります。

(『杉山メモ』)

その二ヵ月後、東条首相は「軍事に使える石油は二年間で一滴もなくなる。そうした窮乏に国民は長期にわたって耐えることができるか(……)このまま座していれば日本は二、三年の後には三等国に成り下がることを恐れる」(同前)と述べている。

それだけではない。「日本は戦わず降伏するような不名誉な行為をとるようなことはない。戦わずして降伏するようなことになれば、日本は物理的に破滅するだけでなく精神的にも崩壊するのである」(同前)との発言は、永野修身軍令部総長によるものである。

これらはみな軍首脳の発言であるが、開戦の決断に名を連ねた閣僚も、東郷外相が言うように「当時日本の当局者が此の儘《まま》では大国としては自滅の外ないという考慮を持って居たことは事実」(『時代の一面』)であった。

日本は、アメリカの経済制裁を戦争行為そのものと理解し、ハル・ノートを受けた後、それに反撃せざるを得ないという結論に達したのである。

アメリカの思惑

一方で、アメリカ側はこの状況をどのように捉えていたのだろうか。一九三二年から滞日十年の駐日大使として日本文化を理解し、日米関係の平和的打開に努力したジョセフ・グルーは、一九四一年十一月初旬、日本の動向を的確に観察し、「経済制裁による大打撃は、日本を蹶起させる危険あり」（『滞日十年』）とハル国務長官に報告している。

対日禁輸解除と日米貿易回復のために、アメリカ国務省が提示した条件はあまりにも過酷であった。四月から始まった日米交渉では、日本が三国同盟から離脱することを要求しただけでなく、中国およびインドシナからの撤退を要求していた。そもそもアメリカは満州国を否定していたので、その要求を拡大解釈すれば、満州からの撤兵をも意味すると日本は考えた。

ローズヴェルト大統領は、日本が東南アジアに必ず侵攻してくること、石油を禁輸すれば蘭印に侵攻する可能性があると考えながらも、石油禁輸と資産凍結で日本をコントロールできると踏んでいた。

また、ジェフリー・レコード『アメリカはいかにして日本を追い詰めたか』によれば、ディーン・アチソン国務次官補（経済問題担当）は、日米開戦以前に、「わが国を攻撃すれば、日本にとって破滅的な結果になることは、少し頭を使えばどんな日本人でもわかることだ」と語っており、ヘンリー・スチムソン陸軍長官も、日本人が「どれほど不道徳で危険な考えを持ったとしても、わが国と戦うことまでは考えるはずがない」との見解を示していた。

こうしたアメリカ側首脳の考えは、いずれも圧倒的国力の差から打算された「日本が勝ち目のない戦争に挑むはずはない」という「合理性」に基づくものであった。

もちろん日本側にもそうした自覚はあった。山本五十六連合艦隊司令長官は、わが国はこれほど勝機のない戦いを始めるべきではないとの考えを持ちながらも、真珠湾攻撃の指揮を執っている。

しかし、戦争に訴えなければならない理由の核心には、日本にとってアメリカとの戦いは自ら選択したものではなく、すでに開始されていた経済戦争への応戦であるとの認識があったのである。

革新派の危機感

アメリカへの経済的依存から何とか抜け出したいとの考えは、一九二〇年代初頭、ワシントン体制が構築されようとしていた時期に芽生えていた。

その象徴的な国策会議が、原敬内閣および田中義一内閣の下で開催された東方会議であり、産業立国論である。日米対立の萌芽という意味では、日露戦争後に遡り、南満州鉄道の経営をめぐる満州問題、太平洋の建艦競争、排日移民問題に起因して、しばしば「日米戦わば」とのムードが強まっては、両国の政治指導で難局を乗り越えてきた。

しかし、わずか二、三十年のうちに、日本および中国を中心にして、東アジアは大きく変貌していった。それがために、ワシントン体制という枠組みでは耐え難いさまざまなストレスを蓄積し、一九四一年の日米両国のリーダーたちはその解決に失敗し、決定的な外交の破滅に陥ってしまったといえる。

それでは、太平洋戦争の前史として仕掛けられた経済戦争という認識が、日本でどのように形成されたのであろうか。本章では、その過程を見ていくことにする。

実は、いち早くアメリカの経済制裁に危機感を抱いたのが、外務省内では欧米派・主流派よりも、亜細亜局、南洋局、調査部を中心とする革新派であったといえる。彼らは日米通商条約改定および日英通商条約の改定時期を睨んで、東亜新秩序の建設、南進論に走り出していた。

彼らが戦争決断の意思決定を左右したわけではないが、時の勢いに如何《いかん》ともしがたいムードを演出する役割を担った。彼らは、枢軸の強化、南方への積極的進出、東亜新秩序建設にかかわる政策文書立案者たちであった。

二 欧州戦争と日英通商貿易問題

欧州戦争と貿易

第一次世界大戦後、日本は米英仏伊とともに軍事五大国の一員になった一方で、経済的にはあまりにも小国であった。むしろ経済の弱さを軍事力で補おうとしたことに無理があったと言うべきかもしれないが、日本はこの歪《いびつ》な国情の匡正《きょうせい》に失敗した。資源の乏しい日本経済の行方は、欧米列国との通商貿易、米英との通商条約の継続如何に懸かっていたのである。

世界恐慌後、アメリカは一九三〇年「スムート・ホーレー関税法」で輸入品の関税を平均約五十パーセントも引き上げたのに続き、一九三三年には「バイ・アメリカン法」を制定して自国産業を保護するブロック経済化に走った。これに対する各国の報復的措置が広まり、イギリス、カナダ、オーストラリアなど英連邦は、域内の関税を低くする一方で、域外との取引の関税を高くする特恵関税制度を強めた。このように各国が保護貿易主義を強めたことで、世界の貿易量は、その後の四年間で三分の一にまで激減し、経済危機はより深刻なものになった。

こうした保護貿易主義の台頭は、各国を世界の市場争奪戦に巻き込んだ。危機打開のために新たな市場や資源を軍事力で獲得しようとする動きが、第二次世界大戦へ繋がったとの指摘もある。その中で日本は、日中戦争に至るまで、ほとんど何らの貿易制限措置を講ずることなく、むしろ極力自由貿易の維持に努力したといえる。

一九三七年七月、盧溝橋事件が勃発する。当初、日本政府は局地的早期解決の方針で対処しようとしたが、形勢の漸次拡大が予想されるに及んで、日中戦争遂行に欠くことのできない軍需品並びに必需原料の輸入を優先させるため、同年九月十日、「輸出入品等に関する臨時措置に関する法律」を公布し、輸出入を政府の統制下に置いた。以来、日本の貿易政策は、軍需品および国内の生産力拡充に必要な原料資材を輸入するため、外貨資金を獲得する必要から輸出の増加促進に努める方針をとり、貿易関係各省庁はこの点に全努力を傾注することになる。

そうした時期に、一九一一年の通商航海条約期限が迫ってきた。しかし、各国は国内市場保護の立場からますます貿易制限の方向に進み、日本も輸入制限措置を行い、各国からのいわゆる不要不急品の対日輸出が激減したため、特に欧州諸国は報復措置として日本品の輸入弾圧を強化した。

こうした悪循環のため、日本の対欧州貿易は、一九三八年以降激減の徴候を示すに至った。ちなみに対欧州輸出額を示せば、一九三五年は二億六千二百万円、一九三六年は三億七百万円、一九三七年は三億五千六百万円、一九三八年は二億六千百万円と推移している。しかし日本は、フランス・イタリア・バルカン諸国との貿易協定を締結するなど、対欧州貿易の維持に努めた。その結果、一九三九年九月に欧州戦争が勃発したにもかかわらず、一九三九年の対欧州年間輸出額は二億三千八百万円を維持している。

イギリスの貿易管理措置

欧州戦争が勃発すると、イギリスは戦時措置により日本の対欧州輸出を遮断し、その植民地・属領地においても厳重な輸出制限を実行した。また、いわゆる「対独報復令」により、ドイツから輸出された商品の差押えを行っている。そのため、日本は年間約二億円に上る欧州輸出を失うことになるとともに、絶対必需とする機械資材および資源の欧州よりの輸入が杜絶《とぜつ》するという、極めて深刻な問題に逢着した。

こうした難局を迎えた時期の駐英日本大使が重光葵である。

重光は、第一次世界大戦中の二十七歳から三十歳にかけて、三等書記官として英国勤務の経験があり、パリ講和会議の随員でもあった。満州事変時には中国公使、一九三六年より駐ソ大使、そして一九三八年九月より吉田茂の後を継いで駐英大使となっていた。

重光は、岡本季正《すえまさ》参事官とともに、第二次世界大戦勃発の混乱の中で、日英間の通商貿易継続に奮闘した。一九三九年九月三日、イギリス政府は対独宣戦布告とともに、広範囲にわたる「戦時禁制品目表」および「中立国船に対する臨検措置」を実施する方針を公布した。欧州戦争勃発後、イギリスがドイツ産品の輸出を阻止する行為に出ることは予想されるところであり、日本としても多大の関心を払っていた。

イギリス政府は、ドイツの戦闘上の諸行為に対する報復措置として、フランスとの共同作戦をとり、対独経済封鎖を強化した。九月十四日、ドッツ駐日英国代理大使は、阿部信行外相宛の書簡で、戦時禁制品が敵国に渡ることを防止するため、また、中立国との貿易を容易にするために、英国内のウェイマウス、ラムスゲート、カークウォール、ジブラルタル、ハイファの各港に禁制品取締り根拠地を設置したので、中立国はそれらの根拠地に寄港し検閲を受けるようにと伝え、自発的に寄港しない船舶に対しても、公海において臨検することもありえると申し入れた。

さらに十一月二十七日、ジョージ六世英国皇帝の「報復―独逸の通商制限に関する勅令」をもって、十二月四日以降、中立港を出帆する船舶に積載したドイツ産品は連合国港に荷揚すること、一九四〇年一月一日以降の場合には、捕獲審検所において抑留売却または徴発することを布告した。また、日本から中立国荷受人宛てに仕向けられた輸出貨物も、最後仕向地がドイツでないことの立証が求められ、欧州行き日本船舶に対して、原則的にイギリスの港または捕獲審検所に廻航することが要求された。

こうして日本は、ドイツからの重要物資の輸入を完全に断たれることとなった。さらに問題となったのは、開戦前に貨物積取のため欧州に航行していた日本船舶に対する取扱いであった。当時、欧州各地向け貨物を積載した日本船舶は相当数航行中であったが、イギリスの臨検を受け載貨を差し押さえられるなど、日本の海路による対欧州輸出は全く不可能になったのである。

日英交渉の開始

そこで十二月一日、重光駐英大使はハリファックス外相に書簡を宛て、日本政府はイギリス政府当局が交戦権を行使することには同意するが、日本船舶が中立国港のみに寄港し、その載貨も中立国向けに積送される場合においても、日本船舶を英国港に引致しようとする要求は承認し得ず、これによって発生する損害については賠償請求権を確保すると申し入れた。

また、イギリス政府の発表した「戦時禁制品目表」についても、あまりに広範囲かつ漠然とした規定であると抗議するとともに、各種通商制限の緩和を目的とする日英通商調整の交渉開始を希望することを伝えた。戦時禁制品に指定された品目から、当時日本の輸出品として最も利害関係のあるものを選び出し、「第一群」（絶対的禁制品とみなし得ない品目）苛性ソーダ・綿・毛織糸・生糸・絹織糸・人造絹糸など、「第二群」（自由品とみなすべき品目）葉煙草・真珠類・玩具・竹および木材・ベニヤ板・陶磁器・防虫菊・紙類・帽子・ボタンなど、と整理してイギリス側に示した。しかしイギリス側の回答は、葉煙草を除き、全て戦時禁制品として取り扱うという苛酷なものであった。

ただし一般交渉と併行して、緊急対策として個別的に船舶ごとの積出許可の交渉を行った結果、イギリス側も譲歩的態度を示し、但馬丸、室蘭丸に対して積出許可を承認した。

一九四〇年一月、阿部信行内閣総辞職後に米内《よない》光政内閣が成立した頃、東京湾沖において英艦により浅間丸が臨検され、ドイツ人船客二十一名が拉致されるという事件が発生した。その後、バトラー政務次官より重光大使宛ての五月七日付覚書をもって、ドイツから日本に輸出される船舶八隻分の積荷は、積出の要求をしないことを条件に通過を認めるという通達があり、結果的に八隻の積荷受取りが承認された。

しかし、日本のイギリス向け輸出は一段と困難を増し、さらにイギリスからの原料資材の輸入もまた深刻な支障をきたした。そこで重光大使は、各種通商制限の緩和を目的とする日英通商調整の交渉開始を申し入れた。これに対してイギリス政府は、禁制品のドイツ向け輸出阻止を望み、かつ支払い取極の締結交渉も合わせて行いたいと返答する。通商関係の諸懸案全般にわたり、日英双方の希望を検討し、何等かの満足な結果を導きたいとの両国の意見が一致した。

その後チェンバレン内閣が総辞職したため、日英交渉はチャーチル内閣の成立を待って開始されることになる。

三　在英日本大使館での交渉

埋まらない日英の溝

一九四〇年五月十日、クロス経済戦争大臣と重光大使の会談にリース・ロス事務次官が同席し、経済問題に関する日英交渉がスタートした。

この会談に際し、クロス経済戦争大臣は、イギリス政府の「覚書」を提示し、日本が戦争に必要な物資をドイツに輸出しないことの条件を取りつけ、その保障の下に、国内需要上必要と認められる数量の原料や物資を日本に供給するよう尽力する意志を示した。

これに対して重光大使は、日本は中立国であるから、交戦国双方と通商し得る当然の権利があると主張したうえで、英領植民地より輸入するゴム、錫、ニッケル、羊毛などの重要商品については イギリス側の主張を考慮するが、その前に日本の重要視する原料品の入手に関する話し合いを成立させたいとの希望を述べる。

しかしイギリスは、対独輸出阻止あるいは支払協定締結が先決条件であるとして譲らない。交渉は、遅々として進展しなかった。

実務的交渉としては、五月中旬から六月中旬にわたり、岡本季正参事官とリース・ロス経済戦争省次官およびウェイレー大蔵省次官補との間で、具体的な折衝が行われた。

五月十四日、岡本参事官はリース・ロス次官との会談で、対日貿易の制限緩和は日英両国の関係改善に資すること大であると述べ、日本の対英輸出入貿易に対する障害となっているイギリスの制限的措置の緩和を要求した。

これに対し、リース・ロスは、ドイツが戦争必需品としている物資を日本側が供給しないのであれば、日本側の希望する物資をイギリスはできるだけ供与する意向であると返答し、まずは対独供給防止の日本側の意向を確かめたいと発言した。

岡本は、日本は欧州戦争への不介入を根本政策としており、中立国として交戦国の双方と通商し得る当然の権利があること、そして広東攻略後にイギリスがビルマ経由で援蔣を行っていることへの不満を述べた。

日英交渉の破綻

その後に行われた交渉では、支払協定の締結が先決問題と主張してイギリスが譲らず、輸出入制限および為替管理の緩和を受け入れなかった。日本側は、通商障害が存在するならば支払協定の成立は無意味であると応酬し、貿易交渉と併行して支払交渉を進めるべく提議したが、交渉は頓挫した。

時を同じくして、日英関係に水を差すような事件も起こっていた。七月二十九日、ロイター東京特派員のJ・コックスがスパイ嫌疑で東京憲兵隊に逮捕され、取調べ中に自殺する事件が起き、ハリファックス外相が重光大使に抗議している。八月には、三菱商事ロンドン支店長の槇原覚《さとる》、三井物産ロンドン支店長代理の田辺俊介が「戦時不利行為」の廉《かど》により逮捕されるという事件が起きた。そうした険悪状況の中で、通商関係改善の交渉は全く進展をみなかった。

そのまま年が明けて一九四一年になると、国際情勢がいよいよ機微なる局面に向かいつつあった。一九四一年二月中旬には、イーデン外相、ディル参謀総長らのエジプト・トルコ・ギリシア各国の歴訪、三月中旬には、松岡洋右外相のソ連・ドイツ・イタリア各国の歴訪があった。

五月上旬になって、イギリス政府は日独関係の事態に鑑み、再び通商問題と切り離した支払協定のみの締結を求めてきた。しかし、日本側はこれを拒否して、あくまでも一般通商問題の解決交渉を主張する。そのため、ウェイレー大蔵次官は、日英両国間における本商議の継続は、「政治的雰囲気の改善される時期を待つ他なし」との結論に達したことを伝え、事実上、日英交渉の破綻を告げるイギリス政府の五月九日付書簡を重光大使に手交した。

その書面には「貴政府に於て英国の敵を支援し、之に対し物資供給の便宜を供与せられつつある限り、前掲対日輸出制限の措置は持続せらるべく、又之を強化するは当然の儀と存候」と語気強く記されていた。

交渉の破綻によって、イギリス本国および自治領・植民地から日本への重要物資の輸入は、ほとんど絶望的となった。そのため日本は、年間約二億円にのぼる欧州輸出を失うこととなり、日中戦争遂行のために必要な武器、機械および重要資源の確保に重大な支障をきたすこととなった。

なお、日本は海路による対欧州貿易は継続困難とみなし、シベリア経由の貿易ルートを計画し、日独伊三国同盟および日ソ中立条約に基づいて、独ソの協力を得て相当の成果を収めた。特にドイツから日本への機械類の鉄道輸入は、少なからず貢献していたが、一九四一年六月二十二日の独ソ戦開始により、この貿易ルートも杜絶した。

そして七月二十六日、アメリカが在米日本資産凍結令を公布すると、同日、クレーギー駐日英国大使は豊田貞次郎外相に在英日本資産凍結令を伝え、日英通商航海条約（一九一一年四月三日調印）、日印通商条約（一九三四年七月十二日調印）、日本ビルマ間通商条約（一九三七年六月七日調印）の廃棄を通告した。

四　アメリカの対日批判

アメリカの消極的態度

同じ時期、日米関係はどのように推移していったのだろうか。盧溝橋事件勃発後、ハル国務長官は日本の行動に対する道義上の関心を表明し、日中両国が平和と条約遵守の原則に従って問題を解決するよう要望した。

しかし一九三七年十月、国際連盟が日本の行動を不当かつ非合法であると論難すると、アメリカ国務省も同意を表明し、ハル国務長官も、平和や道義などの諸原則を犯すものであると批判した。だが、実際上の政策はこれ以上には出ず、日本に対する制裁または中国支援の具体的行動はなかった。

こうしたアメリカの消極的態度の原因は、アジアにおけるアメリカの国家利益についての「消極的提議」に由来するものである。中国人には同情するが、彼らを救うために日本と事を起こさなければならないほどには、アメリカのアジアでの利益は切実ではないという考えが、政府内、特に議会では強かったのである。当時のアメリカ世論調査でも、親華的意見のほうが、親日論よりも圧倒的に多かったにもかかわらず、五十パーセント内外はどちらも支持しない中立論者であったという。

しかし日中戦争の拡大につれて、アメリカの対日感情は悪化をたどる一途となった。一九三七年九月二十八日および一九三八年六月三日、ウェルズ国務次官は、日本の中国各地空爆による多数の非戦闘員の死傷について、痛烈な非難の声明を発している。一九三八年六月十一日、ハル国務長官は、非戦闘員空爆実施国に対する爆撃機輸出抑制の警告を行い、議会に対して対日禁輸案を提出するなどの働きかけをした。それでもアメリカ議会は、未だ対日経済措置を容認する気運には達していなかった。

中立から強硬論へ

対日経済制裁の問題をめぐっては、一九三八年の春から夏にかけて、アメリカ国務省内部で研究が進められていた。「日米通商条約の廃棄通告にいたる経過概要」と題する、国務省作成のレポートがそのことを明らかにしている。

経済制裁の方法としては、輸出入面における特定商品の制限から禁止、全面的な通商関係の断絶、クレジットの供与の停止、為替管理、金の買入れ停止、船舶への特別課税、商品への差別関税の実施などが考えられていた。これら各種の制裁手段の実行にあたり、法的障害として存在していたのが一九一一年の日米通商航海条約である。

この障害を除去するよう注意を喚起したのが、国務省内の極東政治問題顧問ホーンベックであった。国務省はホーンベックの強硬論に慎重な姿勢を維持していたが、極東課員ヴィンセントは、以下の「覚書」を作成し、国務省内に回覧している。

参戦とならぬ限度で中国を勇気づけ日本を制裁することが必要。その方法としては、㈠非承認原則の再表明、㈡日本と日本支配地域にクレジット供与停止、㈢対中国財政援助、㈣日本の軍事力強化に役立つ対日貿易の制限、㈤対日経済制裁・対中国経済援助について関係諸国会議、こうしたことを実行すれば日米関係は悪化するが、それが公然たる紛争になるとは限らない。まず行政的に可能なものから実行し、立法上の必要があるものについては議会工作をすべきだ。

アメリカ政府は、駐日米国大使グルーを通じて、十月六日付書簡により、中国における日本政府の政策および軍事行動は、機会均等・門戸開放の主義ならびに状態に背馳《はいち》するものであると痛烈に非難し、次の三項目の実現について、即時有効なる措置を講じ履行するよう要請した。

㈠日本軍占領地域において、米国の貿易および企業に対し差別的待遇をもたらす差別的為替管理、その他の措置を停止すること

㈡米国市民が正当なる貿易または産業に従事する権利を剝奪するごとき独占または特恵を廃止し、中国のいかなる地域においても通商または経済上の開発に関し日本の利益のために一般的優越権の樹立を意味する取決めを停止すること

㈢米国の郵便および電信の検閲ならびに米国市民の居住、往来、貿易および海運に対して課せられた諸制限等を含める米国人の財産およびその他の権利に対する在中日本官憲の干渉を停止すること

「東亜新秩序」への対抗措置

日本政府は、十一月三日、「東亜新秩序建設」の声明を発表し（第二次近衛声明）、ついで十一

月十八日、有田八郎新外相が、アメリカ政府からの申し入れがあった権益侵害について回答を行った。

その中で有田は、大規模な軍事行動の要請上、特にアメリカ権益尊重の意図を実行する上に支障が生まれるのはやむをえず、戦争前の事態に適用された観念ないし原則をもってそのまま現在および今後の事態を律することはできないと述べている。そのうえで、列国において東亜再建の大業に参加することに対しては、日本としては何等反対する意向はなく、目下中国において成長中の政権としても、これを歓迎するであろうと述べ、汪兆銘政権（各地の傀儡《かいらい》政権）の容認を求めるかのような意向を伝えた。

その後、国務省の大勢意見は対日通商条約廃棄に傾くこととなる。「東亜新秩序声明」に対抗する措置については、ウェルズ国務次官を中心に検討された。

十二月五日、セイヤー次官補が、ホーキンズ貿易協定課長、リヴェセイ国際経済問題顧問補佐、ハミルトン極東課長の協力を得てまとめた「セイヤー・レポート」が提出された。このレポートは、日本に対する全面的な経済報復措置は、武力紛争の重大な危険を生むおそれがあり、国内経済の広範な混乱を引き起こしかねない、としてこれを退ける一方、対日経済制裁の中間手段として、時期を選んで通商条約の破棄と対日クレジットおよび借款供与への反対意思表示を行うべしというものであった。

これに対しホーンベック国務省顧問は、十二月二十二日付の意見書中で、さらに強硬な見解をセイヤー次官補に伝えている。

軍事紛争発生の条件は、むしろ全面的、包括的報復措置をとることによってなくなるので、なにもしなければ増大する。それに或る程度の危険をおかしても断固たる態度をしめさなければ侵略はやめさせることはできない。従って全面的、包括的報復措置をいま直ちに実行するのではなくても、次々と系統的に実施していけるように、いま直ちに準備されるべきである。

セイヤー報告書およびホーンベック意見書は、ウェルズ国務次官に提出された。セイヤーとホーンベックの両者の見解の相違点は、結局のところ、アメリカが軍事的衝突の危険を冒してでも、日本の中国侵略を抑制させるための経済制裁を強硬に「次々と系統的に実施」させるべきか否かにあった。

有田外相による回答は、一九二二年に成立した九カ国条約に正面きって挑戦をしたともみられるものだった。それがいたくアメリカ政府を刺激し、十二月十五日、アメリカは対中国クレジット二千五百万ドル供与を発表し、三十日にはグルー駐日大使より有田外相へ「九ヵ国条約によるアメリカの権益を一方的行為によって破壊しようとする東亜新秩序を承認しない」という通牒を手交し、抗議した。

ハル国務長官は、この頃「経済制裁が戦争を生起させるかも知れない」との考えが頭を支配していたと述べている（*The Memories of Cordell Hull*　邦訳は『回想録』）。

「道徳的禁輸」と対日牽制

一九三九年に入ると、国務省は対日経済制裁措置として、まず民間事業者に対して日本向け輸出を自発的に中止することを要望する「道徳的禁輸」（Moral Embargo）を実施するようになった。一月四日、航空機および部品の対日道徳的禁輸を要請する。

そして一月七日、バランタイン極東課次長は、対日禁輸品目を決めるために必要な「日本の対中国戦争遂行物資の出所」報告書を作成した。さらに国務省は、二月七日、対日クレジット供与も道徳的禁止を行い、対日経済制裁措置の強化を検討していた。

二月八日、日本が独伊と軍事的、政治的同盟を結ぶための交渉に入ったことを知らされると、ハル国務長官は同盟阻止の努力を駐日大使の立場でするよう、グルー駐日大使に訓令した。グルーは、有田八郎外相との会談から、日本が対独同盟に慎重な態度であることを報告した。しかし、二月十日、日本軍が海南島を占領すると、ローズヴェルト大統領は、大西洋岸カリビア海で海軍綜合演習を行っていたアメリカ艦隊を直ちに太平洋岸へ移動することを命じた。

日独伊三国同盟実現の可能性、日本の態度、それに対してアメリカがとるべき措置について、当時、国務省が抱いていた見解は、ホーンベックが五月十一日に作成して十五日にハルに提出した「覚書」に示されている。特に日本の態度に関する分析は、次のような内容である。

㈠日本はもともと中国支配以外の問題で、アメリカと敵対することを欲していない。アメリカに敵対してまで独伊と同盟することはない。日本は、ヨーロッパ開戦後の情勢が明白になるまでは三国条約に対する諾、否の表明を避けるであろう。
(二)日本は、ヨーロッパ開戦が日本に有利に作用するとの観点から独伊の開戦を促進するために同盟するかも知れないし、また、ヨーロッパ開戦を極東行動に利用するであろう。しかし、そうした決定と行動は、アメリカへの敵対を充分に考慮に入れたうえで、その能力と利害を判断してなされるであろうから、それに対してアメリカは、これまで実行、考慮されてきたような穏健な手段では影響を及ぼすことはできない。
(三)したがって、日米関係の中で三国同盟問題を特に重視している態度を日本に示すべきではない。そういう態度は日本の侵略政策を助長するだけである。

こうしたアメリカ本国の判断と方針に基づき、グルー駐日大使は非公式の私的なかたちで、日本政府に三国同盟に加わらないよう牽制を続けた。その努力は、休暇で日本を去るまで成功していたという。

休暇で帰国するグルーに、五月十八日、平沼騏一郎首相はハル国務長官宛の「欧州における対立激化回避のための日米協力」提案を手交した。堀内謙介駐米大使も、五月二十一日、日独伊関係強化はアメリカの態度を硬化させ、深刻なる影響を受けるとの意見を有田外相に具申した。

しかし、平沼提案に対するアメリカの反応は冷ややかであった。ハミルトン極東課長の命を受けて、バランタイン極東課次長が報告書を作成し、それを帰国中のグルーおよびホーンベックに示したうえで、ハル国務長官に提出している。

その結論は「平沼提案に応ずることは、㈠日本が追い込まれて申し出た時よりも日本を有利な位置におき、㈡日本の軍国主義者を残存強化させ、㈢日本の中国に対する具体的要求が不明なので国際政策原則を損なう危険がある」というものであった。すなわち、三国同盟成立の可能性が低い日本に対しては、極東で国際政策原則に順応させることこそがアメリカの基本方針であった。

五　日米通商条約の廃棄

アメリカにおける対日世論の悪化

日本は三国同盟締結に慎重な態度を示していたが、他方で欧州の混乱を利用して、一九三九年五月以来、天津の英・仏租界における国民政府通貨の流通禁止、イングランド銀行保管の国民政府銀の引渡しを要求していた。その要求は、イギリスの合法的権利を脅かし、同時にアメリカの国際政策原則に対する直接的挑戦と受け止められた。

アメリカ国務省はイギリスから介入の要請を受けたが、グレーグ陸軍参謀総長、レーヒィ海軍作戦部長らはアメリカを極東戦争に巻き込むとして不介入を主張する。また、参謀総長に新任したばかりのマーシャルも、「現在の軍事予算では、十八―二十四ヵ月以内には、いかなる紛争に対しても決定的役割を果たしえない。暫《しばら》くの間、アメリカは極東では実質的なことは何もできない。したがってイギリスの要請は拒否すべきである」と、ハルに答えた。

そこでハルは、六月十九日、「アメリカは天津問題に無関心なのではない」との国務長官声明を行うにとどめた。そして七月八日には、平沼提案に関し、「世界問題を解決しようとする前に、日本は極東で自分が巻き起こした混乱を、まず収拾すべきである」と勧告し、八月八日になって日本政府に手交された。

だが、日本軍による天津租界の封鎖問題は、アメリカ国内の対日世論をいっそう悪化させた。アメリカは日本が必要とする軍需資材の半分以上を供給しており、そのことが間接的に日本の対中国および対イギリスの圧迫を援助していることになるとの批判が、アメリカ国内に強まってきた。当時行われたギャラップの世論調査によれば、日本品のボイコットに六十六パーセントが賛成し、また日本に対する兵器などの供給停止処置については七十二パーセントが支持を与えていたという。

通商条約の廃棄

その後、七月十五日から東京において、有田・クレーギー会談が開始され、天津租界封鎖問題が討議される。二十二日、「イギリスは中国における現実の事態を確認する」(日本軍の要求を妨害するような行為をしない）との、「日英東京会談原則的取極」が成立した（二十四日発表）。

この事態を重くみたローズヴェルトとハルは、戦争に巻き込まれる危険のない対日制裁方法として長らく研究、検討されてきた「日米通商航海条約及附属議定書」（一九一一年二月二十一日調印）の廃棄を決断。同条約第十七条の規定により、一九三九年七月二十六日から六ヵ月の期間が満了すれば、同条約は終了すると通告した。

日本がアメリカより輸入している物資、特に原油、精銅、機械類、飛行機材料、屑鉄など生産財は、輸入総額の四割を占めていた。アメリカの通商条約廃棄通告は日本側に衝撃をあたえたが、中国側はアメリカの意志表示を歓迎し、七月三十日、重慶で蔣介石はジョンソン大使に、中国の危機を救うに役立ったと謝意を表明した。

日本は、アメリカの真意を確かめるために動き出す。七月三十一日、堀内大使はハル国務長官に会見し、本国政府の訓令に基づき、㈠アメリカ政府は新条約締結交渉の意向を有するのか、㈡アメリカ政府が現行条約をもってアメリカの利益保護増進の目的達成に不充分であるとする理由、の二点について質問した。

ハル長官は㈠について確答を避け、アメリカ政府としては当分成行きを静観する（wait and observe）立場にあると述べた。また㈡については、「米国政府としては従来屢々《しばしば》日本側に対し公文の交換、懇談等を尽し来れるに付米国側の意の存する所は詳《つまびらか》に了解せられたるものと考うる次第にして遂に今日の段階に到達するの已むなかりしことも既に日本政府にて諒察せられ居るものと存ず」と述べ、対日経済制裁の意向の明言を控えた。

新条約締結交渉へ

アメリカ政府が日米通商航海条約の廃棄通告という措置に出たのは、アメリカが日本に対して抗議を重ねたにもかかわらず、満足な結果を引き出せ得なかったことにある。

日本外務省では、日米貿易の相互依存に鑑み、新東亜建設のためには積極的協力を必要とする分野が多分にあるとの見地より、在米堀内大使をしてハル国務長官に対し交渉したが、アメリカ側は全く熱意なく、何らの暫定措置の取極さえみることができなかった。

日本外務省は、アメリカの廃棄通告の動機について、㈠天津租界問題をめぐる日英会談に対し、適切な外交的ゼスチャーとして、日本の対中国行動を原則的に否認し強力な対日牽制の実践的措置としたこと、㈡条約違反の懸念を除き、対日経済圧迫手段を自由に取りえる状態をつくり、中国に関する対日交渉の武器とすること、㈢アメリカ議会における政府側の敗勢を回復するための対内宣伝である、の三点にあると分析した。

先述したように、一九三九年九月の欧州戦争勃発以来、日本は重要武器、機械、資材を欧州から輸入することが不可能となり大打撃を受けた。欧州との貿易維持が困難となるや、外貨資金獲得のため、輸出先を南方諸国、アメリカ、中南米にシフトせざるを得ず、さらに必需機械類の注文先がアメリカに集中し、原料の輸入先は極力南米諸国に転換を図ろうとした。そうした情況下にあって、日本はアメリカとの新条約締結交渉を強く求め、もしこれが不可能であるならば、暫定取極の締結を希望した。

こうして一九三九年十一月以降、野村吉三郎外相とグルー駐日米国大使の間で、日米国交調整の交渉が行われた。しかし、十二月二日、アメリカは対日経済措置を一段と強化し、非武装一般市民に対する空爆および空中よりの機関銃射撃を全面的に阻止するため、飛行機や飛行機部品等の輸出差し控え、その製造に必須となる一切の材料の対日道徳的禁輸を慫慂《しょうよう》する声明を発した。

その後も、飛行機用ガソリン、精製機械および精製器の特定国への引渡禁止に関する十二月二十日付国務省ステートメント、重要鉱物資源の輸出差し控えに関する一九四〇年一月十九日付海軍長官および陸軍次官補共同ステートメントが発せられている。

失効後に残された日米貿易の余地

日米関係打開のため野村外相は懸命の努力を払ったが、十二月二十二日、グルー大使は本国からの訓令に基づき、中国の現状が新条約締結に対する障害になることを指摘。アメリカ政府としては、新通商条約または協定締結のための条件として、通商上の無差別待遇が保障され、且つその待遇を確保すべき措置を講じられることを要求すると述べ、さらに暫定取極についての交渉は、東京において行われる広汎な日米交渉の一部を形成するものとして交渉に応じたいとの考えを明らかにした。

こうしてアメリカ政府は強硬姿勢を崩さず、日米間の新条約締結はもちろん、暫定的取極の締結すら不可能となった。

ただしアメリカ側としても、日米通商航海条約失効後、日本との通商関係を一挙に途絶する意思はなかった。事実、一九四〇年一月二十二日、モーゲンソー財務長官は日米条約失効後も日米通商関係は変化しないと言明している。一月二十六日に日米通商条約が失効した後の二月九日には、鎌倉丸が失効後の第一船としてサンフランシスコに入港した。

グルー大使も、条約消滅後において追加訓令を発するまでは、日本船舶に積載しアメリカに輸入される貨物に対し関税を適用しないこと、船舶に対する差別噸税《とんぜい》についても商務省は前記貨物と同様の措置を講ずることを認めた覚書を提示してきた。

このようなアメリカ側の実際的措置により、条約失効後といえども、不安定ながら日米貿易は継続の余地を残したのである。アメリカ議会は、一九四〇年二月十三日、中立法修正に反対し、対日禁輸等の審議を延期した。商務省は、二月二十一日、一九三九年の対日輸出額を二億三千万ドルと発表している。

また、一月中旬、陸海軍合同大演習がカリフォルニア州で行われ、四月からは米海軍が太平洋大演習を開始した。また、五月二十日、一九四〇〜四一年度米陸軍予算十八億三十万ドル、六月六日、同年度海軍予算十四億九千五百二十四万二千ドルが可決し、六月十二日には、総額十七億六百万ドルの国防追加予算が可決した。

六　対日経済制裁の現実

対日経済制裁の拡大強化

とはいえ、一九三九年十二月に始まったアメリカの道徳的禁輸は、日本の生産力の拡充計画に重大な支障をもたらす結果となった。

一九四〇年一月六日、堀内謙介大使はハル国務長官を訪れ、アメリカ側の対日経済措置は日米国交調整の努力に悪影響を及ぼすとの警告を行っている。その一例として、日本揮発油株式会社（現・日揮）とユニバーサル社との間に実質的に成立した石油精製機械製造の契約を挙げ、代金の百万ドル中七十万ドルが支払い済みにもかかわらず、国務省の通告に基づき契約が履行されない経緯について、ハル長官に是正を求めた。

しかしハルは、日本軍による一般市民への無差別空爆を非難し、空爆の材料に関連するハイオクタン価航空燃料の禁輸を検討していることを告げた。ともかく堀内大使は、円満契約履行の斡《あっ》旋《せん》を強くアメリカ側に要請した。

アメリカは軍備の拡張を着実に進めるとともに、対日経済制裁を拡大強化し、六月上旬には、機械類や工作機械等の輸出禁止を実施した。そのため、在ニューヨークの日本各船会社および関係輸出業者は、同地税関の積込差止命令によって多大な混乱を受けた。この命令は、国防関係輸出品の取調べのために執られた一次的措置とのことで、大統領の業者に対する勧告に止まるものであったが、日米通商問題に少なからず影響を与えた。

そこで六月七日、堀内大使はハル国務長官へ、㈠税関の積込差止命令を至急解除せられたきこと、㈡既に契約済みの工作機械等の輸出を許可されたきこと、㈢将来契約されるべきものの輸出についてでき得る限り寛大な取扱いを与えられたきこと、の三件の要望を伝える。それと同時に、アメリカ議会において軍需資材の輸出禁止または制限に関する機能を大統領に付与する法案が審議中であることを指摘し、この法案が成立し峻厳《しゅんげん》なる実施を見た場合には、日米通商に重大なる障害を与えることとなることを危惧すると申し入れた。

実質上の対日輸出禁止措置

しかし、その危惧が現実のものとなった。いわゆる対日禁輸の挙に出たのである。ただし、航空機や重要鉱産物のアメリカからの輸入は困難となったが、その範囲は未だ限られたものであり、また措置命令は、大統領の業者に対する勧告に止まるものであった。

「大統領に軍需資材輸出を禁止又は制限する権限を付与する法案」により、ローズヴェルト大統領は、一九四〇年七月二日、軍需関係物資の輸出統制条項を含む国防強化促進法を裁可し、大統領布告をもって軍需関係物資の輸出許可制を実施する。同時に、陸軍令の形式により、ラッセル・L・マックスウェル陸軍中佐を輸出統制官に任命し、輸出許可制の実施監督に当たらせた。

なお、同日の大統領記者会見において、「(イ)屑鉄は現在供給充分なるを以て本件統制品目には含まれざる次第なるが、今回の統制は現在必要と認めらるるものに関して実施せられたるものに付、今後必要あらば更に品目を追加すべき旨、および(ロ)国防諮問委員会は輸出統制管理官と協力すべき旨」述べている(『外交資料——戦争直前ニ於ケル対英米通商交渉経緯ノ部』)。

一九四〇年七月二日の第一回輸出許可品目指令以来、その範囲は逐次拡大される。翌四一年七月においては、許可品目は綿花を除き、石油および同産品・鉄鋼・その他重要鉱産物・工業薬品・機械・油脂・繊維品等、ほとんどあらゆる物資に及んだ。そのうえ、この措置は輸出許可制であるが、日本に対してはほとんど輸出禁止同然の対応であり、したがって日本のアメリカからの重要物資輸入は危殆に瀕した。

中南米への「米州外輸出」禁止対策

対欧州貿易の杜絶に引き続き、対米貿易も激減の一途をたどった。そのため、従来外資獲得として輸出貿易に主眼を注いできた対中南米貿易も、重要資源確保のための輸入貿易先として、にわかにその重要性を増した。

しかしアメリカもまた、一九四〇年後半より自国の軍需産業拡充に伴い、中南米諸国より大規模な重要資源輸入に着手したため、日本の買付けは困難となっていった。しかも、アメリカは中南米諸国からの輸入確保に際しては通常の取引手段によるほか、投下資本の圧迫(たとえばチリの銅および硝石）、輸出入銀行による融資、メタル・リザーブ会社による産出金属の買取保証（たとえばボリビアのタングステン）などの手段、さらには政府間経済協定の締結によって、事実上中南米諸国に対して重要資源の「米州外輸出」禁止対策を講じていた。

こうした「米州外輸出」の禁止、あるいは許可制の実施による軍需資材の輸出統制措置は、国防上の緊急必要に基づいて各国に対して行われたものであるとしても、実質的に影響を蒙《こうむ》るのは列強中、日本一国のみである。なぜならば、ドイツは海上封鎖され、ソ連には商船隊がなく、イギリスはアメリカを通して所要資材入手の途があるからである。アメリカの措置は、まさに全面的対日禁輸政策に他ならなかった。

七月七日、パナマ運河地帯に出入する船舶は、その近辺に碇泊《ていはく》するアメリカ軍艦（出港の際には工務部長）の指示に従い行動しなければならない新規定が公布され、七月十三日、クリストバル入港の山下汽船山月丸は、パナマ運河の通行許可を取得できず、日本が多年を要して確立したパナマ運河の自由通過の慣行に対する一方的変更に関して抗議したが、アメリカ政府は、運河閉鎖は運河当局（陸軍省将官）が国防上の理由で行ったものであり、期限も不確定の状態であるとの回答を伝えるのみであった。この頃、日本軍による仏印進駐問題もあり、アメリカの対日強硬手段に鑑みワシントンの日本大使館は、山下汽船山月丸およびその他の当時大西洋航行中の日本船舶十数隻に対し、マゼラン海峡を迂回するよう指導した。

さらに、一九四一年七月十七日、アメリカ政府は中南米諸国におけるドイツ・イタリア関係商社の約千八百名を含む通商「ブラック・リスト」を作成公表し、同リスト掲載の商社との取引を事実上禁止させた。ここに、日本の中南米諸国との輸入貿易は絶望的となった。

抑止政策が招いた効果

アメリカの経済的諸措置により、日本の対米貿易は極めて困難となり、経済力はジリ貧に陥っていった。アメリカの手心によって多少の貿易が継続していたことはすでに述べた。七月においてもアメリカより、鋼材、燐鉱石《りんこうせき》、銅鉱、石綿、綿花、パルプおよびパルプ用材、塩、牛皮、石油、薬品薬材、機械類などの輸入があった。しかし、第三次近衛内閣が成立した後の七月二十三日、日本軍が南部仏印に進駐するや、二十五日、アメリカはイギリスおよび蘭領インドシナとともに日本に対して資金凍結を断行した。

この措置は、ローズヴェルト大統領が六月十四日、ドイツ、イタリアその他欧州諸国の在米資金を凍結させたものと同一の様式であった。その目的は、㈠アメリカの財政的便益および日米間の通商が、アメリカの国防および利益を毀損するような方途に使用されることの防止、㈡征服による不法圧迫によって獲得せる資金をアメリカ国内において処分することの防止、㈢アメリカ国内における社会的策動の防止、という三点にあった。

すなわち、従来の慎重な対日諸措置の発動とは異なり、アメリカの国防、利益の擁護のみならず、ドイツ、イタリアとの同盟国日本の侵略に対する報復をも目的とすることを明示しているのである。この措置の効果は「日本の利益の包含せらるる凡《あら》ゆる金融及び輸出入取引が、米国政府の統制下に置《お》かるる」ものであった。凍結された在米資金は、商務省発表によれば一億三千八百万ドルであるが、駐米西山勉財務官の報告によれば、はるかにこの金額よりも小額で、ニューヨークの横浜正金銀行の手持現金も六百万ドル程度であったという。

日米間輸出入取引の見通しは、必ずしもかねて対日強硬派が主張していたような対日経済断交ではなかった。しかし、許可証発給の有無により全種目の輸出入統制を行い、アメリカ政府において許可証を発給しない場合は、日米間の貿易は全く途絶することになるわけで、そのことは結局、当時進行中である国交調整のための日米交渉の成行き如何にも、大きくかかわる問題となった。

日本政府もアメリカ側の措置に抗議するとともに、七月二十八日、対抗措置として「外国人関係取引取締規則」を公布して、これをアメリカ、イギリス、オランダ三国に対して即日実行させた。こうした情勢下にあって、在米日本商社の貿易為替、船舶関係業務など、いずれもほとんど停止状態に陥り、残務整理を急ぐありさまとなっていた。

日米開戦に導いた基本的動力は、日本の武力による膨張政策にあったことはいうまでもない。しかしここで問題にしたいのは、日本の行動に対するアメリカの誤った抑止政策が、緊張激化、そして戦争へのエスカレーション（段階的拡大）効果を引き起こしたという点である。

アメリカ政府内部の対日強硬派のとった抑止政策、特に経済制裁措置が、緊張の拡大再生産を招き、日本の南進運動をいっそう刺激し、ついに日米間の武力衝突という、両国にとって意図せざる結果を生む上に重大な契機となったことは否めない。

日本の非合理的決断は、どうやって生じたか。第二次世界大戦の勃発により日本の通商貿易は欧州から遮断され、アメリカとの通商貿易も断たれ、中南米の市場からも締め出されたあげく、仏印、蘭印、英領東南アジア地域に向かわざるを得なくなった。特にアメリカの石油に代わる資源を蘭印に求めることになるのは必然の流れであった。

日本は資源のアメリカ依存から脱却したいと熱望し、蘭領東インド諸島、英領東南アジア地域に侵出する以外に選択肢はないと考え込み、そうした行動をとることはイギリスとオランダとの戦争の覚悟を意味した。逆にアメリカは、日本の経済的アメリカ依存そのものを利用して、経済制裁の恐怖を与え、これ以上の南方への日本の進出を阻止しようとしたのである。

第四章
日独伊三国同盟と日ソ中立の虚像

一　日独伊防共協定強化問題

日独伊の連携強化

日本は、東アジアに通商貿易の活路を見出すため、東亜新秩序の建設を目指す。その方策は、日独伊三国同盟および日ソ中立条約とどのような関係にあったのか。複雑な国際情勢に挑んでいく外交官たちの思惑と葛藤を明らかにするのが本章の課題である。そこには、外交大権を有する天皇の憂慮、松岡洋右外相とそれに対抗する白鳥敏夫駐伊大使、大島浩駐独大使らの軋轢《あつれき》、独ソ不可侵から独ソ戦争への激変に翻弄《ほんろう》される日本外交の姿が見えてくる。特に松岡外交の目指した三国同盟と日ソ中立の虚像を明らかにしたい。

さて、盧溝橋事件の不拡大方針に失敗した政府は、日本軍の軍事活動が拡大していく中で、ドイツの仲介あるいは圧力が、蔣介石政権の譲歩をもたらすものと期待した。しかしトラウトマン駐華ドイツ大使による和平工作は、一九三八年初頭に挫折した。その時点で日本政府は、中国の最も有力な同盟国であったソ連に対抗するための軍事同盟を、日独間に締結したいと考えるようになった。

日本は、日中戦争に対するソ連の干渉を抑止し、場合によっては、ソ連の対中国援助そのものをやめさせる効果をあげることができるとの観測から、一九三八年五月初旬頃より日独伊三国間の政治的提携強化について検討を始め、七月にいたってドイツに対する三国同盟締結の陸軍の働きかけが活発化した。その背景には、この時期ソ連の対中国支援策が積極的に展開されていたという事情があった。

板垣征四郎陸相が近衛首相に提出した「時局外交に関する陸軍の希望」によれば、外交上の努力を次の四点に集中させることが強調されている。すなわち、㈠防共枢軸を強化すること、㈡アメリカに対して少なくとも中立的態度を維持させ、出来得れば親日的に誘致し経済的友好関係を強化させること、㈢イギリスに対して親蔣援中政策を放棄させること、㈣ソ連の内部抗争を激化させること、である。

防共枢軸の強化工作の要領においては、「独逸に対しては防共協定の精神を拡充して、之を対ソ軍事同盟に導き、伊太利に対しては主として対英牽制に利用し得る如く、各個に秘密協定を締結す」（『西園寺公と政局』）と述べられている。つまり、陸軍の防共協定強化は、日中戦争の収拾を目途とした対ソ戦略に加えて、米英の援蔣政策抑止をも目論んでいたのである。

一九三八年七月十九日の五相会議（近衛首相、宇垣一成《かずしげ》外相、板垣陸相、米内海相、池田成彬《しげあき》蔵相）では、こうした陸軍の希望を聞き入れて秘密協定を締結する方針が決定された。しかし外務省は、ソ連に加えて米英を対象とする軍事同盟には慎重な態度をとっていた。

リッベントロップ案をめぐる議論

日本側の意向は、大島浩駐在武官を通じてドイツに伝えられた。しかし、これを不満としたリッベントロップは、自身の日独提携の具体案を日本に示す。この「リッベントロップ案」は、三国間の協力を軍事的な相互援助にまで緊密化するとともに、同盟の対象国をソ連に特定せず、一般的に「第三国」とするものであった。この案をめぐって、日本政府内において激しい論議が展開されることとなる。

当時、この問題は「防共協定強化問題」として外部的には説明されていた。また、ドイツ側の要望は外務省ルートではなく、駐在武官から参謀本部へというルートで伝達され、陸軍主導で推進されてきたことも重要である。

宇垣一成外相は、対ソ戦を想定したドイツとの攻守同盟には難色を示し、ドイツがソ連以外の欧州諸国との関係において戦争を起こす場合にでも、ソ連がその戦争に加入しない限り、日本は「自由に態度を決定し得る裕《ゆと》りを取り置く」とともに、ソ連の戦争加入を牽制するために、「協定の内容については攻守同盟を避け、防御的なる相互援助条約を可とす」(「外務省外交史料館記録」)との考えを堅持していた。

この外務省の提案は、日独軍事同盟の実現を求める陸軍と、イタリアの対英戦によりイギリスを敵にまわすことを危惧する海軍に配慮した、いわば折衷案のようなもので、日独間と日伊間にそれぞれ別個に協定を結ぶ「政治提携強化方針要領」である。

しかしドイツは、一九三八年夏から三九年四月頃まで、日独伊の一本化した三国同盟の対象(主敵)として、ソ連のみならずイギリス、フランス両国を加えるよう要求した。

ベルリンの大島武官は三国同盟締結に積極的であったが、東郷茂徳大使がそれを制止していた。東郷は、三国同盟に対して明確に反対の意思を示している。たとえば一九三八年八月中旬、東郷大使は宇垣外相に対し、日独伊三国同盟は日本のために貢献するものではなく、かえって日本の前途に大きな不利をもたらす危険があると認められるため、同盟交渉はこれを取り止めるべきであると進言している。

にもかかわらず、八月二十六日の五相会議において、「リッベントロップ案」に対する日本側回答として「日独関係強化」の協定案文が決定された。陸軍が「リッベントロップ案」に同調する方向に傾いたのである。他方、英米を正面から敵とする印象を与えないよう用語上の注意がはらわれ、武力的援助の義務を即時無条件とするものではないことに留意するよう述べられていた。

外務省と陸軍省の対立

一九三八年十月、外務省内に大幅な人事の異動があり、日独関係にたずさわる日本側の交渉担当者に変更があった。陸軍の策動により、東郷大使は駐ソ大使に転ぜられ、大島浩が駐独大使に昇格された。外相は宇垣から有田八郎となり、同時に駐イタリア大使には外務省内の急進派であり、いわゆる枢軸派の巨頭と目されていた白鳥敏夫が任命された。

有田外相の就任直後、ドイツの再修正案が送られてきた。それを受けて、十一月十一日に開催された五相会議では、協定案文中の「第三国」の解釈について、英仏などがソ連側に参加する場合においては対象となるが、英仏のみでは対象となるものではない、もちろんフランスが赤化した場合は対象となるという有田外相の了解に、陸軍側が譲歩した形で全閣僚が合意した。有田外相としては、対独同盟によって英仏と事を構えるのは、何としても回避したかったのである。

これについてベルリンの大島大使は、八月末の五相会議の決定よりも消極的であり、ドイツ側も到底容認しえないものであると激しく抗議する。その結果、板垣陸相も前言を翻して、その後の会議では、大島と同様に「対象に英仏両国を含むものと了解す」と主張するようになった。

こうして外務省と陸軍省の対立は深刻化し、閣内不一致のため、一九三九年一月三日、近衛文麿内閣は総辞職した。

一九三九年一月五日、続いて首相に指名された平沼騏一郎は、有田外相、板垣陸相、米内海相を留任させて組閣し、局面の打開に努めようとするが、やはりこの「防共協定強化問題」に翻弄されることになる。

一月六日、ドイツ外務省は具体的な三国同盟案を改めて平沼内閣に提議してきた。ドイツ案を受けて行われた五相会議では、激論が交わされた末に、有田外相の提案した妥協案を採択することになった。

その基本方針は、㈠ソ連をあくまで主要の対象国とするが、「状況」により第三国すなわち英仏をも対象とすることもある。第三国を対象とするとき武力援助を与えるか否か、またその程度は「情況」による、㈡外部に対しては、本協定はあくまでも防共協定の延長として説明する、といった折衷的な形である。軍の意向も取り入れ、英仏対象の武力援助を実施する可能性を認めながら、事実上は参戦義務を回避しようとする苦心の妥協案であった。

一月二十二日、有田外相は、五相会議の決定について天皇に内奏し、「蘇連《それん》以外の第三国と『コミンテルン』の破壊工作に対する以外の理由にて、独伊が交戦する場合に於ては、現在は勿論近き将来に於ても武力的援助は実際に於て、之れを与えざる方針なり」(『外務省外交文書並主要文書』)と言明した。その後、歴代外相は天皇に対して自動的参戦義務を否定する説明を行い続け、天皇はそれを信用して、ついに三国同盟に同意することになったのである。

二 「秘密了解事項」の設定

「秘密了解事項」をめぐる対立

一九三九年一月二十七日、五相会議において伊藤使節団に携行させる日本案を決定した。その中で日本政府がこだわった「兵力的援助」の行使対象国については、「秘密了解事項」としてソ連に限定すること、英仏を対象とする場合は「締約国が情況により兵力援助に関し協議することを防ぐものではない」と規定するよう指示した。

「兵力的援助の義務に関しては、我が方はソ連またはソ連の参加ある場合に留保し置かんとするものなり」との「帝国政府案に関する説明書」が用意された。伊藤使節団は二月下旬ベルリンに到着して、大島、白鳥両大使に政府の意向などを説明したが、日本政府案ではドイツが受諾しないと判断した両大使は、政府案による交渉を見合わせ、三月四日、連名で協定案文中の「秘密了解事項」を削除するよう要請した。

外務省は、ベルリンからの請訓に対して、再考の余地はないと判断したが、三月二十二日の五相会議において、板垣陸相および米内海相より提案があり、日本案が独伊に受け入れられない場合の「妥協案」を大島大使に訓令した。

それは、「秘密了解事項」を本協定から撤回して、「ソ連を対象とする場合は武力援助を行うことはもちろんであり、其の他の第三国を対象とする場合は、条約文の趣旨は武力援助を行うを原則とするも、帝国諸般の情勢に鑑み、現在及び近き将来においてこれを有効に実施し得ず」との

「細目協定」を取り交わすことであった（『日本外交史21』）。

天皇が求めた異例の念書

平沼首相は、この「妥協案」を昭和天皇に内奏した。その際、天皇からは㈠防共協定強化問題で大島、白鳥が政府の訓令に従わないときはどうするか、㈡これ以上協定の内容を変えることはないか、と下問された。

これに対して平沼は、㈠召還またはしかるべき処置をする、㈡これ以上さらに変更するようなことがあれば交渉打切りもやむをえないが、「有効なる武力援助」はできないという趣旨で細目協定を決する、と奉答した。

天皇は、「有効なる武力援助」とは何かとの質問を浴びせ、平沼は次のように奉答している。

独伊と協定を結んでいる以上、この両国と第三国との戦争のある場合、局外中立ということはできません。然る以上、武力以外の援助は与えねばなりません。また武力にしても戦闘行為はできませんが、軍艦を出して独伊の便宜を図る、即ち牽制する意味において示威運動をするという如きことは、しなければならないと存じます。しかしシンガポールを攻めたり、欧州を攻撃するようなことは絶対にできません。

（『西園寺公と政局』）

それでも天皇は、㈠㈡の質問に対する回答を文書にして差し出すよう命じたので、回答の内奏要旨を外相が作り、それに五相会議に列した五大臣（平沼首相、板垣陸相、米内海相、有田外相、石渡荘太郎《いしわたそうたろう》蔵相）がすべて署名（花押《かおう》）して奉呈した。天皇が関係大臣の署名した念書の提出を求めたことは、極めて異例のことである。

両大使の訓令違反

政府の「妥協案」が訓令されると、大島はローマに白鳥大使を訪れて協議し、新訓令を条約成立のために譲歩したものと解し、交渉の順序や方法は出先に一任されたいと有田外相へ電報する。そして、伊藤特使携行案を執行することなく、四月二日、日本側条約文を「妥協案」によって独伊側に提示した。携行案および妥協案を通じた「秘密了解事項」こそ政府の最も重視したものであったが、両大使は始めからこれを提出せず、明らかに訓令に違反していた。

リッベントロップは、イタリア大使同席のもとで大島に対して「秘密了解事項」の削除を要求したうえで、種々不満はあるがヒトラーの決断により、日本提案を受諾することを伝えた。これを受けて、大島、白鳥の両大使は、それぞれ独伊両国の外相に対し、独伊が英仏と戦う場合、または独伊がソ連以外の国から攻撃された場合、日本も独伊側に立って参戦するとまで言明するようになった。

両大使の参戦義務発言は、有田外相が「本省の訓令を勝手に曲解し、その執行を独断専行した」と批判したように、国内に大きな波乱をまき起こすことになった。四月八日、天皇は有田外相に、両大使の言明は外交大権無視ではないかと注意を喚起しているが、両大使の言明を取り消すような措置はとられなかった。

一方、両大使は「参戦の義務を負うことと、参戦することとは別、義務を負わずに条約を作らんとするは矛盾なり」(「外務省外交史料館記録」)と主張し、政府訓令の執行を拒否する反発的態度をとった。天皇に奉呈した五閣僚の花押入り念書がありながら、両大使の更迭もできず、また、板垣陸相の強硬な反対により交渉打ち切りもできなかったのである。政府の不決断の状況が続き、結局、伊藤使節団はドイツ説得の目的を果たせず帰国する。

独ソ不可侵条約の締結

あくまでも英仏を対象に含め、戦争の場合の日本の武力援助の約束をとりつけようとするドイツ側の主張と、これを原則的に支持する陸軍の立場。これに対して、同盟を結ぶことで英仏(さらにアメリカ)との戦争に入ることを望まない外務省と海軍の立場は容易に相容れないものだった。平沼首相のあいまいな態度はさらに問題をこじらせ、その後も「防共協定強化問題」は五相会議で十数回もくり返され、陸軍の強硬論と外務省を中心とする反対論の果てしない応酬が行われた。

その間、ヨーロッパの情勢は緊張を増す。独伊はヨーロッパにおける領土的野心を露骨にし、ドイツはイギリスとの海軍協定破棄を宣言するに至り（四月二十八日）、英独間の対立は鮮明となった。

四月二十日、リッベントロップ外相は、大島、白鳥両大使に対し、日独交渉があまりに長引く場合には、ドイツはソ連と手を握る必要に迫られるかもしれないと漏らす。大島大使は、そのことを有田外相に上申した。事実、ドイツはすでにソ連と交渉しており、一方のソ連は英国に接近する動きを示していた。

日本の態度に業を煮やしたドイツは、五月二十二日、イタリアとの間に軍事同盟条約を締結した。陸軍側は、独伊との軍事的提携の強化を執拗に政府に迫るが、政府のコンセンサスを得るにいたらなかった。

そしてドイツは、八月二十三日、突如として独ソ不可侵条約の締結を発表する。ドイツの対ソ接近は、日本との交渉がはかどらなかったからではなく、英仏ソが同盟を結んでドイツを包囲することへの牽制が根本的な理由であった。一方ソ連の対独接近は、一九三八年九月のミュンヘン会談で、英仏がドイツのチェコ侵略を容認し、ドイツの目を東方に向けさせたことに対し、英仏に不信感を持ったこと、またソ連はノモンハン事件のように東アジアで対日戦争を抱える二正面作戦を回避しようと考え、対日関係の改善にドイツの仲介を期待したのがその理由であった。

日本では、防共＝反ソを基礎として日独関係が成立しているという立場をとっていたため、ドイツの行動は大きな衝撃であった。特に陸軍は、「驚天し狼狽《ろうばい》し憤慨し怨恨するなど取り取りの形相」（『宇垣一成日記』）という状態であった。しかし前述の通り、ドイツが対ソ接近を試みているとの最初の情報は、一九三九年四月二十一日付の大島浩駐独大使発有田八郎外相宛電報による。そのことは、このときベルリンに居合わせた有末精三駐伊大使館付武官の証言によっても裏付けられる。

ベルリンの日本大使館は、独ソ接近の動きをかなり的確に把握していたように思われるが、日本政府がドイツの政策転換を無視して「防共協定強化」に固執し続けたのは、日本にとっての最優先処理問題が日中戦争の終結にあったためである。中国と不可侵条約を結んでいるソ連が、米英とともに重慶政権を支援しているため、蔣介石が継戦能力を維持しているとみなしていた。

天皇の懸念

独ソ不可侵条約が締結される前の八月十四日、昭和天皇は、「米国の日米通商条約破棄が如何に我戦争指導に影響するや」と参謀本部に下問していた。その奉答の上奏について、畑俊六侍従武官長は「大体本案にはあまり御納得の行かせられぬ様拝察せり。陸軍の信用のなき処誠に困った次第なり」(『陸軍　畑俊六日誌』)との感想を洩らしている。また、天皇が三国同盟締結に納得していない点については、「独伊と軍事協定を結ばざる時独伊は既存の防共協定を廃棄せんとする陸の見解なりや。然らずとせば独は我と軍事協定を結び一方独ソの接近をなすべしと考えられざるにあらず」(同前)との天皇の指摘を日記に記録している。天皇が、独ソ接近について、その可能性を示唆していることは注目に値する。

天皇は、日独伊三国同盟の締結に反対の考えを明確に示していた。そして、独ソ不可侵条約が締結されると、天皇は「これで陸軍が目ざめることとなれば却て仕合せなるべし」(『昭和天皇独白録』)と、枢軸強化に猛進する陸軍の態度を痛烈に皮肉った。

日本政府は、独ソ不可侵条約締結の対処に追われる。八月二十五日、閣議において三国同盟の交渉打切りを決定。九月十八日、防共協定付属秘密協定(一九三六年)に違反したことをドイツ側に抗議するよう、大島大使に対して訓電した。

約一年間続いた「防共協定強化問題」は、近衛内閣および平沼内閣を通じて政界をゆさぶる大問題であったが、三八年夏と三九年夏とでは、三国同盟の意義を大きく変化させていた。

つまり、一九三八年の夏は、日本側の大島武官―参謀本部からの働きかけであり、日中戦争の終結をはかるため、ソ連を主要な対象(主敵)とするドイツとの軍事同盟を求めたものだが、一九三九年夏はドイツ側からの働きかけで、欧州新秩序建設の目的のため、英仏を主要な対象とする日本との同盟を求めたのである。

三　南方を視野に入れた時局処理

欧州戦争の勃発

平沼首相は、「元来日独伊の問題は、陛下が御進みにならぬのを、総理が、国内外の情勢を申上げ、無理に御願して御許しを得たのである。今度のこと（独ソ不可侵条約の調印）が出来て、再三上奏を変更するということは恐懼《きょうく》に堪えぬ」（『平和への努力』）として辞表を奉呈した。辞職の記者会見に臨んで「欧州の天地は複雑怪奇なる新情勢」と声明したことはあまりにも有名である。

後継の阿部信行内閣が成立した早々、九月三日、欧州戦争が勃発した。日本政府は、欧州戦争勃発に介入せず、「自主外交」の推進を標榜する。そして「新政綱」として、㈠日中戦争の処理を最優先させること、㈡自主外交のもと外交調整と国防強化をはかること、㈢日満支経済体制・貿易体制を強化整備すること、㈣国家総動員体制の整備強化をはかること、などを政府の基本方針とすることを声明した。

欧州戦争が起きると、これまで日独伊提携強化（三国同盟）を積極的に主張した陸軍、右翼政治家、革新官僚、ジャーナリストらは、その主張を沈静化させた。しかし、日独提携論の底流は依然として存続し、一九四〇年一月の米内光政内閣の頃より再燃する。

四月、突如ドイツはデンマーク、ノルウェー方面で攻勢を開始、五月以降西部戦線において電撃作戦を行ってオランダ、ベルギーを占領、そして六月十四日にはパリを陥落させた。ドイツの圧倒的勝利は、日本の枢軸派を活気づけるとともに、フランス、オランダの植民地である仏印、蘭印への進出、いわゆる南進論を高揚させた。日独軍事同盟と南進策に反対の立場をとった米内内閣は、畑俊六陸相の辞任によって総辞職を余儀なくされる。

欧州戦争で圧倒的優位に立ったドイツは、イギリスの海軍力を牽制するため、さらにはアメリカの参戦を防止するため、日本との一層の提携強化を望んだ。

すでに独ソ不可侵条約を結んでいたドイツは、英仏を代表とする現状維持国家群に対して、日独ソといった現状変革を求める国家との提携を唱えた。日本の東亜における新秩序建設事業の妨害者こそ英仏蘭といった国であるとして、日本の対独協力を呼びかけ、日独提携は日ソ和解にもつながるとしたのである。しかし、大島駐独大使の更迭に見られるように、日本政府の対独提携への意欲は薄弱であった。

米内内閣末期の七月十二日、陸海外三省の事務当局間協議が行われ、再び日独伊提携強化策が研究された。そこでは、参戦を義務づけられない限度において、日独間に最大限の提携を図ろうとする姿勢が、依然として継続されていた。

参謀本部における南方研究の機運

四月十五日、外務省では有田外相が新聞記者団の質問に答えて、日本は南洋諸地方、特に蘭印と経済的に緊密な関係があり、「帝国政府は欧州戦争の激化に伴い蘭印の現状に何等かの変更を来すが如き事態の発生に就ては、深甚なる関心を有するものである」と述べた。

さらには、六月二十九日、「国際情勢と帝国の立場」と題するラジオ放送で、東亜諸国と南洋諸地方とは地理的にも、歴史的にも、民族的にも、経済的にも極めて密接な関係にあり、相互に共存共栄の実を挙げ、平和と繁栄を増進すべき自然の運命を有し、南洋を含む東亜の諸地域の安定は日本の使命と責任であると、東亜新秩序建設に邁進すると公言した。

一方、参謀本部では、六月に入ると作戦および情報関係者が、対南方作戦を考慮して、一般商社員を装ってフィリピン・マレー・仏印・タイ・スマトラ・ジャワ・ニューギニア方面へ、続々と偵察旅行に派遣されるようになったという。南方はこの時になって初めて正式に参謀本部の研究対象となったのである。

また、中国の兵力削減を計画していた陸軍省軍事課が、大転回して対南方強硬策を検討し始めた。六月二十二日の陸軍省部の主要課長、主任らによる南方問題を中心とする時局処理方策の合同研究会に集ったのは、陸軍省から岩畔豪雄《いわくろひでお》軍事課長、河村参郎軍務課長、西浦進中佐、永井八《や》津次《つじ》中佐、参謀本部から岡田重一《じゅういち》作戦課長、臼井茂樹第八課長、高月保中佐、武田功中佐、櫛田正夫中佐らであった。

六月二十五日には「欧州情勢に伴う時局処理要綱」の第一案が省部課長間にまとまり、それを七月二日の部長会議において無修正で可決した。三日には参謀本部で省部首脳会議を開催し、「世界情勢の推移に伴う時局処理要綱」を決定して海軍側に説明し、海軍も若干の修正を加えて同意した。

処理要綱の要点は、㈠「支那事変」処理のため援蔣行為を絶滅させ、独伊との政治的結束を強化すること、㈡ソ連との国交については飛躍的調整をはかり、対英一戦の覚悟のもとに南方への武力進出を試み、そのための戦争準備をおおむね八月末を目途として促進させること、であった。

安藤義良による提携強化案

その後、陸海外の三省事務当局間において、日独伊提携強化問題について協議が開かれた。七月十二日の第一回協議会において、安東義良欧亜局第一課長は、外務省を代表して提携強化案を提案している。この案の骨子は、ヨーロッパおよびアフリカをドイツの生活圏として、経済・政治面におけるその指導的地位を認める一方、南洋地方は日本の生活圏として、経済・政治面におけるその指導的地位をドイツに認めさせようとすることにある。

安東課長は、革新派外務官僚の南進論者である。ドイツに先手を打って早急に新秩序の相互承認を行い、南方地域における日本の政治的指導権をドイツに認めさせる必要性を主張したわけである。

そして、新秩序の相互承認のために日本がドイツに提供する代償として考慮されたのが、ドイツの対英作戦遂行を容易にするため、東亜で適当な対英牽制素地、たとえばイギリスの極東権益の圧迫、あるいはビルマやインドの独立運動援助であった。ただし、参戦に巻き込まれない限度における最大限の提携というのが、外務省の提示した日独伊提携策であった。

七月十六日の第二回協議では、海軍側から種々意見が出されたが、陸軍案に根本的趣旨において賛成し、若干の修正が加えられただけで、外務省もこれを認め、三省事務当局間に「日独伊提携強化案」についての了解が成立した。しかし、これはあくまで事務レベルの合意であり、同日には米内首相が辞表を奉呈していたため、政府首脳レベルでの枢軸提携強化問題の討議は次期政権に引き継がれた。

近衛新政権の方針

欧州戦況に伴って南方の真空化が進むと、日本国内の枢軸派が勢力を盛り返し、「大東亜共栄圏」建設とそのための「国内協力体制」樹立の運動を展開させた。四月前後に「聖戦貫徹議員連盟」が結成され、久原《くはら》房之助（政友会正統派総裁）、風見章《あきら》、有馬頼寧《よりやす》らによって、「近衛新党」構想が起こる。そのスローガンは、㈠高度国防国家の建設、㈡支那問題の解決と外交の刷新伸張、㈢そのための新党結成による国民政治力の結集、であった。

米内の後を継いだ近衛は、組閣前の一九四〇年七月十九日、陸海外三相の予定者（東条英機中将、吉田善吾中将、松岡洋右）の三者を私邸「荻外荘《てきがいそう》」に招いて、いわゆる「荻窪会談」を行う。この会談で、㈠日独伊枢軸強化、㈡ソ連と日満蒙国境不可侵協定の締結、㈢東亜新秩序建設に対するアメリカの実力干渉の排除、㈣南方施策、など新内閣が推進すべき重要国策について意見を交換し、合意に達する。

組閣後の七月二十六日には「基本国策要綱」を閣議決定し、翌二十七日には大本営政府連絡会議を開き、「世界情勢の推移に伴う時局処理要綱」を決定する。新内閣の根本施策を定めた「基本国策要綱」では、「世界は今や歴史的一大転機に際会し、数個の国家群の生成発展を基調とする新なる政治経済文化の創成を見んとし」て、「国防国家体制の完成に邁進する」ことが謳われている。「世界情勢の推移に伴う時局処理要綱」では、「速に支那事変の解決を促進すると共に、好機を捕捉し対南方問題を解決す」るため、「先ず独伊蘇施策を重点とし、特に速に独伊との政治的結束を強化し、対蘇国交の飛躍的調整を図る」ことが挙げられた。

しかし、七月二十七日の大本営政府連絡会議での質疑応答において、海軍は南方問題解決に熱意を示しながらも、日独伊の政治的結束の程度を軍事同盟にまで高めるかどうかについては難色を示したため、政府としての統一的態度の決定は保留された。

天皇の下問

昭和天皇は、七月二十九日、参謀総長、軍令部総長を呼び、「世界情勢の推移に伴う時局処理要綱」について下問している。天皇は矢継ぎ早に鋭い疑問をいくつも投げかけ、最後に「色々聞いたが、要するに多少の危険はあるも、此の好機に於て南方問題を解決する決心と解して可なりや」と質した。

これに対して、軍令部次長による「海軍に於きましては、只今が南方問題解決の非常の好機と考えます。之れが遂行には充分なる軍備を整えることが必要でありまして、本案は此の準備の完整と云う事を重点に置いて御座ります」との奉答があり、軍令部総長は「次長の申しました如く、我国は速戦即決の際の勝算ありまするが、持久戦に於ては種々困難なる点が御座りますので、国内の準備特に資材の準備を完成致しませんと、仮令《たとえ》好機がありましても、軽々に開戦すべきではないと存じます」と補足した。

さらに参謀総長が、「支那事変を速決致します事が南方問題解決を容易ならしめますので、支那事変速決を進めたいと存じます」と奉答すると、天皇はすかさず「何か見透しがありますか」と詰問している。参謀総長は「対手のあります事故自分独りで決めることは出来ませぬが、蔣介石より和平の申出あれば好都合と存じて居ります」と述べただけで、何ら具体的に奉答することができなかった（以上、『参謀次長沢田茂回想録』）。

日独伊提携案については、すでに陸海外の三省の事務レベルで検討が進められていたが、結束の強化を一段と進める方針から、外務省内では「日独伊提携強化に関する件」（七月三十日）という文書を作成していた。松岡外相の考えを反映したものであろうが、独伊側より対英軍事的協力を希望した場合には、日本としては原則としてこれに応ずること、さらに「一方が米国と戦争状態に入る危険ある場合には、両者はとるべき措置に関し協議することとす」と、米国に対抗する性格を三国同盟に含める方針をも明らかにしていた。

四　日独伊三国同盟の空洞化

「対米軍事同盟」の性格

一九四〇年夏、再び日本側のイニシアティヴによって交渉が始まった。しかもそれは、外務省の主導の下で東京において進められた。

一方のドイツは、イギリスを屈服させる見通しに自信を深め、日本の海軍力を利用して東亜におけるイギリス勢力を牽制させる軍事的必要性は減退していた。リッベントロップ外相ら対日提携論者は、むしろ日本と軍事的提携を結ぶことによって、アメリカを刺激することに配慮していた。

しかし八月二十三日、来栖三郎大使は突如スターマー公使訪日の連絡を受け、ドイツが再び対日接近を試みようとしていることを確認する。こうしたドイツの変化については、㈠イギリスがドイツの講和呼びかけを拒否し、イギリス侵攻も可能性が少なくなり、しかもイギリスの強硬態度は米ソ、特にソ連を頼りにしていると判断し、対ソ牽制の必要ありと考えたこと、㈡アメリカが参戦することへの危惧が増大し、その防止のため急遽《きゅうきょ》日本との同盟が必要になったこと、㈢日本の対米接近を警戒し、それを阻止する必要があると考えたこと、などが想像される。

日本政府は、独伊との政治的結束の強化の方針を決めてはいたものの、どの程度まで強化するかという点になると、必ずしも閣内の意思統一ができていなかった。特に三国同盟に対し、「対米軍事同盟」的な性格をもたせることには、吉田善吾海相をはじめ、海軍首脳部の間に根強い反論があった。岡田啓介や米内光政ら海軍長老たちが、あくまでも反対論を貫くよう、海相の背後にあってこれを鼓舞していたのである。日独伊三国同盟締結の交渉を本格的に進めるためには、海軍の反論を克服して、政府方針を一本化することが必要であった。

外務省内では、すでに陸海軍事務当局の合意を得ていた「日独伊提携強化に関する件」に再検討を加え、「軍事同盟交渉に関する方針案」をまとめ、それを九月四日の四相会議(首相、外相、陸相、海相)に提出した。

その内容は次のようなものだった。まず㈠東アジアおよびヨーロッパ、アフリカにおける日独伊の生存権を分割し、この他に将来の世界にソ連圏、アメリカ圏が残されることを予想し、㈡このうちソ連に対しては平和政策をとり、日独の立場に添うよう誘導してペルシャ方面に進出させるが、アメリカに対しては西半球およびアメリカ領地以外の方面に容喙させず、日独提携によって圧迫を加える体制をつくる、㈢さらに日本は東亜新秩序建設に邁進し、独伊の対英戦協力のため南方を含む東亜におけるイギリス諸権益の排除に努め、対英(米)武力行使は日華事変処理と関連して「内外諸般の情勢」を考慮して行う、というものであった。

海軍省の了承

来栖駐独大使は、スターマーの渡日に関連してリッベントロップ外相と会談した際、もし日独伊三国同盟が結ばれるようなことになれば、説明の如何にかかわらずアメリカは必ずこの同盟はアメリカを威嚇《いかく》するものであると解釈して、日独の対米関係は一層悪化するに違いない、ドイツのために考えてみても、同盟には賛成できないと述べていた。

スターマー特使は九月七日に東京に着き、九日から十二日まで、千駄ヶ谷の松岡の私邸を主な舞台として、松岡・スターマー会談が行われた。松岡が示した交渉の基礎とした三国同盟条約案は次のような内容である。

㈠日本はヨーロッパにおける新秩序建設に関し、ドイツおよびイタリアの指導的地位を認め、かつこれを尊重する。
㈡ドイツおよびイタリアは大東亜における新秩序建設に関し、日本の指導的地位を認め、かつこれを尊重する。
㈢日本、ドイツおよびイタリアは前述の趣旨に基づく努力について相互協力し、かつ各自の目的達成に対するすべての障害を除去克復するため、適切有効な方法について相互に協議すべきことを約束する。

㈣日本、ドイツおよびイタリアは相互相倚《あいよ》り、現に変化しまた変化しつつある世界情勢に適応すべき世界秩序の建設によってのみ平和にとっての公正で恒久的な基礎を造り得るものであることを信じ、その実現に関して各自の努力を整合することを約束する。

また、松岡は海軍側の要望に基づき、太平洋上の旧独領委任統治諸島問題を取り上げ、日本の統治地域は無償で日本領土として認め、その他の諸島は有償で日本に譲渡してほしいとの意向を明らかにした。

スターマー側は提携の性格について、「対米軍事同盟」である点を明確にすることを求めたため、松岡は㈢を以下のように修正することに同意した。

㈢日本、ドイツおよびイタリアは前述の趣旨に基づく努力について相互協力し、かつ協議すること、並びに右三国のうち一国が現在のヨーロッパ戦争または日支紛争に参入していない一国によって攻撃された場合には、あらゆる政治的、経済的および軍事的方法によって相互に援助すべきことを約束する。

この会談において、同盟の性格を「対米軍事同盟」とし、アメリカのヨーロッパ大戦参加を抑止することに主眼がある点については同意が得られたことになる。しかし、海軍の留保的態度に問題が残っていた。

九月十二日の四相会議において、松岡は会談の経過を報告し、スターマー案に日本政府は同意すべきであるとの見解を表明した。及川古志郎《こしろう》海相はなおも態度を保留したが、頑強にこの立場を固持することは「国内の政治事情」が許さないとの海軍首脳部の判断によって、九月十三日、外務省の調整案に同意した。その調整案とは、条約の本文の他に、新たに付属議定書と交換公文を設けて、各国が事実上参戦の自主的判断をもつ趣旨を規定し、さらに旧独領委任統治諸島問題、対ソ国交調整問題にもふれることで、海軍側の納得をとりつけたものであった。

九月十三日夜の四相会談、十四日の大本営政府連絡会議において、及川海相から正式に海軍が同盟へ同意するとの意見が表明された。海軍省内では、阿部勝雄軍務局長以下、事務当局の中堅層では南進論と結びついた三国同盟賛成論が、七月段階から有力になっていた。吉田前海相、岡田、米内がこれを抑えていたが、ついに及川海相、豊田貞次郎次官ら首脳は、海軍中堅層に同調した形となった。

ドイツ側からの提案

三国同盟条約について、こうして政府・統帥部の調整が成立した。しかし、九月十四日夜、スターマーとオット駐日大使はベルリンからの訓令として、急遽新しい条約案を手交した。それは、上記㈢項「攻撃された場合には」の前に「公然または隠密な形で」の言葉を挿入し、以下の二項目を追加したものであった。

㈤日本、ドイツおよびイタリアは前記条項が日独伊三国とソ連邦との間の現在の政治的関係にいかなる影響をも及ぼさざるべきことを約す。

㈥日本、ドイツおよびイタリアは遅滞なく前記条項の適用に関する細目を規定する条約を締結すべし。

ドイツ新条約案として提案された、㈢項の言葉の挿入について、日本側は、「攻撃」の概念を拡張解釈し相互援助義務の発生機会を広げておくことは、日本の欧州戦争介入の危険を増大させることになると判断した。また、攻撃有無の事実を各国政府の自主的判断にゆだねることを付属議定書で規定しようとした日本の方針、海軍を説得した条件に背馳するともみられるものだった。

そこで松岡は、㈢項の「公然または隠密な形で」の語句挿入を拒否し、また追加㈥項の運用に関する細目の規定は議定書に移すこととして削除し、日本案で存在していた㈣項、世界新秩序建設について三国の努力の整合を約束することも削除して、その趣旨を条約前文に敷衍《ふえん》した対案をドイツ側に提示した。十九日には、議定書案もドイツ側に手交された。

五　天皇の意向に反する条約調印

天皇が憂慮した三国同盟締結の影響

昭和天皇は、日独伊三国同盟の締結が日米開戦に繋がりかねないことを憂慮していた。一九四〇年九月十六日、松岡外相提案の三国軍事同盟案が承認され、その後に近衛文麿首相が宮中に参内し経過を上奏した時、天皇は次のように述べている。

アメリカに対して、もう打つ手がないというならば致し方あるまい。しかしながら、万一アメリカと事を構える場合には海軍はどうだろうか。よく自分は、海軍大学の図上作戦では、いつも対米戦争は負けるのが常である、ということを聞いたが、大丈夫だろうか。（……）自分は、この時局がまことに心配であるが、万一日本が敗戦国となった時に、一体どうだろうか。かくの如き場合が到来した時には、総理も、自分と苦労を共にしてくれるだろうか。

（『西園寺公と政局』）

さらに天皇は、具体的な焦眉の問題として、アメリカの対日経済制裁について近衛に質している。

この条約は、非常に重大な条約で、このためアメリカは日本に対してすぐにも石油や屑鉄の輸出を停止するだろう。そうなったら、日本の自立はどうなるか。こののち長年月にわたって、たいへんな苦境と暗黒のうちにおかれることになるかもしれない。その覚悟がお前にあるか。

（同前）

近衛は畏《おそ》れ入って、これから先、粉骨砕身して努力することを誓ったという。

天皇が予測したように、アメリカは直ちに石油・屑鉄の道義的禁輸を実施することになる。政府や軍首脳は、それは織り込み済みのこととして、三国同盟締結や南部仏印進駐を決断したのであろうか。いずれにせよ天皇の憂慮は的中した。

九月十九日、三国同盟条約締結についての国家意思を最終的に確定するための御前会議が開かれた。席上松岡外相は、日米両国の破局を未然に防止すべきことを強調した。アメリカの経済圧迫が強化されることはないか、ことに石油をめぐる不安はないか、また対ソ関係に及ぼす影響はどうか、など諸点をめぐって質疑応答がなされたが、結局松岡外相から提議された三国軍事同盟条約締結案が決定された。

松岡外相は御前会議において、条約本文の中では形式的に日本も「自動的参戦義務」を負うことになるが、参戦の時期や方法については、日本が「自主的」に決定しうるものになるという、付属議定書・交換公文の作成を念頭において説明していた。

日独伊三国同盟締結

しかし、その後の交渉は、思わぬ障害で難航することとなる。

それはベルリンからの訓令が、次のように要請してきたためである。すなわち、㈠条約本文中に、三締約国中いずれかの一国が現に欧州戦争または日中戦争に参入していない一国によって攻撃をされた場合は、他の締結国は「宣戦、相互援助」の義務を負うとの規定を明記すること、㈡日本案では付属議定書に規定していた「軍事混合委員会設置」を条約本文に加えること、である。またドイツ側は、議定書と交換公文をすべて除くよう要求してきた。

交渉はいったん暗礁に乗り上げたかに見えた。しかし九月二十四日夜の会談で、事態は急転直下し、ドイツ側の譲歩によって最終的に妥結した。自主的参戦決定についての日本側主張が容認された形となったのである。ただし、このドイツの譲歩が、ベルリンからの訓令に沿ったものであったかどうかについては多分に疑問が残る。

九月十九日、天皇は木戸幸一内大臣を召して、松岡外相が三国同盟の条約案を枢密院に諮詢を奏請せずに、詔書によって説明しようとしているが、枢密院に諮詢する方が宜《よろ》しいと思うと伝えている。さらに「急ぐと云うのなれば、二・二六事件の際の戒厳令の例もあり、徹夜にて審議せしむるも可なるべし」（『木戸幸一関係文書』）との厳しい発言を残している。

木戸は、三国同盟の締結は、結局は英米と対抗することとなるのは明白であるから、一日も早く中国との国交調整を行う必要があり、「蔣を対手とせず」にこだわることなく、至急対策樹立の必要があると天皇に言上した。

御前会議では、天皇はより深い憂慮の念を示している。三国同盟の締結に当たって天皇は、再び「此の同盟を締結すると云うことは結局日米戦争を予想しなければなりはせぬか」との宸念《しんねん》を強くされたが、近衛首相と松岡外相はともに「此の同盟は日米戦争を避くるが為めであって、此の同盟を結ばざれば日米戦争の危険はより大なる旨奏上」（以上、『木戸幸一関係文書』）した。天皇は「今度（独伊との同盟締結）の場合は日英同盟の時の様に只慶《ただよろ》ぶと云うのではなく、万一情勢の推移によっては重大な危局に直面するのであるから、親しく賢所に参拝して報告すると共に、神様の御加護を祈りたい」（『木戸幸一日記』）と言い、日独伊三国同盟締結による英米との対立に不安の色を隠さなかった。

御前会議を経て閣議決定された「日本国、独逸国及伊太利国間三国条約」は、九月二十六日、枢密院の審査委員会、本会議に諮詢され可決された。

翌九月二十七日、ベルリンのヒトラー総統邸において、三国の全権代表（来栖三郎駐独大使、リッベントロップ独外相、チアノ伊外相）によって、三国軍事同盟の調印が行われた。これと同時に、東京では、松岡外相とオット大使との間に、㈠自主的な参戦決定、㈡日英間に武力紛争が発生した場合のドイツの援助義務、㈢旧独領南洋委任統治領は引き続き日本の属地であることの承認、の往復書簡が交換されている。この交換公文が、なぜベルリンにおいて行われなかったのかは疑問であり、批准交換の手続きを経なかった理由も不明である。

「欧州戦対策審議委員会」における革新官僚

「日本国、独逸国及伊太利国間三国条約」成立に際しての詔書は、外務省で起案された。当然、松岡外相の指導の下で作成されたものといえるが、条約締結に関わった外務省内の担当の人事をみると、まさしく革新派＝枢軸派の部局長、課長によって占められていたことがわかる。

条約局の職掌事務は、「条約、渉外法律事項及他局部の主管に属せざる国際会議に関係する事務を掌る」と外務省官制に定められており、局内に三課が置かれ、第一課において「条約の締結、批准、公布、解釈、廃棄及編纂に関する事務を掌る」とされている。しかし、「日独伊防共協定強化問題」の対応、三国同盟締結交渉の政策立案は、条約局で推進されていない。

直接関わったのは、外務本省において外務大臣松岡洋右、次官沢田廉三、外交顧問斎藤良衛《りょうえい》、欧亜局長、欧亜局第二課長以下、調査部長松宮順以下、出先において駐独大使大島浩、駐伊大使白鳥敏夫ということになる。

注意すべきは、一九三九年九月四日、欧州戦争が勃発した翌日、外務本省幹部会の決定に基づき、調査部第一課に「欧州戦対策審議委員会」が設置されたことである。委員長に松宮順部長*、委員にそれぞれ栗原正東亜局長*、芳沢謙吉亜米利加局長、三谷隆信条約局長、松嶋鹿夫通商局長、河相達夫情報部長*、幹事長が高瀬真一調一課長*であった。委員長をはじめ、半数以上の幹部委員が革新官僚＝枢軸派（＊印）であった。

松岡に言わせれば、「三国同盟は、東南アジアと南洋へ軍事的に進出するために、日本の準備における必要な一歩として結ばれた」わけで、松岡外相もまた、日本の力の立場を強化し、毅然たる態度、すなわち対米戦争をもあえて辞さないとする覚悟を表示する、「瀬戸際外交」をとってこそ対米交渉を有利に進めることができ、日本の南方政策へのアメリカの干渉を防止することができるという見解をもっていた。近衛首相にしても松岡の考え方に同調していたといえる。

しかし、昭和天皇の松岡に対する評価は、「松岡が外交の一元化に努力し、又、孤立外交に陥るを極力避くると云う考は可なるが、米国に対する見透の充分に立ち居らざるは遺憾なり」（『木戸幸一日記』）というものであった。

少なくとも当時の日本の政治指導者の主観的意図においては、三国同盟が対米戦争の準備措置としては位置づけられておらず、アメリカの欧州戦争への介入を抑止する機能が期待されていた。しかし日本側の指導者の期待に反して、日独伊三国同盟の締結が、日米関係の悪化に一段と拍車をかける結果となったことは否めない。

三国軍事同盟締結に反発するアメリカ

三国軍事同盟の締結に反発したアメリカ政府の閣僚は、日本の恫喝《どうかつ》に一歩も退くべきではないという意志を、明白な行動で示すべきだという点で意見を一致させる。

ノックス海軍長官は「三国同盟はアメリカを目標とするものと認め、挑戦に応ずる用意がある」との声明を発し、十月十二日には、ローズヴェルト大統領も、脅迫や威嚇に屈して独裁者たちの指示する道を進む意図は毛頭ないと、決然たる態度を内外に表示する演説を行った。

そして、枢軸国の結束強化に対抗する具体的措置も着々ととられる。蔣介石政権への援助強化の方針から、十月三十日には新たに一億ドルの借款供与を発表、また東南アジアの共同防衛に関する英米間の緊密な協議体制もつくられ、日本の南進行動に対するＡＢＣＤ包囲陣結成への布石が対日経済制裁という形で進められていった。

一方、軍事行動の面でも、ハワイ基地への米艦隊の停泊の継続、また、若干の艦船のフィリピンへの前進といった具合に、アメリカは対日戦略態勢を固める。そして、日本の対仏印交渉に対してすでに抗議をしていたが、日仏印の軍事協定が成立すると仏印の現状変更不承認を声明し（九月二十三日）、経済圧力手段として屑鉄輸出禁止を発表され、その後も対日輸出禁止品目の範囲が拡大された。

このようにして、日米関係の悪化は三国同盟によって促進され、破局への道は拡大していった。一九四一年春より、日米間の国交調整を図るため「日米交渉」が政府間で行われるが、交渉の進展に最後まで阻害要因として作用したのが、中国大陸からの日本軍の撤兵問題、通商の無差別問題、そして三国同盟の問題であった。

三国同盟締結交渉は、駐独大使である来栖を無視して、東京において松岡外相とスターマーとの交渉によって成立した。この関係にいかなる意味合いがあろうか。

東京での三国同盟の交渉では、重要な細部の取極を三件の秘密「交換公文」に規定したが、ドイツ本国政府はこれを関知していなかったようである。一方、ワシントンでの「日米交渉」では、アメリカが最も重視し交渉の前提とした国際原則の要求を提示していたが、これが正確に日本本国政府には伝わらなかった。ともに起こるべくして起こった東京本省と出先大使館のコミュニケーション・ギャップである。

三国間条約調印直後、来栖は「この同盟に不同意である関係と自分の頭上を飛び越えて、自分にも秘密の間に同盟が締結された経緯に鑑みれば、私は職に止まるべきではない」(『日米外交秘話』)と、辞意を表明した。

六 松岡外交の思惑

日ソ国交改善の出発点

松岡は、日独伊三国同盟を締結すると、ソ連を枢軸側に引き入れて四国協商を構築しようと企てる。そこで、欧州戦争勃発後の日ソ関係を概観しよう。

欧州戦争の勃発後、阿部信行内閣は、欧州の新情勢に対応する意味合いから、日ソ国交の調整を行うこととし、その一環としてノモンハン事件の解決を図る方針を決定した。

一九三九年九月九日、東郷茂徳駐ソ大使はモロトフ外務人民委員に対し、新内閣は日ソ国交を全面的に調整するために、相互善意をもって懸案を解決したい希望を有していると述べ、満ソ満蒙国境画定および紛争処理委員会の設置を提議するとともに、通商交渉にも応ずる用意があることを伝えた。対ソ関係の総合的国交調整を求め、さらに「全般的国境画定及紛争処理委員会」の設置交渉、通商予備交渉などを進めようとしたのである。モロトフも日本側の要望を受け入れて、九月十五日、東郷とモロトフの間に、ノモンハン事件停戦協定が成立した。

こうした中で、東郷大使は野村吉三郎外相へ、日ソ不侵略条約締結交渉開始の希望を進言していた。しかし、阿部内閣末期の十二月二十八日、野村外相、畑陸相、吉田海相間で「対外施策方針要綱」を決定し、日ソ国交改善の目標を、㈠国境の画定、㈡通商条約、㈢長期漁業条約の締結によって、日ソ関係の平静化を図ることに置いたため、東郷大使の提案する不可侵条約締結の交渉は開始されなかった。

阿部内閣が総辞職すると、一九四〇年一月十六日に米内光政内閣が成立し、外相に有田八郎が就任した。同内閣は日中戦争の収拾を促進させ、日米関係の尖鋭化に備え世界情勢の大変局に対処するため、日ソ間に政治的取極めを結ぶことによって「安固なる国交関係を保持」しようとした。その施策として、日ソ不可侵条約締結の提議が浮上してきた。しかし有田外相は、これ以上英米との関係が悪くなるというなら、日ソ不可侵条約は締結しない方が良いとの考えを、原田熊雄に宛てた五月十二日付書簡の中で述べている。

一九四〇年四月下旬、有田外相は日ソ国交改善の打診を試みるため東郷大使に、重慶政権への援助中止と汪兆銘政権への協力を求めるよう訓令したが、東郷大使は、国境画定、漁業問題などに対するソ連の態度を今少し見極めてから、適当な時期に行いたいと述べている。また、対蔣援助の放棄、新支那政府との協力を求める点については、ソ連が無条件に応諾するとは考えられず、したがって日ソ国交調整の限界に関する日本政府の見解を成るべく詳細に承知しておきたく、政府の意向を内示願いたいと返電した。

有田から松岡へ

有田外相はじめ外務省の首脳部は、日ソの政治的接近に慎重な姿勢を示し、陸軍が重慶作戦の戦略的思考から対ソ不侵略条約の締結を希望していることとは、意見の大きな食い違いを見せていた。そこで、外務省と陸軍との間で事務当局の話し合いがもたれた結果、五月十一日、日ソ中立条約の草案が作成されたが、東郷大使はこの案について、「相互不侵略に関する条項挿入を避け、主として第三国との関係を云々するに止めんとするのは、現下の情勢ならびに本件交渉の真義に副《そ》わない印象がする」と述べ、さらに「最近の国際情勢に適応しないのみならず、ソ連邦側を誘導する確信を得ることが出来ない」と反論し、中立方式のような軽度の政治的結合ではソ連との妥結の可能性はないと意見具申した（「外務省外交史料館記録」）。

東郷の反論にもかかわらず、有田外相は日本政府の方針に基づき、重ねてソ連への中立条約の提議を訓令した。これを受けて東郷大使は、七月二日、モロトフ委員に対し口頭で、「日ソ間の関係を律する基本的法則に関する条約」を両国関係の基礎とし、㈠平和的親善関係を維持すべく、領土保全を尊重することを言明すること、㈡締約国の一方が第三国より攻撃を受けた場合中立を守ること、などに関する条約締結の提案を申し入れた。

これに対してモロトフ委員は原則的に同意を表明したが、日ソ間政治了解の成立は、米ソおよび中ソ関係を悪化させる結果となり、ソ連にとって何等得る所がなく、これに反して日本側は日中戦争の処理を促進させ南方への積極行動も可能となり、日本側に著しく有利である、と主張する。代償として、北樺太《からふと》利権の解消、ポーツマス条約の無効を求めた。日本側では、直ちにこれに応ずることは困難であると判断し、さらに米内内閣が総辞職したため、中立条約の交渉は近衛内閣に引き継がれた。

近衛内閣も前内閣と同様の目的をもって、日ソ国交調整を行うことになった。

一九四〇年九月十九日の御前会議において日独伊三国同盟の締結が決定されたとき、松岡外相は、三国同盟の締結と日ソ国交調整との関連について、対米英に「明確なる態度と毅然たる決意を以て、日ソ関係の飛躍的調整に邁進し、併せて為し得れば、ソ連をして日独伊の立場に同調せしめん」(『杉山メモ』)と説明している。

また、伏見宮博恭軍令部総長が、同盟条約の成立が日ソ国交調整に寄与する効果について質問すると、松岡外相は、㈠日ソ国交の調整はドイツの仲介により進めたく、ドイツも仲介をなすことを希望していること、㈡スターマー公使がモスクワにおいてソ側と何等かの話し合いを進めている情報もあり、日ソ国交調整はドイツに斡旋させることに相当の希望を繋いで可なりと考えていると答えた（同前）。

「不侵略条約案」の提議

松岡外相による外務省の大改造人事の一環として、八月二十九日、東郷大使の召還命令が発せられ、建川美次陸軍中将が新駐ソ大使に任命される。

建川大使がモスクワへ到着した直後、十月三十日、松岡外相の訓令に基づきモロトフ委員に「不侵略条約案」を提示した。この条約案は「独ソ不可侵条約」に倣《なら》う形で作成されたものであるが、その骨子は、㈠両締約国は相互に領土権を尊重し侵略行為をしないこと、㈡第三国より軍事行動の対象となる場合にはその第三国を支持しないこと、㈢両国政府に共通な利害に関する問題について情報を交換し協議するため密接な接触を維持すること、㈣両締約国は直接又は間接に対抗する如何なる国家群にも参加しないこと、㈤両締約国間に何等かの問題が発生した場合には紛争処理委員会の設置により平和的に解決すること、などである。

十一月中旬、リッベントロップ外相の要請に応じて、モロトフ外務委員が、三国同盟とソ連の関係（四国間の利益の境界の画定問題）、バルカン・東欧地域における独ソ両国の利害関係を話し合うことを目的として、訪独することになった。

松岡外相はそれに先んじ、来栖三郎駐独大使を通じて、リッベントロップ外相へ日ソ不可侵条約案を内示するとともに、その成立についてドイツ政府の斡旋を求め、独ソ共同もしくは各別に、蔣政権に対し日本と和平するよう勧告を与えることについて、ソ連政府に働きかけるよう申し入れた。さらに、日ソの国交が改善され日中戦争が解決されれば、日本はイギリス打倒について独伊と協力し得ると、あわせて説明させた。

これに対してリッベントロップ外相は、㈠ソ連は戦争拡大を防止し、平和の迅速克服の意味において日独伊三国同盟条約の趣旨に同調することを表明する、㈡ソ連は欧亜の新秩序についてそれぞれ独伊および日本の指導的地位を承認し、日独伊三国側はソ連の領土を尊重することを約束する、㈢日独伊三国およびソ連は、各々他方を敵とする国家を援助しまたはそうした国家群に加わらざることを約束する、などを主内容とした、いわゆる「リッベントロップ腹案」を示し、モロトフ委員との協議の基礎とすることを伝えた。

その協議は、十一月十日より十四日までベルリン滞在中のモロトフに、リッベントロップ外相より日ソ間の斡旋を申し出るというかたちで話し合われたが、具体的成果はなかった。

七　利権未解消の日ソ中立条約

樺太の利権をめぐる対立

建川大使は、モロトフ委員の帰国を待って、一九四〇年十一月十八日に会談した。

ソ連側は北樺太利権の日本側譲歩を求め、中立条約ならば領土問題に触れず、利権に関する話し合いで交渉が可能であると主張して、ソ連の中立条約案および議定書案（モロトフ腹案）を提示した。

それは、北樺太における日本の石油および石炭の権利を解消し、一九二五年の日ソ基本条約に規定された利権契約を廃棄する内容であった。松岡外相はソ連の態度に不満足の意を示し、利権解消は考慮しがたく、逆に北樺太買収を提議するよう建川大使に訓令し、その意向をモロトフ委員に伝えたが、ソ連側はこれを問題とせず交渉は頓挫した。

つまり、リッベントロップ情報は、ソ連の情報を正確に伝えていなかったことになる。しかも、日本の期待した独ソ交渉は何等進展するどころか、独ソ関係は悪化の一途をたどっていった。

松岡外相は、リッベントロップ外相およびチアノ外相より渡欧の勧告を受け、一九四一年一月六日、「対独伊蘇交渉案要綱」を作成し、陸海軍側の意向を打診した。

この案は、「リッベントロップ腹案」に基づき、ソ連をしてイギリス打倒について日独伊三国と同調させることを主眼とするもので、依然としてドイツの斡旋により、日ソ関係の改善を期待するものであった。そして、二月三日、大本営政府連絡懇談会において、全九項から成る「対独伊蘇交渉案要綱」が審議された。

日ソ国交調整条件については、第二項に次のような六点が列記されている。

㈠独逸の仲介により北樺太を売却させる、もしソ連がこれに不同意の際は、北樺太利権を有償放棄する代りに、向う五ヵ年間に二百五十万頓《トン》の石油供給を約束すること、日本は北樺太における原油増産を援助すること

㈡日本はソ連の新疆外蒙における地位を了承し、ソ連は日本の北支蒙疆における地位を了承すること、新疆外蒙とソ連との関係はソ支間において取極めること

㈢ソ連は援蔣行為を放棄すること

㈣満ソ外蒙間に速やかに「国境画定および紛争処理委員会」を設置すること

㈤漁業交渉は建川提案（委員会案）により妥結に導くこと、放棄も差支えない

㈥日ソ通商の為相当数量の貨物輸送に必要な配車を為し運賃の割引を約束させること

松岡の真意

松岡外相は、ドイツ、イタリアの渡欧要請の真意に疑問があり、また、民間にはイギリス、ア

メリカを刺激しかねないとの非難もあるが、「強い意志を以て進む必要あり」と主張した。陸海軍からは、渡欧時期を対仏印基礎交渉成立後にすべきであるとの意見があったが、松岡の渡欧に異存なしとの返答がなされた。

また、このとき問題となったのは、松岡外相の「南方に根を下さなければ支那事変は解決せず、根を下す為には国力を要す、之が為支那戦線は縮少するを可とす」(『杉山メモ』)という発言である。これに対して、杉山元陸軍総長および岡敬純《たかずみ》海軍省軍務局長より、戦線を縮少すれば事変解決は不可能であり、戦線縮少南方進出案には絶対反対であるとの反論があり、また及川海相より、南方に出るとするならば「支那事変をやり直したる後」でなければならないということになる、との発言があった。こうして松岡の戦線縮少案は否決された。

木戸幸一内大臣は、昭和天皇および近衛文麿首相に、松岡の渡欧については慎重に考慮する必要があると進言した。これに対して天皇は、来栖大使の電報にヒトラー総統が将来ソ連との戦争の可能性を述べていたことを憂慮し、近き将来独ソ戦となれば、「我国は同盟国上の義務もあり、南方に手を延したる上に、又北の方にても事を構うるが如きこととなりては由々敷問題となるを以て、南方施策については充分慎重に考うるの要あるべしとのご感想を御洩らし」(『木戸幸一日記』)になったという。

松岡外相の側近の一人である斎藤良衛外務省顧問もまた、松岡の渡欧に反対していた。しかし松岡は、次のように述べている。

今度の旅行はリッベントロップとチアノとのかねての約束を実行することを表向きの建前にしているが、本当は同盟条約に対して新しい態度を考えなければならない重大事態に直面したのである。日ソ国交調整がどうもうまく行きそうもないこの頃の雲行きに鑑み、僕自身でヨーロッパの実情を視察し、調整に幾分でも望みがあると見たならば、直接ヒトラーやスターリンと話し合って、問題を一日でも早く解決するつもりでいる。もしも調整が不可能で、同盟がアメリカの参戦防止の役に立たないと見たら、外交政策の修正を考えねばならぬ。

（『欺かれた歴史』）

松岡は、日独伊ソ四国協商案にドイツが反対であり、むしろドイツとしては、対英戦争のために日本のシンガポール進攻を望み、近い将来の独日によるソ連への挟撃を主張していることを重々承知のうえで、日ソ国交調整に重きを置いていたと言える。

その理由は、欧州戦争の勃発によって日本の対欧州貿易は大打撃を受け、日独間の運輸交通にソ連が便宜を与えず、日独の密着実現を遮断している。何とかこれを解決する必要があり、そのためにスターリンとの会見を試みたいというのが、松岡の渡欧の真の目的であったと推測される。

渡欧先での会談

松岡一行は、三月二十三日にモスクワへと到着した。翌二十四日には、クレムリンにスターリン書記長およびモロトフ外相を訪問し、約一時間の会談で、東亜新秩序建設のための日ソ両国民の親善達成の可能性と必然性をアピールした。二十四日のうちに一行はモスクワを発ち、二十六日にベルリンに到着した。

三月二十九日の松岡・リッベントロップ会談では、ソ連がもし日本を攻撃するようなことがあれば、ドイツは即座にソ連に一撃を加えることを確約するので、日本は対ソ紛争に不安なくシンガポールに南進することができるだろう、とのドイツ側の発言があった。

四月一日のローマにおける松岡・ムッソリーニおよびチアノ会談を終えて、四日には松岡・ヒトラー会談、五日には松岡・リッベントロップ会談が行われた。しかしドイツ側は「リッベントロップ腹案」に基づいて作成されたとする松岡の「対独伊蘇交渉案要綱」にまったく興味を示さなかった。

松岡一行は、日ソ国交調整についてドイツの斡旋を期待し難い状況はもちろんのこと、むしろ独ソの確執が早晩激化するのではないかとの事態の憂慮を深めた。ところが松岡は、この独ソ間の情勢を利用することによって、ソ連をして日本に接近させる動機となり得る、つまり日ソ政治協定締結の可能性ありと判断した。

日ソ中立条約締結

そこで、ベルリンからの帰途、四月七日、モスクワに立ち寄り、七日および八日の両日それぞれ三時間半にわたるモロトフ委員との会談で、北樺太の譲渡、不侵略条約の締結を主張した。しかし、これに同意を得られず、松岡は前年（一九四〇年）十一月十八日にソ連の提示した中立条約案（但し議定書を削除したもの）の調印に譲歩する提案を示したが、モロトフはあくまで議定書の不可を強硬に主張して譲らず交渉は停滞した。

松岡外相は帰国を延期して、いったんレニングラードを訪問した後、四月十一日、十二日、モロトフとの四度の会談を重ねた。しかし、モロトフが新たに中立条約第一条中に満州国および蒙古人民共和国の領土保全、不可侵を加え、譲歩の態度を示さず、交渉は決裂した。

ところが、事態は急速に進展する。松岡外相はスターリン書記長からの連絡で、十二日午後五時、最後の試みとして会談に臨んだが、正味わずか二十五分という短時間で急遽日ソ中立条約の妥結にいたったのである。

この日、モスクワのクリップス英国大使は、チャーチルの書簡を松岡外相に手交し、ドイツの戦力評価について注意を喚起した重要な情報を提供していた。それは、一九四一年の夏あるいは秋において、ドイツは対英戦で制海権を失い、イギリスを征服することは不可能となる予測を伝えるものだった。

松岡は、独ソ対立の状況を認識しながらも、三国同盟にソ連を加えた四国協商が成立すれば、シベリア鉄道経由の欧州貿易が可能となること、日米国交調整の交渉に優位な牽制になり得ることを想定し、あるいは独ソ対立状況にあってもドイツの優勢下であれば、日ソ中立条約を結んでおくことは、北守南進による日中戦争終結促進、蘭印の石油をはじめ南方資源の確保、樺太からの石油供給確保なども可能になる、と期待したにちがいない。

四月十三日午後三時、クレムリンにおいて松岡外相・建川大使とモロトフの間に中立条約および声明書が調印され、通商協定、漁業条約については、松岡外相からモロトフ委員宛て機密書簡が手交された。さらに、松岡外相はモロトフに、ソ連の要望に応じ北樺太利権を数ヵ月以内に解消するための和解に努力することを約束し、条約調印後、直ちに帰国の途についた。

中立条約の効力に関する問題とともに、以後数年にわたり、利権解消問題が日ソ交渉の中心課題となった。

八　独ソ戦がもたらした影響

独ソ開戦による日米外交への影響

一方の「日米交渉」も進展の兆しを見せていた。

松岡外相外遊中の一九四一年四月十七日、野村吉三郎駐米大使より「日米両国諒解案」が東京に届いた。近衛首相は大本営政府連絡会議に提議し、「日米両国諒解案」を些少の修正をして受け入れることを決定した。

しかし、松岡の帰国を待って開催された、四月二十二日の大本営政府連絡会議では、松岡は「日米両国諒解案」について、「自分の考えとは大分異《ちが》う故慎重に考うる必要あり」（『杉山メモ』）と発言したため、「日米両国諒解案」による国交調整交渉は保留された。

日ソ中立条約の批准交換は、一九四一年四月二十五日、東京において行われ、同日以降五年間の条約効力を発生させた。だがその後、状況は急変した。六月十一日、日ソ通商交渉の仮調印を行ったが、二十二日に独ソ戦が勃発して施行不可能となり、国内手続きを停止させたのである。進行中の「全般的国境画定及紛争処理委員会」の設置に関する交渉、漁業条約交渉も中止された。この予期せぬ事態は、ソ連を枢軸国側に引き込んだ四国協商グループによる「毅然たる態度」をアメリカに示すことによって、日米交渉を優位に進めようと目論んでいた松岡外交に多大の影響をもたらした。

一方、アメリカ議会は、一九四一年三月十一日、武器貸与法を採択し、イギリスなどアメリカの安全保障に必要とみなされる諸国への武器輸出を認めた。この間、アメリカ政府は欧州戦争の進展と極東の変動をふまえ、注意深く日本の政策を見守っていた。

日ソ中立条約締結の報に接したアメリカ政府は、日本が北辺をかためて南進すれば、それがもたらす結果は、日米の正面衝突であるのは明らかであるとしながらも、むしろこの条約でソ連が二正面の戦争で敗北するのが避けられたことに安堵した。アメリカは、ソ連を将来の重要な同盟国と位置づけ、独ソ戦争におけるソ連の勝利を援助する軍事政策を闡明《せんめい》にし、武器貸与法のソ連への適用を決定したのである。このことは、アメリカが欧州戦争に直接介入する以前に、すでにアメリカ・イギリス・ソ連の連携の枠組みが創設されたということを意味する。

ソ連への高圧的態度

六月二十二日の独ソ戦開始は、日本にとっては、北へ侵攻しドイツと協力してソ連に戦争をしかけるか、南に侵攻してアメリカとの戦争に備えるかの二者択一を迫られることとなった。そして日本は、不安定な日ソ中立条約の存在、不確実な援蔣ルート遮断による日中戦争終結、さらに欧州戦争でのドイツ優勢に連動して発生した仏印、蘭印の南方の空白化に誘惑され、自主的確乎《かっこ》たる国策に基づくものでなく、まさに「世界情勢の推移に伴う時局処理」として、南進を決意することとなる。

六月二十四日、陸海軍は「情勢の推移に伴う帝国国策要綱」を策定し、独ソ戦に対しては、暫くこれに介入することなく、密かに対ソ武力的準備を整え自主的に対処すること、また、独ソ戦争の推移が日本にとって極めて有利に進展すれば、武力を行使して北方問題を解決し、北辺の安定を確保することなどを決定した。

ソ連側の動きを見てみると、六月二十四日、スメターニン駐日ソ連大使が松岡外相に対して、独ソ戦争が勃発したが日ソ中立条約は遵守されるや否やとの質問を行っている。松岡外相は、日ソ中立条約は三国同盟に影響を及ばないことを前提にしており、このことはスターリンも諒解しているはずであると強調し、もし三国同盟条約中に抵触するような規定が日ソ中立条約中に存在するとすれば、その点において中立条約は停止されるものと考えると明言した。さらに松岡は、アメリカによる対ソ援助物資のウラジオ経由輸送問題をとりあげ、ソ連の態度が日本の政策を左右するとの高圧的姿勢を示した。

松岡外相の態度は、ソ連政府に多大の不信を与えたことは否定できず、日ソ中立条約による日ソ相互の信頼感を、日本側みずから損ねたことになった。

独ソ開戦後から太平洋戦争勃発に至るまでの間の日ソ交渉は、独ソ戦の進展、特にモスクワ陥落の危機と関連して、日本側に優位な立場で展開され、ソ連側はあくまで日本の中立条約遵守を求める態度に終始した。一方で、終戦間際の日ソ交渉は、ソ連側に優位な立場で展開され、日本側はあくまでソ連の中立条約遵守を求める態度に終始したことを想起させる。

松岡による対ソ開戦の主張

松岡外相は、大本営政府連絡会議において、日本は南進を一時取り止めて、直ちにソ連との戦争を開始すべきだと主張し、天皇へも同様の考えを上奏した。これに対して杉山元陸軍参謀総長の主張は、独ソ戦の成り行きが決定的に日本に有利になるまで事態を静観すべきで、「南方作戦を速やかに完結させ、その後に北方に対処する」というものであった。

七月二日に開催された御前会議においては、先述の「情勢の推移に伴う帝国国策要綱」を決定し、独ソ戦の経緯を注視しながら南進するという折衷的な消極的対応方針が採られた。しかし、この決定はソ連との戦争を放棄したわけではなく、機が熟せばソ連を攻撃する態勢をとった「熟柿《じゅくし》作戦」である。そのため、関東軍の特別演習という名目で、ソ連攻撃の準備のための演習が行われ、満州に駐屯する関東軍の兵力を四十万から七十万に増強させた。

七月二日、松岡外相はスメターニン大使を招致して、日本政府の独ソ戦に対する根本方針について、三国同盟を遵守する義務は中立条約よりも優先されることを婉曲に伝え、日本が政策を矛盾なく遵守し得るか否かは「将来に於ける事態の発展如何に係る」と牽制し、日本は独ソ両国間の紛争解決の斡旋の労をいとわないと述べた。

その後、松岡外相が米英の両国大使に対して、日ソ中立条約は法律的効力を有せず日本はこれを履行する義務がないと述べた。七月十三日、スメターニン大使がその真偽を質問するため来訪した際、松岡外相は、日ソ中立条約は現戦争に適用なしとクレーギー駐日英国大使に述べたことを認め、日本の態度を改めて表明した。

日本は日ソ中立条約、日独伊三国同盟条約の孰《いず》れにも拘束せられず、日本独自の政策に依り現下の政局に処し行く意向なるが、唯三国同盟条約は帝国外交の基調なるを以て、日本としては其の目的及び精神は之を守る要あるは勿論なり。

（『外交資料――日「ソ」外交交渉記録ノ部』）

「中立」をめぐる日ソの利益

近衛首相は、松岡外相の言動が日米交渉への障害となり、日ソ関係に混乱をもたらしたと批判して内閣を総辞職させ、第三次内閣を組閣して外相に豊田貞次郎を就任させた。

七月二十五日、スメターニン大使は、豊田新外相に対し松岡前外相の発言（中立条約は有効であると称しつつ、三国同盟条約の関係上、今次の独ソ戦争に関しては適用なし）の矛盾を指摘して中立条約の効力を質問した。

これに対し豊田外相は、独ソ戦争と日ソ中立条約との関係、あるいは日独伊三国同盟と中立条規との関係については、種々法律論も立ち得るが、日本は中立条約の各条項の義務を誠実に履行する意向であると言明する。また、ソ連においても中立条約を厳守すべきはもちろん、中立条約の根本精神に反するが如き行為、たとえば東亜において日本を刺激したり、脅威を与えるような行為を行わないことを期待すると述べ、対米軍事基地提供問題、ウラジオ経由援ソ物資輸送問題、援蔣問題にも言及し、ソ連の注意を喚起した。

豊田外相は、八月十三日にもスメターニン大使に関東軍特別演習（関特演）の説明を求められ、「隣国が戦争に参加せる関係上、万一に備える為の已むを得ざる措置」（同前）であると返答した。関特演がソ連の対日態度に及ぼした影響は、松岡の対ソ発言とも関連して、少なからざるものがあったといえる。

八月五日、スターリンにアメリカ大統領親書が届く。その中でローズヴェルトは、日本政府は現時点でソ連に対する攻撃は行わないと決定した旨の情報を提供し、自らの判断として、日本はシベリア攻撃を来春まで延期したと理解すると述べていた。

日本側としては、日米関係の緊迫感の度合いが高まるにつれ、ソ連に中立的態度を維持させることこそ対米英関係処理の前提であると位置づけ、ソ連の中立条約遵守を期待するところが増大した。一方、ソ連においては、日本側に対しソ連の中立的態度を印象づけ、日本をして対米強硬外交に向かわせ、日米間に戦端を開かせることこそが、ソ連の利益に合致することであった。

第五章
日米戦争回避の可能性

一　第二次近衛内閣の基本政策

日米の危機認識

一九四一年四月十七日、ワシントンの日本大使館より「日米両国諒解案」が東京外務本省に到着したことによって、国交調整の「日米交渉」が始まる。

そこから十二月八日の真珠湾攻撃までの間、戦争を回避する合意に達する機会は、日米両国の努力という意味では二回あったといえる。その一つは「近衛・ローズヴェルト会談」実現に向けての動きがあった時期、もう一つは開戦直前、東条英機内閣時に日本側から妥協案「乙案」を提示し、それに対してアメリカ側が「暫定協定案」を対案として作成した時期である。

日本としては、東久邇宮稔彦王《ひがしくにのみやなるひこおう》内閣あるいは第四次近衛内閣による開戦阻止の可能性、東郷茂徳外相の辞任によって東条内閣を総辞職に追い込み、開戦を阻止できる可能性もあったのではないかと考えられる。だが、東条内閣の組閣阻止や倒壊を実現したとしても、アメリカの経済的隷属下に入ること、アメリカ依存の資源受給体制に甘んずることに、日本国民は納得し、日本経済は耐えることができたか、という別の問題が起こる。

日本にとっての対米脅威は、経済封鎖、特に石油および屑鉄の対日禁輸であった。したがって「大東亜戦争」の目的を東亜新秩序建設、自存自衛、資源獲得のための戦争と位置づけたのである。アメリカにとっての対日脅威は、枢軸国側としての欧州戦争参戦、日本軍の南進であり、太平洋戦争の目的を欧州戦争と結び付けて、民主主義の護持、反ファシズム、国際秩序現状維持のための戦争と位置づけていた。

しかし、日米両国には互いに国を賭してまで戦う直接的利害はなかった。それでは、なぜ戦争を決意したのか。この疑問に答えることは、「日米開戦は避けられたのか」という問いに答えることにもなろう。本章では、その外交努力について見ていくこととしたい。具体的には、かつてパリ講和会議に共に参加した近衛文麿首相と松岡洋右外相の確執、訓令を無視する野村吉三郎駐米大使のスタンド・プレー、交渉のタクティックスにこだわりすぎた東郷茂徳外相、アメリカに誤解されることとなった来栖三郎の特派について見ていくこととしたい。

一九四一年初頭、日本は中国の北部および中部の大半を制圧し、主要港を支配下においていた。海南島、南シナ海の南沙諸島も手中におさめ、北部仏印にすでに進駐し、東南アジア地域の資源獲得を目論むようになっていた。一方、アメリカは満州国を否定し、日中戦争への批判、蔣介石政権への経済的、軍事的支援を実施している。

第二次近衛内閣が成立した一九四〇年七月、アメリカ議会は二大洋海軍法（両洋艦隊法）を制定し、海軍の総トン数は七十パーセントも増強されることになった。それに比して日本の海軍力は、一九四一年以降弱体化することが予想されていた。アメリカの経済制裁による軍需物資の枯渇と軍事力の格差の危機が増大する中での、日米交渉の開始であった。

松岡洋右の対米認識

近衛は組閣に先立ち、一九四〇年七月十九日、私邸の荻外荘に海相留任の吉田善吾、陸相推薦者東条英機、外相として近衛が選んだ松岡洋右ら三人を集め、根本的な国策について話し合った。この会議について、松岡は「組閣中四柱会議（荻窪会談）決定」という文書をまとめているが、㈠支那事変の処理および世界情勢に対応する施策を展開するため、戦時経済政策の強化と確立を政策の根基とすること、㈡東亜新秩序を建設するため日独伊枢軸の強化を図ること、㈢東亜および隣接島嶼の英仏蘭植民地を東亜新秩序に参入させること、㈣アメリカに対しては無用の衝突を避けつつ東亜新秩序建設への実力干渉を排除すること、などを基本政策とした。

八月一日、松岡外相は、オット駐日独国大使との接触を開始して日独伊三国同盟締結を決意する一方で（締結調印は九月二十七日）、アメリカとの国交調整のため、ローズヴェルト大統領と旧知の間柄にある親米派の野村吉三郎海軍大将に駐米大使就任を要請した。野村は「政府の枢軸強化政策と日米親善とは二兎を逐《お》うものであって、極めてむずかしい」(『米国に使して』)と固辞したが、及川古志郎海相の熱心な勧めと、海軍が対米戦争を阻止するという言質を与えたので、駐米大使を引き受けたという。

松岡外相が野村大使の赴任に際して与えた一九四一年一月二十二日付極秘訓令中には、日本の外交が三国同盟を基軸とすることを明らかにしており、三国政府において第三国による攻撃が発生したと認められたならば、日本は「当然同盟に忠なるべし、此点聊《いささ》かの疑を存すべからず」(「外務省外交史料館記録」)と断言している。この基本的観念に立脚して、松岡は二十一日の議会演説でアメリカを次のように批判した。

米国は日本の大東亜共栄圏建設が、我が国の死活的要求であることに対し、充分なる理解を示さぬのであります。米国が一面、自ら東は中部太平洋を、西は独り東太平洋のみならず、他面更に支那及び南洋を以て、その国防第一線であるかの如き態度を執り、日本の西太平洋支配をすら野心視して、之を非難する如き口吻《こうふん》を洩らすに至っては、余りにも身勝手なる言分であり、(……)率直に申せば、私は日米国交の為に、太平洋上の平和の為に、将又《はたまた》世界全般の平和の為に、斯《か》かる米国の態度を頗《すこぶ》る遺憾とする者であります。(……)我々は大東亜共栄圏樹立の努力を進めると共に、その遂行途上に於て世界の混乱の拡大を防止せんが為、一つには三国条約を結んだのであります。今後我々は一日も速かに、現在の戦争を終熄《しゅうそく》せしめ、世界の混乱を鎮静せしむると同時に、将来斯くの如き禍乱を再発せしめざる方途に就き、今日から考えて置く必要があると思うのであります。（「外務省外交史料館記録」）

松岡が殊更強調するアメリカに対する「毅然たる態度」とは、アメリカの太平洋および極東支配体制の現状維持態度を改めさせることの信念を意味するもので、アメリカの対日開戦または欧州参戦を予防しようと三国同盟を締結し、さらに発展段階の日独伊ソ四国協商構想に導かれ、日米国交調整の実現性を見出そうとしたのである。しかし前章で述べたように、この四国協商構想は、六月二十二日の独ソ戦開始によって消滅することになる。

また、アメリカによる日本の満州支配に対する批判に、松岡は満鉄副総裁、総裁時代から「満蒙は日本の生命線」であると唱え、「特殊権益」「特殊地位」を主張してきたわけで、ハル国務長官の主張する「四原則」と真っ向から対立する強硬姿勢を貫いていた。ただし、基本的には欧州戦争には介入せず、対米開戦も回避すべきであるというのが松岡の考えであったことは確かである。

なお、松岡は外相就任後、大橋忠一次官らに命じて大幅な人事異動を断行していた。堀内謙介駐米大使、沢田廉三駐仏大使、天羽英二駐伊大使、来栖三郎駐独大使、東郷茂徳駐ソ大使、阿部信行駐華大使らがほぼ同時に更迭されたことは、外交活動に空白を生じさせ多大な影響を与えたものと思われるが、松岡は出先大使館を通じて当該国と交渉することに重きを置かず、在京大使との直接交渉によって対処しようとし、ベルリンやモスクワへも直接自ら赴くといったやり方をした。

日米交渉の基礎

ウォルシュ、ドラウトの二人の宣教師と、井川忠雄（産業組合中央金庫理事）、岩畔豪雄（陸軍省前軍事課長）らを中心として作成された「日米両国諒解案」がワシントンの日本大使館から、四月十七日、外務省に到達した。

野村大使は、これを基礎として日米国交調整に関する交渉に入りたく、至急政府の回訓を得たいと切望した。しかし、ハルが要求した交渉の前提となる四原則、すなわち㈠あらゆる国家の領土保全と主権尊重、㈡内政不干渉、㈢機会均等、㈣平和的手段以外での太平洋の現状不変更、の事前同意について、野村と岩畔は意図的に報告をしなかった。

「日米両国諒解案」の内容は、冒頭に、日米両国間の伝統的友好関係の回復を目的とする「全般的協定」を交渉し成立させるため、「両国政府を道義的に拘束し、其の行為を規律すべき適当なる手段として文書を作成することを提議する」ための試案であることが述べられ、次の七項目から成っている。

㈠日米両国の抱懐する国際観念並に国家観念
㈡欧州戦争に対する両国政府の態度

㈢支那事変に対する両国政府の関係
㈣太平洋に於ける海軍兵力及航空兵力並に海運関係
㈤両国間の通商及金融提携
㈥南西太平洋方面に於ける両国の経済的活動
㈦太平洋の政治的安定に関する両国政府の方針

なかでも注目すべき点は、第二項および第三項である。

第二項の要点は以下の二点である。①日本は枢軸同盟が防御的性格のものであり、同盟による軍事上の義務は、同盟国がヨーロッパ戦争に参加していない国から積極的に攻撃された場合にのみ発動することを声明する。②アメリカは進んでヨーロッパの攻撃同盟に参加せず、自国の安全と防衛のみを考慮することを声明する。したがってこの第二項は欧州戦争の拡大を防止するためのものである。

また、第三項では、日中戦争早期終結のために、アメリカは下記の八条件で蔣政権に和平を勧告することが述べられている。①中国の独立、②日本軍の中国撤退、③中国領土の非併合、④非賠償、⑤門戸開放、⑥蔣・汪政権の合流、⑦日本の大量集団移民の中国入り自制、⑧満州国の承認、である。

そして全七項目の文書は、アメリカ政府の修正を経たのち、日本政府の最終的かつ公式の決定を行うものとされている。最後に「日米会談」の開催について、本年五月にホノルルにおいて、ローズヴェルト大統領・近衛首脳会談を行い、各国代表者五名以内とし、同会談では「今次諒解の各項を再議せず、両国政府に於て予め取極めたる議題は両国政府間に協定せらるるものとす」（「外務省外交史料館記録」）と述べられている。

「日米両国諒解案」は、独伊の側に立つ日本の参戦防止を求めつつ、日米通商関係の正常化、東南アジアでの資源取得の日米協力、日米の共同保証による太平洋の政治的安定などの可能性を指摘し、さらに一定条件下でのアメリカによる日中和平斡旋さえも謳っていた。

大本営政府連絡会議は、この「日米両国諒解案」を基礎として日米交渉をすすめることを内定し、訪欧中の松岡外相に至急帰朝するよう要請した。しかし、日ソ中立条約を締結して帰国した松岡は、自分の関知しないところで始まった日米交渉に強硬な反対を唱え、㈠アメリカに中国問題から手を引かせること、㈡三国同盟に抵触しないこと、㈢ドイツへの国際信義を破らぬこと、を三大原則とすべきであると主張して「諒解案」を大修正した。それは、独伊との結束を誇示して、「毅然たる態度」でアメリカに対するのが最上であるとする松岡の信念を表現したものであった。松岡はその後も修正箇所の訓電を野村に頻発した。

二　近衛首相の日米首脳会談構想

独ソ戦に伴う日米交渉の変化

アメリカ側は、日本の対案に失望した。アメリカの狙いは、対英援助を強化するとともに、自国の対独戦準備を進めるため、交渉によって日本の南進を牽制すると同時に時間をかせぐことにあった。日本がアメリカの国際原則に準拠し、大東亜新秩序の建設（東南アジアの独占的支配）という目標を捨てない限り、根本的妥協はありえなかったのである。こうして日米交渉が難航している間に、一九四一年六月二十二日、独ソ戦が勃発して国際情勢は再び一変し、新たな展開が始まることになる。

日本では、陸軍、とくに参謀本部から、ドイツに呼応してソ連を攻撃し、北方の脅威を一挙に解消すべしとの声が高まり、北進論に回帰する傾向が出た。松岡外相も三国同盟が日ソ中立条約に優先すると論じ、北進論・対ソ攻撃を主張した。松岡は、軍部のこれ以上の南方進出はアメリカとの戦争をまねく危険があるとして強く反対したのである。

七月二日の御前会議において、「情勢の推移に伴う帝国国策要綱」が決定された。㈠世界情勢変転の如何にかかわらず大東亜共栄圏を建設すること、㈡支那事変処理に邁進して自存自衛の基礎を確立するため南方進出の歩を進め、また、情勢の推移に応じ北方問題を解決すること、㈢右目的達成のためいかなる障害をも排除すること、などが述べられ、この目的達成のためには「対英米戦を辞せず」と記されている。しかし、参謀本部では「関東軍特別演習」を名目として在満兵力を増強し、いつでも対ソ攻撃に移行しうる態勢を忘れなかった。

近衛首相は、松岡外相を排除するため内閣の総辞職を行う。七月十八日、第三次近衛内閣を発足させ、外相には豊田貞次郎海軍大将を就任させた。しかし一方で、陸海軍から出された、㈠七月二日の御前会議決定に基づき、仏印に対する軍事措置を的確に実行すること、㈡南方と北方の戦備を促進すること、㈢日米交渉については三国同盟の精神に背馳しないこと、の三条件を容認した。七月二十八日より、日本軍は南部仏印に上陸を開始した。

七月二十三日、ローズヴェルト大統領は「米の対日石油輸出許容は日本の蘭印進出防止の為」であるとの演説を行う一方、ウェルズ国務次官をして野村大使を招致し、「仏印に武力進駐を行うようなことがあれば、従来のハル・野村会談を続行する基礎は消滅する」と警告した。野村大使はこれに驚き、外務本省に「国交断絶一歩手前まで行くものと認めらる」(「外務省外交史料館記録」)と電報し、至急新内閣の日米国交調整に対する誠意と南部仏印進駐の真意とを明らかにしてほしいと伝えた。

七月二十五日、アメリカは、イギリスと歩調を合わせて在米日本資産凍結令を発し、二十八日、蘭印も日本資産凍結、対日貿易制限、石油協定停止を公表した。八月一日には、綿と食糧とを除いて石油を含むいっさいの対日完全禁輸を発令するに至り、蘭印もこれにならった。太平洋艦隊をハワイに集結し、フィリピンに極東米陸軍司令部を創設してマッカーサー将軍の麾下《きか》に置くという威圧を示しながら、アメリカ側は対日経済制裁措置をとったが、それは対日抑止力としての効果を狙ったもので、対日戦を最終的に決意したわけではなかった。

南部仏印進駐とアメリカの制裁

近衛首相は、南部仏印進駐がアメリカ側に重大な危機意思をもたらしたことに驚き、日米交渉に改めて懸命な努力を払う。八月一日、近衛首相は有田八郎元外相から、「時局に対する一考察」と題する文書を受けたが、その要点は、日米交渉と南部仏印進駐（あるいは大東亜共栄圏構想）とは両立し難い矛盾政策ではないかとの指摘である。

八月三日の近衛の返書は、第三次組閣のとき、蘭印ならばともかく仏印ならば大事にいたることはないだろうという見通しで、陸海軍とも一致した見解であったが、この見通しが誤りで今回のような結果を招いてしまったことは至極遺憾であると、率直に認めるものだった。そのうえで近衛は、日米交渉と南部仏印進駐は必ずしも矛盾するものとは考えず、日米国交調整を妨げている問題は、陸海軍の中堅層にあるとみなしている。陸海軍上層部に統制力がない以上、政府間での国交調整の成立は不可能と判断したうえで、近衛は中堅層の介入にどう対処すべきか熟慮した。

その結論は、ローズヴェルト大統領との直接会談という構想ではなかったのか、と想像される。近衛は、「陛下より全権を委任されて、アメリカで総てを大統領と直接談判で定めてくる以外、途は残されていませんね」（『敗戦日本の内側』）と、富田健治書記官長に告げているが、談判先から天皇の勅裁を仰ぎ、日米国交調整妥結を天皇が承認したという既成事実を作り上げてしまい、天皇の大権をもって軍部を抑えるという、非常手段を考えたのであろう。

さて、八月初旬、近衛首相は富田書記官長に、陸海軍への申入書を、次のように口述筆記させた。

危機一髪のこのときにあたり、大統領との会見によって帝国の真意を大胆率直に披瀝《ひれき》する。大統領と直接会談によってついに了解がえられないということであれば、国民に対しても日米戦やむを得ずとの覚悟を促すことになり、また世界輿論《よろん》の悪化も緩和することができる。アメリカは九国条約を楯としており、日本は大東亜共栄圏の確立を主張しており、両者は相容れないが、双方が大乗的立場で話をすればアメリカの譲歩も可能である。（同前）

「危機一髪のこのときにあたり」とは、日米間の直接的深刻な対立のみではなく、独ソ戦の見通しにも関連している。九月まで戦線が膠着化すればドイツの将来は危ういものとなり、そうした形勢が明らかとなった場合には、アメリカの鼻息が荒くなり日本からの話などは寄せつけないことになる。アメリカは有利な態勢に持ち込み、日本との話し合いにもさらなる厳しい条件を付けてくる可能性が高く、むしろドイツに不利となる場合を考えして、一日も早く対米の手を打つ事が急務であると考えたのである。

八月四日、近衛首相は陸海両相に、ローズヴェルト会談の決意を伝え了解を求めた。及川海相は全面的に賛成したが、東条陸相は、首相が大統領と会見すれば、三国同盟を基調とする日本外交を必然的に弱化し、国内的にも波瀾を起こすから適当とは思わぬが、難局打開に挺身する決意には敬意を表すると述べた。さらに、日本の根本方針を堅持して最後の努力を払い、しかも大統領が日本の真意を解せず、現在のような政策を進めようとする際には、断固一戦の決意を以て臨むというのであれば、陸軍としても異議は唱えないと返答した。東条は条件付で不承不承これを認めたのである。

八月七日、近衛が日米首脳会談の決意を上奏すると、天皇は「米国の対日全面的石油禁輸に関する海軍側の情報もあることなれば、旁《かたわ》ら大統領との会見は速なるべし」(『平和への努力』)と指示した。そこで同日、近衛首相は野村大使宛に、危険な現状を打開する「唯一の途はこの際、日米責任者直接会見し互に真意を披瀝し、以て時局救済の可能性を検討するにありと信ず」(「外務省外交史料館記録」)との意思を伝え、ローズヴェルト大統領との会談を申し入れるように訓令し、ホノルル会談を提案させた。

日米首脳会談の申し入れ

八月八日、野村大使はハル国務長官に日米首脳会談を申し入れた。このときローズヴェルトは、ニューファンドランド沖において、チャーチル英首相と洋上会談(八月三日〜八月十四日)を行っていた。会談では、対英援助の強化、対独戦勝利の優先があらためて確約されたが、対日戦略としても、これ以上南進、北進をすればアメリカは危険を賭しても対抗手段をとる、という最後通牒的性格をもつ警告を与えることを申し合わせた。

八月十七日、日曜日にもかかわらず、ローズヴェルトは至急野村の来訪を求め、二種の文書

（ノート）を読み上げ、日本本国へ伝えるよう要請した。

第一の文書は、日本政府に対する警告文である。もし日本政府が隣接諸国に対する軍事的支配の政策を遂行するため、さらに武力行動に出れば、アメリカは直ちに必要と認められる一切の手段を講ずると述べている。

第二の文書は、ローズヴェルト・近衛会談に関する大統領の態度を述べたもので、日米交渉の再開と首脳会談開催に原則的同意を回答したものであった。ローズヴェルトは決して現在のようなクローズド・ドアの状況を歓迎しているのではなく、日本の行動に対抗するため余儀なく行っているのだから、これを開くには日本が善処するほかないと述べ、近衛首相との会談に前向きな姿勢を示していた。

しかし、大統領は日本側の提案に対して、アメリカが従来から主張してきた基本原則に適合するもの以外は考慮されない、と指摘したうえで、非公式討議は、当然平和的手段によって達成し得る「プログラム」を立案しなければならないとした。その予想される「プログラム」としては、㈠太平洋全域における門戸開放・機会均等原則の適用、㈡同地域諸国民の自発的・平和的基礎に基づく協力、㈢脅威を受ける諸国民への援助、㈣軍事的・政治的支配と経済的独占の排除、の四項目を挙げていた。

第一の警告文書との関連から判断すれば、会談の前途多難を思わせるものであった。

三　近衛メッセージの反響

近衛・ローズヴェルト会談の計画

野村大使は、日米首脳会談に関する見通しについて、タイへの日本軍進駐にアメリカの態度は硬化しており、自衛権の問題（アメリカの欧州戦参戦問題）、支那よりの撤兵、通商の無差別主義の三点については、少なくともある程度の言質を要望するに違いなく、「今や和戦の分岐点に臨みつつあり」と述べて、日本政府の大英断を求めた。

他方、東京では、豊田外相がグルー大使を招致し、二時間半にわたる会談を行い、仏印撤兵問題を討議したうえ、近衛首相が大統領と親しく会談する希望を持っていることを申し入れ、その急速実現のためにグルー大使の協力を要請した。こうして、日米交渉は一つの山場を迎え、一九四一年八月二十六日の大本営政府連絡会議において、大統領宛近衛首相メッセージと、八月十七日のアメリカの第一警告文に答える日本政府の見解文が採択された。近衛メッセージは、従来の事務的商議に拘泥することなく、大所高所から政治家として解決法を見出そう、腹を割って話し合えば良い知恵も出てくるのではないか、と首脳会談をローズヴェルト大統領に呼びかけていた。

貴大統領と本大臣との会見に関する当方提案に対し、八月十七日野村大使に手交せられたる文書に依《よ》り、貴大統領が右著想に同感の意を表せられたるは本大臣の深く多とする所なり。

現下世界動乱に当り、国際平和の鍵を握る最後の二国即ち日米両国が、此の儘《まま》最悪の関係に進むことは、夫《そ》れ自体極めて不幸なることたるのみならず、世界文明の没落を意味するものなり。我方が太平洋の平和維持を顧念するは、単に日米国交改善の為のみならず、之を契機として世界平和の招来に資せんとするに外ならず。惟《おも》うに日米両国間の関係が今日の如く悪化したる原因は、主として両国政府間に意志の疎通を欠き、相互に疑惑誤解を重ねたると、第三国の謀略策動に由るものと考えらる。先ず斯《かか》る原因を除去するに非ざれば、両国国交の調整は期し難し。是れ本大臣が直接貴大統領と会見して、率直に双方の見解を披瀝せんとする所以《ゆえん》なり。

（「外務省外交史料館記録」）

野村大使が「近衛メッセージ」をローズヴェルトに手交したのは、八月二十八日のことである。大統領はこれを読んで称賛し、三日くらいの会談を希望すると語ったという。後日、近衛は「恐らくこの時が日米の一番近寄った時であったかも知れない」（『平和への努力』）と述懐している。

しかし、その場に同席したハル国務長官は消極的であった。ハルは、同日夜、野村に対し「首脳会談は予めまとまった話合いのラティフィケイション（批准）の形にしたい」（「外務省外交史料館記録」）と述べ、㈠三国同盟（自動的参戦義務・自衛権）、㈡中国問題（中国からの撤兵）、㈢通商上の無差別待遇（東亜新秩序建設の否定）などに関する日本の意向を、まず明確にすることを強く要望した。国務省の強硬姿勢のため、首脳会談は、なかなか実現の運びに進まなかった。

「近衛案」の作成

日米首脳会談の計画情報は在米武官を通じて、参謀本部にも入電していたが、八月二十九日の『大本営陸軍部戦争指導班機密戦争日誌』には、「ハワイに於ける両巨頭の会談遂に実現するや、実現せば恐らく決裂はなかるべく、一時の妥協調整に依る交渉成立すべし。果して然らば遂に対米屈伏の第一歩なり、帝国国策の全面的後退を辿るべし。さればとて戦争を欲せず、百年戦争は避け度」と記されている。

野村の報告が東京に着くと、近衛首相は八月二十九日から三日間、箱根の富士屋ホテルに側近を集め（井川忠雄も含まれていた）対策を練り、「近衛案」を作成した。その内容の重要な点は、「日支間の和平解決に対する措置」では、㈠アメリカに対して、重慶政府が戦闘行為を停止するよう依頼すること、㈡「南西太平洋地域」においては、日米共に軍事的措置を中止すること、㈢日本軍の仏印からの撤兵は、「支那事変」の解決後に行うこと、㈣日米両国が「泰及蘭印の主権及び領土を尊重」することを宣言し、フィリピンに関しては、中立化のため条約締結の用意があると声明すること、などである。

注目すべきは、中国における日本軍の撤兵および日独伊三国同盟には、全く触れられていないことである。この二点の問題については、直接談判の成り行きの結果次第、しかも天皇の統帥大権と外交大権の勅裁《ちょくさい》をもって現地において決断するということで、成文化をあえて避けた可能性も想像されるところである。

この頃は外務省も、まだ楽観視していた。富田健治内閣書記官長を中心に準備が進められ、近衛首相に随行する要員の人選も、陸海軍の各大将（海軍は山本五十六連合艦隊司令長官）、両統帥部次長が参加し（陸軍からは、首席随員に土肥原賢二大将、随員に武藤章と石井秋穂、それに塚田攻《おさむ》次長、有末精三班長が予定された。海軍からは前海相吉田善吾大将）、重光大使が首席随員に、天羽英二次官が事務総長に内定した。

重光葵大使は六月中旬ロンドンを離任し、七月初旬ワシントンにおいて野村大使から日米交渉の経緯について概略の説明を受け、ウォーカー郵政長官とも懇談したうえ帰国したのであって、その後は天羽次官の顧問格となって、側面から日米交渉に関与していたのである。会談期日は、九月二十一日から二十五日まで、場所は公海上の軍艦とする方針も概定した。海軍は新田丸を徴傭し護衛の第五戦隊を待機させた。この時ほど岡敬純軍務局長が喜んで興奮したことはなかったという。

叶わぬ会談

しかし、日米首脳会談による難局打開という近衛の希望も、アメリカ側の特に国務省の強硬姿勢のため、なかなか実現の運びに進まなかった。こうした中で、日本の国内政局は次第に緊迫し、石油禁輸によって軍部は焦燥を感じて反米姿勢を濃厚にしつつあり、馬淵逸雄大本営陸軍報道部長が、「外交交渉による平和的解決の途なくば実力を以て対日包囲陣を突破せん」(「外務省外交史料館記録」)との演説を行った。

また、野村大使の不注意な発言から、近衛メッセージの件が日本国内に洩れ物議をかもした。八月二十九日、政府はやむなくこれを肯定したので、ドイツ駐日大使、イタリア駐日大使は相次いで抗議的照会を行い、近衛メッセージとアメリカ側回答の内示を求めたが、豊田外相、天羽次官は共にこれを拒否した。

対米開戦ともなれば、その主導権は当然海軍が握ることになるが、海軍は陸軍の主戦論に同調することを躊躇していた。しかし、海軍省と軍令部の主要幕僚で構成される海軍第一委員会は、八月三日、「十月中旬を目標に戦争準備と外交を併進させ、十月中旬に至っても外交的妥協が不成立の場合には対米戦に突入する」、という国策案を作成した。こうした状況下で、八月十六日の陸海軍局部長会議が開催され、その席上で海軍側は、南方資源獲得のための南進を決意する「帝国国策遂行方針」を正式に提示するに至った。その要旨は、十月下旬を目標に戦争準備と対米外交とを併進させ、十月中旬に至るも外交が妥協せざる場合は対米実力行使を発動する、というものであった。

海軍の「帝国国策遂行方針」は、陸軍省、参謀本部の修正を経て、八月三十日、軍部の間で「帝国国策遂行要領」案として決定された。杉山参謀長は、九月二日になって初めて近衛首相に書簡を送り、㈠枢軸堅持、㈡大東亜共栄圏遂行、㈢中国不撤兵、の三条件固守を伝えた。

近衛首相は、日米首脳会談による日米国交調整の打開策に懸命となっていたが、その間、国内の対米姿勢は大きく旋回しつつあった。すなわち、近衛首相が関知しないところで、対米戦争準備と日米交渉の期限を定めた「帝国国策遂行要領」の策定がなされ、御前会議への審議に提出されようとしていたのである。

近衛メッセージに対する回答は、九月三日、大統領から野村に手交されていた。ローズヴェルトの回答は、首脳会談に趣旨として賛成であるといいながら、根本問題について予備的討議を行う必要があると要望しており、ハルの意見が大統領を牽制したことを示している。また、同時に手交されたオーラル・ステートメントは、直接会談の前には、「四原則」すなわち、㈠一切の国家の領土保全および主権尊重、㈡他国の内政不干渉原則の支持、㈢通商上の機会均等原則の支持、㈣太平洋における現状は平和的手段によらざる限り変更せざること、を受諾されたしと述べた。それは、三国同盟条約義務の解釈および履行問題、中国における日本軍駐留問題、国際通商上における無差別原則の問題、の三点に関し、まず合意の成立が緊要であると主張するものであった。

四　九月六日の御前会議

帝国国策遂行要領

一九四一年九月六日午前十時より十一時まで、宮中東一の間において天皇親臨の大本営政府連絡会議が開かれた。議題は、三日の連絡会議において決定をみた「帝国国策遂行要領」についてである。

帝国国策遂行要領

帝国は現下の急迫せる情勢特に米英蘭等各国の執れる対日攻勢、ソ連の情勢及帝国国力の弾撥性等に鑑み「情勢推移に伴う帝国国策要綱」中、南方に対する施策を左記に拠り遂行す

一、帝国は自存自衛を全うする為対米英（蘭）戦争を辞せざる決意の下に、概ね十月下旬を目途とし戦争準備を完整す

二、帝国は右に並行して米英に対し、外交の手段を尽して帝国の要求貫徹に努む

対米（英）交渉に於て帝国の達成すべき最少限度の要求事項並に之に関連し、帝国の約諾し得る限度は別紙の如し

三、前号外交交渉に依り十月上旬頃に至るも、尚我要求を貫徹し得る目途なき場合に於ては直ちに対米英（蘭）開戦を決意す

対南方以外の施策は既定国策に基き、之を行い特に米ソの対日連合戦線を結成せしめざるに勉む

別紙には、日本の最小限度の要求事項と日本側の約諾し得る限度の事項が、それぞれ列記され

ている。まず、米英に対する最小限の要求事項は、㈠日本の支那事変処理に容喙《ようかい》し妨害しないこと、㈡極東において日本の防衛を脅かすような行為をしないこと、㈢日本の所要物資獲得に協力すること、などである。これらが受け入れられたならば、日本が約諾する事項は、㈠仏印を基地として、中国を除くその近接地域に武力侵出をしないこと、㈡公正なる極東平和確立後、仏領印度支那より撤兵すること、㈢フィリピンの中立を保証すること、などである。そして付記として、三国同盟条約に対する日本の解釈およびこれに伴う行動は、日本が自主的に行うことが記されている。

参謀本部で作成された「帝国国策遂行要領に関する御前会議に於ける質疑応答資料」によれば、「対米英戦争の見透」について、南方の要域を占領して戦略上優位の態勢を確立するとともに、南方の豊富な資源を開発して長期自給自足の経済態勢を整備し、かつ、独伊との提携によって米英の結合を破摧《はさい》して不敗の態勢を確立し、その間有利な情勢をとらえて戦争を終息に導き得る、という応答が準備されていた。

つまり、不敗態勢の確立は、ご都合主義的な仮説で成り立っていたのである。日米交渉が行われている期間に五十数回もの大本営連絡会議が開催されたが、敗北の可能性、その結果もたらされる事態の予測については、ただの一度も議論されていない。軍部の勇ましい勢いだけが会議の雰囲気を覆っていたかのようである。

御前会議での決定

御前会議の出席者は、近衛文麿首相、豊田貞次郎外相、田辺治通《はるみち》内相、小倉正恒蔵相、東条英機陸相、及川古志郎海相、杉山元参謀総長、永野修身軍令部総長、塚田攻参謀次長、伊藤整一軍令部次長、原嘉道枢府、富田健治内閣書記官長、武藤章陸軍軍務局長、岡敬純海軍軍務局長らである。

永野軍令部総長は、極力平和手段によって難局打開をはかるべきはもちろんであるが、このままの状態を継続していけば、やがて国家の活動力は低下し、遂には足腰が立たない窮状に陥ることは免れない。翌年後半ともなれば、米国の軍備は非常に進捗し対抗は困難となる。したがって、外交交渉において、帝国の自存自衛上のやむにやまれぬ要求すら容認せられず、遂に戦争を避けることができない状態に至れば、「毅然たる態度」をもって積極的作戦に邁進し、死中に活を求める策に出なければならないと述べ、開戦を速やかに決定し、先制攻撃のために作戦地域の気象を考慮して行動せねばならぬと力説した。

杉山参謀総長もまた、ある時期に至るも、外交的に目的を達成する目途なき場合は、直ちに対米英開戦を決意して、さらに戦争準備を促進することが必要である。したがって、十月上旬頃には開戦の決意をしなければならない。冬期間を利用して南方作戦を速やかに終結することができれば、明春以後北方に対しては如何なる情勢にも対処することができると信じるが、季節的好機を逸すれば南方作戦に伴う北方の防衛は難しくなると述べた。

近衛首相も、現状のまま推移すれば日本は逐次国力の弾撥性を失うと述べ、外交的措置が一定期間内に効を奏さないときは、自衛上最後の手段に訴えることもやむを得ないと発言した。

豊田外相は、日米交渉の経緯を説明し、日独伊三国同盟の条約解釈について述べた。アメリカが欧州戦争に参戦する場合、今まで我国は、直ちに参戦義務を負うようにアメリカに説明してきたが、三国条約第三条には、攻撃されたか否かは三国間の協議によって決定されること、また、第四条の専門委員会の決定は、それぞれ関係国政府の承認を経て実施することになっているなど、これらを総合すれば、これまでのように狭義に解釈をする必要はない。三国条約に対する日本の解釈およびこれに伴う実行をもっぱら自主的に行うということは、アメリカが参戦しても「日本は立たぬ」ということもできると説明した。

原枢密院議長より、「帝国国策遂行要領」を見るに、外交よりむしろ戦争に重点がおかれている感があるが、政府統帥部の趣旨を明瞭に承りたいとの質問があった。政府を代表して海軍大臣が、「外交に重点がある」と答弁し、統帥部からは誰も発言しなかった。

そこで天皇は「只今の原枢相の質問は誠に尤《もっと》もと思う。之に対して統帥部が何等答えないのは甚だ遺憾である」(『平和への努力』)として、御懐中より明治天皇の御製《ぎょせい》「四方《よも》の海皆同胞《はらから》と思ふ世になど波風の立騒ぐらむ」を詠み上げた。御前会議直前に、天皇は木戸内大臣に充分納得がいくまで質問したいと言ったが、木戸は、質問は原枢相にまかせ、陛下は外交交渉の妥結に全幅の協力をせよと警告されるのが適当と思うと進言していた。こうした事情から、昭和天皇は「帝国国策遂行要領」に対する不満の心境を、明治天皇の御製を詠むことによって、明らかにしたのである。

その後の波紋

結局、この御前会議で「帝国国策遂行要領」を決定したことは、戦争準備の歴史的な第一歩として、極めて重要な意義をもった。近衛首相は「聖慮は平和にある」ということで、御前会議の席で天皇の発言に即応し、議案を練り直すため取り下げることはできなかったのだろうか。結局これは、近衛内閣総辞職の後に「白紙還元」ということになるのだが、その時では遅すぎた。

そして、木戸はなぜ天皇に自由な発言をさせなかったのか。また、天皇に代わってなぜ近衛首相をサポートしなかったのであろうか。戦後の東京裁判での木戸の陳述では、近衛が御前会議の課題を示した際、「十月上旬頃に至るも」と期限を定めている点について、木戸は「これは戦争を誘発する原因になるから、せめてこの点だけでも修正してはどうか。また、この計画を放棄する気になれぬか」と助言したが、近衛は「既に連絡会議で定まったものだから、変更や放棄は困難だ」と答えたと証言している（『GHQ歴史課陳述録』）。

しかし、この木戸の証言を認めるわけにはいかない。なぜなら、近衛は内閣総辞職をもって阻止し、さらにその後に第四次近衛内閣を成立させて、戦争準備の第一歩を止めようと努力したからである。木戸は、第四次近衛内閣の成立を阻止して東条内閣を推薦し、開戦のための作戦準備を完整させる「帝国国策遂行要領」を改めて決定させることになった。

御前会議の行われた九月六日の夜、近衛は、陸海外三相の諒解のもとに、極秘にグルー大使と晩餐をともにし、三時間にわたって懇談した。近衛はローズヴェルト大統領との会談を強く望み、合意事項の実行にあたって困難が起こっても克服できるし、首脳会談で必ず満足し得る結果に達する自信があり、必要の際は親しく天皇の裁可を電請する決意であると力説した。

グルーは、過去において日本側の誓約がしばしば反故《ほご》にされたため、アメリカ政府はもはや日本政府の約束を信用せず、行動によって判断するほかないという心境にあると述べながらも、近衛の異常な熱意に深く心を打たれた様子だった。事実、グルー大使はこの会談の内容をワシントンに報告する際に、外交官生活を始めて以来の最も重要な電報であると冒頭に書して、首脳会談の早期実現を本国政府に強く訴えた。しかし、ハル国務長官の受け容れるところとはならなかった。

「帝国国策遂行要領」を御前会議で決定して以降、陸海軍主任者間では、「対米英蘭戦争指導要領」が審議された。閣内意見の分裂が表面化し、十月十六日、第三次近衛首相は総辞職した。後継内閣は、主戦論を唱える東条英機に大命降下された。その際、昭和天皇は東条に、九月六日の「帝国国策遂行要領」に捉われず、「対米問題に付再考すべし」と沙汰を下している。

近衛は、後継内閣の首班を東久邇宮にすることを木戸内大臣に話し、木戸から天皇に申し上げたところ天皇も同意されたので、十月十五日夜、東久邇宮を訪れて出馬を要請した。東久邇宮は、戦争を主張する東条陸相をやめさせて、日米交渉継続に賛成の陸軍大臣を新たに任命して、第四次近衛内閣を組織して、どこまでも日米戦争をさけるという所信に邁進すべきであると述べた。

近衛は大いに勇気づけられて喜び、「第四次近衛内閣」つくるとの意気込みを伝え、辞去したという。そして、そのことを木戸に相談したところ、総理自らの出馬は「我史上稀有《けう》の事」であるとして、木戸はこれを受け容れなかった。

五 「帝国国策遂行要領」の再検討

「対南方国策遂行に関する件」

東条内閣が発足すると、「帝国国策遂行要領」の再検討と具体的実行の研究が、一九四一年十月二十三日から十一月一日まで、ほぼ連日のように大本営政府連絡会議において行われた。外相に就任した東郷茂徳にとっての最重要課題は、「対米交渉を続行して九月六日 御前会議決定の我最小限度要求を至短期間内に貫徹し得る見込ありや、我最小限度要求を如何なる程度に緩和せば妥協の見込ありや、右は帝国として許容し得るや」(『杉山メモ』)であった。

会議では、アメリカの要求する四原則のほかに、近衛内閣期の日米交渉の三大懸案、すなわち、「(一)支那及び仏印に於ける駐兵及び撤兵問題、(二)支那に於ける通商無差別問題、(三)三国条約の解釈及び履行問題」を検討した。そして、東郷外相が「名実共に最後案」として策定したのが「甲案」であり、それを十月三十日の大本営政府連絡会議において提示した。中国の駐兵問題について、日中間和平成立後に北支、満疆の一定地域及び海南島は五年、その他の地域は二年以内に撤兵する案を主張したことから陸軍の猛反対を受けた。しかし、結果として二十五年の撤兵期限となったことで、初めて期限付き撤兵を陸軍に認めさせたことになった。

最終日（十一月一日）の大本営政府連絡会議では、午前九時より翌二日午前一時半過ぎまで約十七時間にわたり、参謀本部が「直に開戦を決意して作戦準備をぐんぐん進め、外交を従とするもの」として作成した「対南方国策遂行に関する件」について、白熱した議論が展開された。

対南方国策遂行に関する件

帝国は対米国交調整を断念し、国防弾撥力並戦略的地位の低下しつつある危局を打開して自存自衛を全うし、大東亜の新秩序を建設する為、直に対米英蘭開戦を決意す。其戦争発起は十二月初頭とす。右を目途として戦政諸般の準備を完整す。

対米交渉は前記の趣旨に遵い開戦企図を秘匿し、戦争遂行を容易ならしむる如く行う。

即時独伊との提携強化を図る。

特に開戦決意の日時と日米交渉の打切り期限についての協議が紛糾した。最も過激な塚田攻参謀次長は、まず決すべきは、第一に開戦を直ちに決意すること、第二に戦争発起を十二月初頭とすることであり、この二つのことを定めなければ統帥部としては何もできない。外交はこれが定まってから研究してもらいたい。外交は作戦を妨害しないこと、外交の情況に左右されて期日を変更しないこと、その期日は十一月十三日にすることを主張した。伊藤整一軍令部次長は、海軍として十一月二十日までと述べた。

東郷外相は、「外交には期日を必要とす。外相として出来そうな見込が無ければ外交はやれぬ。期日も条件もそれで外交が成功の見込がなければ外交はやれぬ。而《しこう》して戦争は当然やめねばならぬ」（『杉山メモ』）と懸命に非戦現状維持を力説した。

また、このまま戦争をせずに推移し、三年後に米艦隊が攻勢をとって来る場合、海軍として戦争の勝算ありや否や、との賀屋興宣《かやおきのり》蔵相の質問に対し、永野修身軍令部総長は、不明であり五分五分であると返答し、開戦の決意についてもすこぶる慎重な対応をみせた。しかし、賀屋が煮え切らない海軍の態度に「然らば何時戦争したら勝てるか」と追及したのに対し、永野は強い語調で「今！　戦機はあとには来ぬ」と反駁《はんばく》した（同前）。

東条首相と東郷外相はともに、外交と作戦と並行してやるのであるから、外交が成功したら戦争発起を止めることを請合ってくれなければ困ると述べた。そして、外交交渉打切り期限日が大激論となり、会議を中断して参謀本部および軍令部においてそれぞれ再検討を行った。会議が再開され、東条首相の調整の結果、㈠戦争を決意する、㈡戦争発起は十二月初頭とする、㈢外交は十二月一日午前零時（東京時間）までとし、それまでに外交が成功すれば戦争発起を中止する、との基本方針が決定され、続いて、前日ほぼ承認をみた外務省提案の対米交渉案「甲案」が討議され承認された。

切札としての「乙案」

大本営政府連絡会議において「甲案」を通過させるだけでも容易なことではなかったが、アメリカが戦争をも賭して強硬な態度を持している状況から、「甲案」が成立しない場合を考慮する必要があった。そこで東郷外相は、参謀本部提案の「対南方国策遂行に関する件」に即して、「南方のみに限定せる案」、アメリカ側に有利な条項を集めた解決案として、「甲案」にかわる「乙案」を作成し、十一月一日の連絡会議に初めて提議したのである。

以後、東郷による三項目の「乙案」が修正され、最大七項目案まで八種類が作成されるが、東郷外相はこの乙案の各種を、ワシントンでの交渉展開に応じて使い分けるというタクティックスを、野村大使、来栖大使に命じた。なお、「乙案」の各種表記について混乱を避けるために、便宜上、次のように番号を付した。

「乙案」〔①東郷三項目案〕
「乙案」〔②第四項追加案・御前会議決定〕
「乙案」〔③七項目案〕
「乙案」〔④七項目最大譲歩案〕
「乙案」〔⑤七項目最大譲歩英文案〕
「乙案」〔⑥野村宛四項目案〕

「乙案」〔⑦野村宛七項目英文案〕
「乙案」〔⑧五項目最終提示英文案〕
（※この他、「乙案」の元草案は「幣原・吉田・東郷案」、野村大使が独自にハル国務長官に提出した譲歩案は「野村私案」としている）

「乙案」①（東郷三項目案）
一、日米両国は孰《いず》れも仏印以外の南東亜細亜及南太平洋地域に武力的進出を行わざることを確約す
二、日米両国政府は蘭領印度に於て其の必要とする物資の獲得が保障せらるる様相互に協力するものとす
三、米国は年百万噸の航空揮発油の対日供給を確約す
備考一、本取極成立せば南部仏印駐屯中の日本軍は北部仏印に移駐するの用意あり
二、尚必要に応じては従来の提案中にありたる通商無差別待遇に関する規定及三国条約の解釈及履行に関する規定を追加挿入するものとす

加えられた修正

「甲案」および「乙案」において東郷が最も苦慮したのは、中国および仏印からの撤兵問題で

あったという。統帥部の代表的意見として、まず杉山参謀長の考えを示しておきたい。「若し外交うまくゆけば、準備した兵を下げることとなるが之は困る、内地から二〇万支那からもやるべき作戦をやめて兵を送っておる、兵を南洋迄出して戦争しないで退けたら士気に関す」というものだ。また、塚田参謀次長は、「南部仏印の兵力を撤するは絶対に不可なり」と繰り返し主張している（『杉山メモ』）。

中国からの撤兵については「甲案」でおおむね二十五年とされたが、東条首相は十一月五日の御前会議で、公然と次のように述べている。

惟《おも》うに撤兵は退却なり。百万の大兵を出し、十数万の戦死者遺家族、負傷者、四年間の忍苦、数百億の国帑《こくど》を費したり。此の結果はどうしても之を結実せざるべからず。若し日支条約にある駐兵をやめれば撤兵の翌日より事変前の支那より悪くなる。満洲朝鮮台湾の統治に及ぶに至るべし。駐兵により始めて日本の発展を期することを得るのである。之れは米側としては望まざるところなり。（同前）

南部仏印からの撤兵をめぐって、杉山元参謀総長と塚田参謀次長は、激しく「乙案」に反対した。援蔣行為を中止せずに仏印の兵を撤退させることは国防的見地から国をあやまることになる、資金凍結解除だけでは通商もほとんどできず、特に油は入ってこない、仏印進駐は対米戦略上または支那事変解決上重要である、というのが参謀本部の主張である。

東郷外相は、「支那問題」についてのアメリカの容喙を拒絶させることは不可能であり、そこで従来の交渉のやり方を改め「乙案」でやりたい、「甲案」では短時日に望みなしと思うと主張した。東郷の狙いは、中国問題にあえて触れず、一触即発の緊張を緩和させるため、七月二十六日以前の状態に戻す、すなわち日本軍は北部仏印に撤退し、アメリカに石油の供給と資産凍結を解除させることにあった。

東郷は自説を固持して執拗にくいさがった。熾烈な議論をこのまま進めれば、東郷の辞職によって倒閣のおそれありと判断した武藤章陸軍省軍務局長が、休憩を提案して会議は中断した。この間別室において、杉山、東郷、塚田、武藤が協議した。統帥部としては、支那を条件に加えたる以上は、乙案による外交交渉は成立しないと判断した。他方、南部仏印からの移駐を拒否すれば東郷外相の辞職となりかねない、すなわち政変ということも考えざるを得ない。その場合、次期内閣の性格は非戦の公算が多い、また、開戦決意までに時日を要することになり、この際それは許されないと決断した。

結局、統帥部は、東郷外相が強く求めた南部仏印からの即時撤兵の要求に譲歩しながらも、「乙案」〔①東郷三項目案〕に「四、米国政府は日支両国の和平に関する努力に支障を与うるが如き行動に出でざるべし」との一項を加えることを東郷に認めさせた。

こうして「対南方国策遂行に関する件」に修正が加えられ、「甲案」および新たな「乙案」〔②第四項追加案・御前会議決定〕を含む「帝国国策遂行要領」が、大本営政府連絡会議において決定された。日米交渉の結末は後述するが、皮肉にも統帥部が予想した中国問題を加えることで、

「乙案」による交渉は成立しないという判断が的中した。

東郷外相が辞任を賭して「臥薪嘗胆」（現状維持）を貫き、あるいは自説の「乙案」（①東郷三項目案）を固持していれば、日米国交調整の可能性にわずかの光明を見出しえたかもしれない。

六　来栖大使への極秘指令

「乙案」の原点

ところで、日米間の緊張緩和を図るための日本側提案「暫定協定案」的素案は、すでに豊田外相のときに作成されていた。第三次近衛内閣の末期、荻外荘（近衛の私邸）で行われた五相会議（十月十二日）、閣議（十月十四日）で豊田外相は、中国の駐兵条件を譲歩すれば交渉成立の目途があることを説明し、仏印における兵力増強は交渉成立を妨害していると主張していた。

豊田の考えは「日米交渉に関する外務大臣所信」（十月十三日）としてまとめられており、㈠仏印に対する増兵を停止し、南方への武力的進出の疑惑をうけるような行動を一切行わないこと、㈡撤兵・駐兵問題について、日中間に和平成立後は直ちに撤兵を開始して、遅くとも二年以内に撤兵を了し、北支・蒙疆の一部および海南島に平和回復後五年間駐留する、しかし、支那事変終結の時より遅れることはないこと、などが盛り込まれていた。こうした豊田の「所信」は、次期外相の東郷茂徳に伝えられていた。それが、「甲案」および「乙案」の作成に結びついている。

また、近衛内閣の末期、吉田茂元英国大使は幣原喜重郎元外相と接触し、吉田・クレーギー、幣原・グルーのラインを使いながら局面打開策を模索していた。「乙案」の原案はこうした中から生まれたものであるというが、豊田の「所信」が、吉田、幣原らとの接触によって作成されたものかは不明である。ともかく、幣原は近衛首相と会見し、日米交渉での新提示案を起草し始める。

ところが政変が起り、近衛内閣の総辞職となってしまった。そこで、幣原が局面収拾の方策として立案したものを、吉田が内々にクレーギー大使の賛意を得て東郷外相の所へ持参した。そして東郷がこれに若干の修正を加えたという。

幣原自筆の三枚の便箋にしたためられた英文草稿の幣原原案に、吉田と東郷が加筆した痕跡を伝える「乙案」の原案と称される文書が、東郷家に所蔵されている。その全英文が、東郷茂彦『祖父東郷茂徳の生涯』に掲載されている「日米（英）共同宣言（草案）」と題する文書である。それは、㈠日米（英）は、一般的平和維持に関心を持っているが、特に東南アジア（インドシナ・タイ）と南方地域の政治的、軍事的侵略支配のいかなる影響も与えないことを宣言する、㈡さらに、両国（三国）は、良き相互理解者として、それぞれに悪影響を与えるような反則的活動を抑制することを宣言する、という二項目からなっている。

来栖が携行した「乙案」

御前会議決定を待たず、前日の十一月四日、東郷外相は野村大使に大至急暗号電報を宛て、大本営政府連絡会議決定の「帝国国策遂行要領」を伝え、交渉の破綻は開戦を意味することを喚起した。しかし、野村大使に訓電された「乙案」〔⑥野村宛四項目案〕は、備考部分から、南部仏印駐屯中の日本軍を北部仏印に移駐する記述が削除されていた。野村大使はこの重要な譲歩を知らされなかったのである。

恒例になっている伊勢神宮への大臣親任報告を終えて、十一月三日夜十一時半に帰京した東郷は、四日の午前二時、来栖三郎を三年町の外相官邸に呼び、野村大使応援のためワシントンに急行してほしいと要請した。

米国の態度は、依然執拗強硬で何等妥協の態度を示さず、一方米国の経済圧迫は益々その重圧を加えてくるので我国としても何とか思切った打開策を講じなければならない羽目に追込まれてきているし、万一に備える我方兵力の展開も、早晩表面に顕われてくるだろうから、そうなれば日米交渉は一層困難になるのは必定で、日米の国交は、既に危殆に瀕したといわなければならない客観的状勢にある。

(『泡沫の三十五年』)

東郷は、このように急迫した現状を述べた上で、具体的交渉打開策として、「最後案」として練り上げた「甲案」および「乙案」を説明し、畢生《ひっせい》の努力を依頼した。

南部仏印兵力の北部移駐は「交渉の駆引上最後の切札」として温存し、野村大使へ電報することを差し控えているという事情と、交渉の手順について、来栖は念入りに説明を受け、御前会議決定案および東郷外相から受けた説明文書を全部携行した。

来栖が携行した「乙案」は四種類と思われる。それは、先述の「乙案」（②第四項追加案・御前会議決定）（十一月五日御前会議決定「乙案」と同文）、その②の「備考」部分を本文中に移し、「五、平和確立後仏印から日本軍を撤退させる」「六、通商の無差別原則の承認」「七、日独伊三国同盟条約の解釈及び義務履行は日本が自主的に行う（自動的参戦義務を負わない）」と七項目に整理して、備考に「日本政府は本了解成立せば現に南部仏領印度支那に駐屯中の日本軍は之を北部仏領印度支那に移駐するの用意あることを闡明《せんめい》す」という文章だけを残した「乙案」（③七項目案）（第一項から第四項までは②と同文）、さらに③の備考として残した文章を本文中第五項に加えた「乙案」（④七項目最大譲歩案）、それに④の英訳文である「乙案」（⑤七項目最大譲歩英文案）で、これがアメリカと取り交わす最終的調印書案といえるものである。

東郷外相としては、来栖大使を派遣して直接ローズヴェルトに、「最後の切札」としての「乙案」を手交させ、南部仏印からの撤兵という思い切った最大限の譲歩を示し、そのインパクトによって従来の交渉の閉塞感を一掃する狙いがあり、そこに来栖特派大使へ与えた極秘指令の要点があった。それはあまりにも複雑かつ微細な指令であり、東郷外相の几帳面さを表すものであった。

交渉開始

十一月五日に開催された御前会議では、十一月一日の大本営政府連絡会議で決定をみていた「帝国国策遂行要領」が、そのまま承認された。同日、東郷外相は野村大使に、日米交渉対案「甲案」および「乙案」が御前会議で正式に決定をみたことを告げ、「甲案」による交渉開始を指示するとともに、「甲案」にアメリカ側が難色を示した場合、「乙案」を提示する意向であるが、その場合には必ずあらかじめ請訓ありたいと注意し、また、交渉妥結の調印期限を十一月二十五日までと伝えた。

野村大使は、東京のグルー大使に手交される「甲案」および「乙案」の英文との間に用語その他の相違を避けるため、本省からの英訳文の送付を要請したが、どういうわけか「甲案」の英訳は送付されず、ワシントン大使館において英訳され、それに基づいて交渉が開始された。当然これは、暗号解読防止に関連していると想像される。

一方で、戦局も大きく動き出そうとしていた。南方軍の戦闘序列が十一月六日に下令され、総司令官に寺内寿一が親補《しんぽ》されると同時に、南方要域攻略準備の大命が下され、いよいよ本格的な作戦準備が実施された。

ワシントンでも大きな動きがあった。東郷外相からの訓電に接した野村大使は、十一月七日、ハル国務長官と面談し「甲案」を提出した。そして、十一月十日、野村大使はローズヴェルト大統領と会見して、「甲案」を読み上げ、米側が大局的見地から日本側の最終案に同意することを要望した。これに対してローズヴェルトは、日本側が中国および仏印から撤退することによって誠意を示すべきと求め、また、ハル国務長官は先の四原則とあまりにかけはなれているとして、日本の提案に関心を示さなかった。

十一月四日付の「甲案」および「乙案」〔⑥野村宛四項目案〕の暗号電報はもちろん、交渉期限が十一月二十五日であることを伝えた暗号電報も、すでにアメリカ側は解読していたのである。

七　日本譲歩案と硬直姿勢のアメリカ

来栖の着任と「甲案」による交渉

来栖大使がワシントンに到着する直前、一九四一年十一月十五日、東郷外相はアメリカ側に提出する案として、全七項から成る英訳文の「乙案」〔⑦野村宛七項目英文案〕を野村大使に送付した。これは、来栖に与えた「乙案」〔③七項目案〕の英訳文である。したがって、南部仏印駐屯中の日本軍を北部に移駐する用意があるという備考部分については、依然として野村大使に伝えられなかった。

十一月十七日、来栖大使と野村大使は、まず「甲案」についてハル国務長官および大統領との会談を行った。ローズヴェルト大統領は、日米間に「一般的諒解」を遂げれば局面を救済し得ると述べ、来栖大使は「一般的了解」の協定を結ぶに当たって、これを三国同盟条約といかに調和すべきか、また、中国問題に対する日本の従来の主張といかに調和するかという問題が生ずるだろうが、日本としては同盟条約の義務に違反することはできぬが、常に国際条約の尊重を主張するアメリカには理解できるはずで、本来三国同盟条約は戦争不拡大、平和保持を目標とするものであるから、この点から当然何らかの調和点を見出し得ると考えると主張した。

中国問題について、来栖大使は「米国がその条件にまで立入り、恰《あた》かも中国側を支援するが如き気勢を示す限り、到底中日間に妥協を求めることは六ケ敷《むつかし》」と述べた。これに対して大統領は、中国問題で撤兵の困難なことは聞いている、また、日中間に干渉も斡旋もする意思はない、「米国が中日両国の間に『紹介者』(introducer) となったらばどうであろうか、紹介者は双方を引合せるだけで、話の内容にまで立入る必要はないではないか」と応答した。

次に来栖大使は、三国同盟条約問題に言及した。三国同盟条約の義務履行について、日本独自の見解によって決すると申し入れたことを、アメリカの一部では、日本が自国の都合の好い時を選んで、背後から米国を刺す意味だと解していると聞いたが、これこそ甚だしい曲解だと主張した。そして、大統領が示唆した「太平洋一般協定」ができれば、三国同盟条約は自然光輝を奪われる (outshine) ことになるであろうから、三国同盟条約適用の問題は自然氷解すると思うと強調した。

しかし大統領も、ハル長官の主張と同様、ドイツによるイギリスへの攻撃や中南米への脅威に危機感をもっていた。来栖はこれに応酬して、「日本はかねてから太平洋の平和成立後は仏印から撤兵すると言明しているのであるから、問題の仏印撤兵も実現し、米国側が常に希望せらるる、日本の平和的政策を米国民に対して現実に立証するということも出来ると思う」と述べ、第一回目の会談が終了した。

議論は翌日国務省で続行されることになった。後日、来栖大使は、「この時ハル長官の申出に応じて、大統領の話の直後にそのまま国務長官との会談を継続しなかったことを後悔」したという(以上、『泡沫の三十五年』)。

閉塞感に満ちた交渉

来栖としては、交渉のタクティックスとしても、第一回大統領会見という「心理的瞬間」、タイム・リミットのことなども考え、事態の急迫と新しい打開策をアメリカ側に強く印象づけ、交渉の急速妥結を促す絶好の機会で、その会談の勢いを、翌日に延ばしてしまったことを悔いた。そして、十八日以降は、主として国務省での会談となった。

十一月十八日、日本海軍連合艦隊はそれぞれ単艦で、密かに単冠湾《ひとかっぷ》に向かって結集を始めた。その日の野村来栖両大使・ハル長官会談では、三国同盟条約についての議論が三時間にわたって交わされた。ハルは、日本が三国同盟によってヒトラーと手を結んでいる限り日米関係の調整は不可能であり、これを除去しない限り日米間の話合いを進めることはできない、との基本姿勢を固持した。そして、かりに今の状態で協定を結んでも、ちょうど現在の日ソ関係のように、双方常に武力を増強して対峙を続け、相互に軍事費を累積してゆくのでは、何のためにもならないと主張した。

こうしたハルの主張から、来栖大使は、要するにアメリカが今最も重きを置いているのは、交渉の三難問中、日独伊三国同盟条約の解釈問題であったと認識していたようである。来栖大使が、三国同盟条約は武力による国勢拡大を趣旨とするものでなく、むしろ戦争不拡大、平和保持を目標とするものであると説明すると、ハル長官は、それならばその趣旨を実際に示すべきであると突っ放してくるという有様で、「日米交渉の癌《がん》でもあり結局日本自身の癌にもなった三国同盟を中心に、双方押問答を重ねることになってしまった」(『泡沫の三十五年』)。そうした閉塞状態の中で、和戦の岐路に立たされた野村大使から重大な私案が提示されたのである。

現実的合理性のある野村私案

野村私案というのは、「この際、日本が南仏印より撤退し、アメリカが凍結令(資産凍結)を解除することにより、凍結令前の事態に復帰して、ひとまず緊張緩和を図ってはどうか」、と示唆したものである。高遠な理想論を闘わすことはしばらく措いて、さしあたり緊張した空気を緩和することが必要であると思う。両国間の空気を緩和すれば、シンガポールに軍艦を送ったり、フィリピンの防備を強化したりする必要もなくなるであろうから、その上で話を進めようではないかという趣旨であった。

野村私案は、来栖が極秘指令として東郷外相から受けていた御前会議決定の「乙案」②を、さらに狭くして問題の焦点をしぼったもので、出先としては思い切った提案である。この案にハルは、日本政府の首脳がどこまでも平和政策に徹することを明白にするならば、それを機縁として英蘭をも説いて、凍結令実施前の状態に復帰することを考慮してさしつかえない、というところまで折れた。

アメリカ側は日本との協定成立を望み、日中間の「紹介」に相当な熱意を持っているとの感触をえた野村と来栖は、この際残された唯一の方法は、この日の会談で野村大使の提出した案に、日本政府の承認を求めるほかないと思われたという。

そこで、直ちにその可否を請訓する十一月十八日付電報が、来栖大使意見電として東郷外相に打たれ、七月二十四日以前の状態復帰の対価として、あらかじめ南部仏印撤兵開始の誠意を示す覚悟ありたしと要請した。野村大使からも、「乙案」提出に先だち、さしあたり凍結令解除および物資獲得を主眼とする実質的妥結を試みることの請訓電報が打たれた。

しかし東郷外相は、直ちにこれを拒否するとともに、「我国内情勢は南部仏印撤兵を条件として、単に凍結前の状態に復帰すと云うが如き保障のみにては、到底現下の切迫せる局面を収拾し難く、少くとも乙案程度の解決案を必要とする」と述べ、「当方と事前の打合せなく貴電私案を提示せられたるは、国内の機微なる事情に顧み遺憾とする所にして、却って交渉の遷延乃至不成立に導くものと云うの外なし」と批判し、野村・来栖両大使の外交姿勢を厳しく叱責した（「外務省外交史料館記録」）。

東郷「乙案」と野村私案

東郷は、「貴電私案の如き程度の案を以て、情勢緩和の手を打ちたる上、更に話合を進むるが如き余裕は絶無なり」（「外務省外交史料館記録」）と、野村私案を一蹴したが、東郷の「乙案」〔①東郷三項目案〕と野村私案とを比較した場合、東郷が「切り札」として「乙案」の備考に掲げた「南部仏印より撤兵」の譲歩によって、資産凍結前の状態に復帰させる暫定協定を成立させるという考えにおいては、野村私案と全く一致する。

しかし、大本営政府連絡会議および御前会議決定の「乙案」〔②第四項追加案・御前会議決定〕は、軍部に屈して第四項として、中国問題にアメリカが介入しないとの条件が加えられた。それは、アメリカの援蔣行為停止をも意味するものであるが、国務省の最も拒否するところである。頑な国務省の基本原則を東郷が予測できなかったはずはなく、極めて不可解な東郷の判断であったが、軍部の反対をそらし日米交渉を繋ぎ止めることと、アメリカに対して中国問題よりは南部仏印からの撤兵の方がより妥協条件として効果があると踏んだのであろう。

参謀本部は、この「乙案」〔②第四項追加案・御前会議決定〕が拒否されることに確信を持っていた。むしろ、野村私案のように、あるいは東郷の原案である「乙案」〔①東郷三項目案〕のように、あえて中国問題に触れず、ともかくも十一月二十五日期限を先延ばしにしながら、統帥部の開戦計画を次年に、という形で三ヵ月の暫定期間を得たならば、あるいは戦争回避に繋がる可能性があったのではないかと思われる。野村私案は、日米交渉妥結の可能性を充分そなえていたと評価できる。

近衛前首相は、軍部中堅層を抑えて、中国からの撤兵問題をローズヴェルト大統領とのトップ会談で決定し、天皇の勅裁を仰いで一気に国交調整を行おうとしたが、東郷にはそうした思い切った決断がなかった。東郷もまた東条内閣の閣僚の一員として、開戦への激流に飲み込まれていった。

八　日米交渉の破綻

「乙案」による交渉の限界

一九四一年十一月十五日、東郷外相が野村大使に宛てた「乙案」〔⑦野村宛七項目英文案〕は、来栖が本国で説明を受けた「乙案」〔③七項目案〕〔備考削除〕ということになるが、その内容は次のようなものである。

㈠日米両国は仏印以外の南亜細亜及び南太平洋に武力的進出を行わないことを確約する。

㈡日米両国は蘭印において必要とする物資の獲得が保障されるように相互に協力する。

㈢日米両国は通商関係を資産凍結前の状態に復帰し、米国は所要の石油の対日供給を約す。

㈣米国政府は日支両国の和平に関する努力に支障を与える行動に出でざるべし。

㈤日本政府は日支間の和平が成立するか太平洋地域に公平な平和が成立する上は、仏印に派遣された日本軍を撤退することを約す。

㈥日本政府は無差別原則が全世界に適用されることで、太平洋全地域及び中国においても本原則が行われることを承認する（通商の無差別原則の承認）。

㈦日米両国は防護と自衛の見地より行動すべく、また米国の欧州戦参入の場合に日独伊三国条約に対する日本国の解釈及びこれに伴う義務の履行は自主的に行う。


東郷外相は、十一月二十日、「乙案」〔⑦野村宛七項目英文案〕の第六項の通商無差別原則問題、第七項の三国同盟条約問題を削除させ、第五項に今まで極秘に温存してきた「最後の切札」である新提案、すなわち「日本政府は本了解成立せば現に南部仏領印度支那に駐屯中の日本軍は之を北部仏領印度支那に移駐するの用意あることを闡明す」という文面の英文を加えて、「乙案」〔⑧五項目最終提示英文案〕としてハル国務長官に手交するよう訓令した。最終的にアメリカ政府へと提出されたこの案が、野村の著した『米国に使して』に掲載されている。

これで野村大使は、来栖大使が携行した最終調印書案である英文「乙案」〔⑤七項目最大譲歩英文案〕の全貌を正式に知ることになった。そして同時に、野村大使は東郷外相より第四項について、「米国の援蔣行為停止をも意味するものと御含み置あり度し」との注意を受けた。中国との和平問題、とくに撤兵・駐兵問題にアメリカの容喙を許さないとする統帥部の主張を意識して、東郷外相は最後まで交渉条件の中から第四項をはずさなかったのである。

東郷外相は、切迫した交渉期限を前にして、あまりにも機微な交渉の駆け引きにこだわりすぎた。ワシントンの交渉担当者を混乱させるとともに、相手国アメリカの暗号解読とも関連して、来栖、野村両大使に対するハルの不信感を増長させることになったと言わざるを得ない。それにしても、東郷がせっかく用意し来栖に携行させた「乙案」〔七項目最大譲歩英文案〕を、自ら中止した理由は国内の状況変化によるものか判然としない。

東郷のタクティックス

十一月二十日、野村・来栖両大使とハル長官との会談において、野村は英文「乙案」〔⑧五項目最終提示英文案〕を読み上げた。直ちにハルは、第四項の援蔣行為停止の要求に非常な難色を示し、三国同盟に関する従来の非難を繰り返し、「日本の政策が平和に向うこと明確にせられざる限り、援蔣政策打切の困難なること恰も英国援助を打切るが如きものなり」と反駁した。

野村私案の後に、正式に日本提案として示された「乙案」〔⑧五項目最終提示英文案〕は、通商問題、三国同盟問題にも触れることなく、また、第四項の援蔣行為停止要求のため、日本側が交渉成立に対して熱意なきものとアメリカは見なした可能性がある。

「対南方国策遂行に関する件」に謳われた戦争目的の、「自存自衛を全うし、大東亜の新秩序を建設する」こと、そのために「即時独伊との提携強化を図る」ことは、「乙案」〔⑦野村宛七項目英文案〕の第六項の通商無差別問題および第七項の日独伊三国同盟解釈問題と全く相矛盾するものであった。

そこで東郷外相は、開戦ともなればアメリカ側から公表されることになるであろう日本の最終提案から、第六項および第七項を外しておき、日米開戦後の独伊との連携に配慮したのである。そして、一方では日米交渉妥結の確証を得た段階で、最終調印案に「追加挿入」して「乙案」〔⑤七項目最大譲歩英文案〕にしようとした。

こうした苦悩に満ちた繊細ともいうべき東郷の外交のタクティックスを、今日我々はどう評価すべきであろうか、極めて難題である。

来栖大使の第二の奇策

さて、来栖には、東郷外相から与えられた南部仏印からの撤兵に関する極秘指令の他に、胸中に秘めた第二の奇策があった。

その奇策というのは、日独伊三国同盟条約の義務履行についてである。アメリカが欧州戦争に参加した場合に、アメリカは攻撃を受けて参加したものであるか否かを解釈するのは日本が自主的にやるのであって、他の締約国の解釈に拘束されるものではない。そうしたことを説明した無署名の書面を用意し、これをハル国務長官に内示し、もし日米交渉が促進されると認めるならば、来栖は直ちにその書面に署名して手交しようという案であった。来栖としては、ハルが主張する「米国の英国援助は自衛措置である」ことに理解を示したことになる。

そこで、十一月二十一日、来栖大使が単独でハル国務長官と会談した。ハルより「親善裡に太平洋協定」を結び、三国同盟がこの協定の実施を妨げないことを明らかにするよう提案がなされたとき、来栖は日米諒解が成立すれば、三国同盟は「アウトシャイン（outshine）」されると発言した。ハルが「頗《すこぶ》る妙案」であると述べて特別の興味を示したため、事前にしたためて持参した無署名の書簡を、迷わず来栖は提示した。

来栖は、実に重大なこの行動を東郷外相には報告していない。これほどの行為を独断できた背景には、三国同盟調印の当事者であるという理由が存在する。そうした来栖を東郷外相が特使として派遣したことは、三国同盟問題対処にも十分配慮していた証左になろう。

十一月二十二日、野村・来栖両大使とハル国務長官・バレンタインとの会談で、ハル国務長官は関係国（ハリファックス英大使・ケイシー濠公使・ルードン蘭公使・胡適《こてき》重慶大使ら）代表との間で、日本側が提示した交渉条件中、各国に関係ある部分につき協議を行い、二十四日までに回答を得ることになっていることを知らせるとともに、南部仏印駐屯の日本軍隊を北部移駐する程度では不充分であることを主張し、援蔣行為打切りに関しては強硬に拒否した。

東郷外相は、「乙案」⑧が「帝国政府の最終案にして絶対に此の上譲歩の余地無く、右にて米国の応諾を得ざる限り、交渉決裂するも致方なき次第」であると伝え、日本の期待するところは、単に日米貿易の回復や資産凍結令実施前の状態へ復帰させるに止まらず、「乙案」②の四項目全部であり、援蔣行為停止は、蘭印物資確保およびアメリカの対日石油供給とともに絶対不可欠の要件であることを、再度アメリカに要求するよう野村・来栖両大使に指示した。

東郷外相は交渉の駆け引きに終始し、最終的調印文書案である「乙案」⑥を最後までアメリカ側に提出しなかった。したがって、正式文書として手交されたのは「乙案」⑧ということになり、そこには通商無差別問題、日独伊三国同盟についての記述はない。

九　アメリカの「暫定協定案」

連合国側の協議

一九四一年十一月二十二日の日米会談終了後、ハル国務長官は四ヵ国各代表を招集して、最終段階に到達した日米交渉の現状および日本側「乙案」を説明し、アメリカのとるべき措置について国務省作成「暫定協定案」の大体の骨格を内示し了解を求め、それぞれ本国政府に照会するように要請した。

このとき日本は、アメリカの「暫定協定案」を傍受解読し、㈠アメリカは石油と米を供給し、少し後に経済関係を再開すること、㈡日本は、インドシナ、満州の国境、南方（蘭印・タイ）のいかなる場所にも軍隊を派遣しないこと、㈢アメリカがヨーロッパ戦争に参戦しても、日本は三国同盟の義務を負わないと合意すること、㈣アメリカは日中間の話し合いの紹介者となり、日中の話し合いには関与しない、という内容を知ったという。

イギリス、オーストラリア、オランダの三代表は、もし大きな代償を払わずに日本軍を仏印から撤退させることができるのなら、基本的に賛成であるとの態度を示した。問題となったのは中国代表胡適大使の発言である。ハルによれば、暫定協定案はビルマ・ルートに対する日本の攻撃を抑止することになるが、胡適は、三ヵ月の期間中に日本は中国を攻撃しないと約束するのかと詰問した。ハルはそれを否定して、その問題は次の段階であると答えたという。また、ハリファックス英国大使の報告によれば、胡適中国大使の反対理由には、㈠この案では、日本は対中国戦を自由に遂行することができる、㈡中国は日本に対する経済的圧迫を重視しているので、この段階での大幅な解除に賛成できない、という二点があったという。

イギリス本国においては、イーデン外相もアメリカ案に厳しい批判を行っている。仏印からの日本軍の撤退は、陸・海・空のすべてであること、中国に対する進攻作戦の中止のみならず、東南アジア、南太平洋、ロシアをも侵攻中止の対象とすること、また一方的対日輸出の緩和に厳しい制限をつけた。

中国案に集まる支持

十一月二十四日、ハル国務長官は再度四ヵ国代表を招集し、各代表に日本に渡すべき協定案を示すと、胡適大使はハルの提示した案について厳しくかつ執拗に反対し、北部仏印に残留する日本軍の二万五千は、五千に削減すべきだと主張した。これに対してハルは、マーシャル将軍が二万五千の兵力は脅威ではないとしていることや、海軍も陸軍も「時間かせぎ」、すなわち暫定協定によって対日戦の準備を整えることの方が、最優先の課題であると強調した。

しかし、オランダ公使のほかはハルの見解を支持しなかった。ハリファックス大使はアメリカ側の方針に批判的で、日本が進撃しないと保障する対象のなかにロシアがはいっているのか、ビルマ・ルートはどうなのかとハルに質問し、中国の提案を支持した。ハルは、こうしたハリファックス大使の言動をローズヴェルト大統領に伝え、大統領よりチャーチル首相に同日のうちに親電を打ち、アメリカの対日暫定案に了解を求めた。

アメリカの暫定案が重慶の蔣介石のもとに知らされると、アメリカは中国を犠牲にして日本と妥協しようとしていると非難し、蔣介石はワシントンの宋子文を通じて、スチムソン陸軍長官、ノックス海軍長官へ親電を送り、直接抗議した。チャーチルも蔣介石の立場を考慮するようローズヴェルトに求め、「もし中国が崩壊すれば我々の共同の危険は著しく増大する」との判断を示した。

十一月二十五日、ローズヴェルト大統領は、ハル国務長官、スチムソン陸軍長官、ノックス海軍長官、マーシャル参謀総長、スターク軍令部総長をホワイトハウスに招集して「軍事会議」を開催する。ついにハル国務長官は、三ヵ月を期限とする「暫定協定案」の提出を断念した。

ハル・ノートの発出

十一月二十五日夜、アメリカの基本的な姿勢を示した原則案「オーラル」、日米開戦をとりあえず回避しようとする「暫定協定案」、そして「十ヵ条提案」ができあがった。このうち「暫定協定案」は外され、「オーラル」および「十ヵ条提案」から成る、いわゆるハル・ノートが十一月二十六日、野村・来栖両大使に手交された。この日、ハワイ作戦機動部隊は単冠湾を出港した。

ハル・ノート発出の目的については、今なお諸説混沌としている。その中で最も有力な説は、蔣介石の工作であるとされてきた。しかし、チャーチルがアメリカに石油禁輸措置をとらせた工作こそが、日本を戦争へ導く誘引となり、ハリファックス大使が国務省に働きかけ、また、議会の中立ムードを変え、その背後でイギリスの諜報・工作機関（British Security Coordination）が実行部隊となったとの見解もある。

だが、直接的理由としては、日本軍がタイへ進駐しようとしている動きにアメリカ側が強い危機感を募らせたことによるものと推測される。十一月二十五日、タイのピブーン首相はクロスビー英国公使を相手に、タイが侵略を受けたら英米が対日宣戦を布告することを英米共同により声明するよう要請した事実もある。「暫定協定案」およびその後のハル・ノートでも、日本軍のタイ国進駐を禁止していた。したがって、タイに対する日本軍の行動がアメリカ側をして、来栖大使派遣を「戦争準備を進めんが為講したる謀略的手段なり」といわしめたと考えられる。

野村・来栖の両大使は、開戦後の一九四二年八月二十日、第一次日米交換船浅間丸で帰国する。翌日、帰朝報告のため宮中に参内して天皇に拝謁した後、両大使同時の御進講が行われた。主として野村大使が上奏したが、その内容は「野村大使　言上書」によって知ることができる。

そこに記された重要な二点を指摘しておきたい。第一は、アメリカ側が日本側の暗号電報の解読を行っていたことを示唆する情報である。第二は、ハル・ノート発出の理由について、大統領と国務長官の発言から考察して次の四点をあげていることである。㈠根本的方針（ハル四原則）が一致しなければ一時的解決（暫定取極の意）も結局無効となる。日本の十一月二十日付提案については五日間審議し関係国とも協議したが、遺憾ながら同意し難い。㈡中国を犠牲にする勿れとの米国世論と、日本側の非平和的世論とに鑑み、本案を止むを得ず提出するに至った次第である。そして南京政府（汪兆銘政権）は到底中国統治の能力なしと認める。㈢ハル・野村会談中日本軍の仏印進駐があり冷水を浴びたが、今度第二回の懸念がある（タイ国を指す）。なお日本が仏印に増兵すれば、ますます各国の兵力を南方に牽制することとなる。㈣一方に三国同盟を堅持しつつ、他方米国と話合を取りまとめようとするも、これは米国世論の承服できない所である。

以上の四点のうち、㈢の理由が最もアメリカを硬化させ、「暫定協定案」の中止に繋がったといえる。ローズヴェルトは、日タイ軍事提携の情報および日本の輸送船団が大挙して海南島から南下を始めているという情報を得ていたのである。

一九四一年十一月二十八日、東郷外相は閣議において「対米交渉の経過及び将来」を報告したが、ハル国務長官の回答について、「従来我方の主張とは雲泥の相違あり、且四月以降半才余に亘る彼我の交渉経緯を全然無視せる傍若無人の提案を為し来れり」（「外務省外交史料館記録」）と非難し、もはや日米交渉の妥協は絶対不可能と判断した。これを受けて東条首相は、外相の説明の如く、いよいよ望みなき状態となり、この上は御前会議決定（十一月五日）に基づき武力解決となるが、なお慎重を期すため十二月一日に御前会議を開催することを告げた。日本の開戦の決断には、最後まで苦渋が伴っていた。

クレーギー報告書

本章の最後に、太平洋戦争の回避は可能であったとする、クレーギー駐日大使の報告書を紹介しておきたい。クレーギーは、アメリカ政府の日米交渉のやり方、そしてそれを黙過したチャーチルやイーデン外相について批判的であった。一九四二年二月四日、クレーギーはチャーチル宛てに、次のような報告書を提出した。

もし、暫定協定案について何らかの妥協が成立し、三カ月の猶予期間が得られたとするならば、季節風の条件で日本軍のマレー上陸作戦は困難になっただろう。また独ソ戦の様相も変化する。対独潜水艦作戦の成功といった新しい要素も加わり、日本政府が対米戦の決断に達することは極めて困難になるだろう。

（「イギリス国立公文書館記録」）

これに対してチャーチルは激怒し、この報告書は「誠に適切さを欠く奇怪な文書である」と反論した。「日本がアメリカを攻撃し、そのためアメリカが国を挙げて勇躍参戦してきたことは、まさに天の恵みであった。大英帝国にとって、これ以上の幸運はそうざらにはない。日本の対米攻撃は、いずれが我が国の友であり敵であるかを、白日のもとにさらした」というのがチャーチルの認識であった。

チャーチルはクレーギー報告書を厳秘に付すよう命じ、その後、ようやくこれが公開されたのは一九七一年のことである。

本章で見たように、日米交渉における妥協の機会は二回あった。しかし、日本では首相権限の及ばない統帥部が決定した「帝国国策遂行要領」を打ち消すこと、また、一旦国是とした南進を軌道修正することができなかった。一方アメリカは頑なに四原則を主張し、急速に経済成長するアジアの変化に理解を示さず、ワシントン体制の現状維持に固執しすぎた。

つまり、日米交渉の破綻は二国間だけの問題ではなく、むしろ欧州の戦況とアジアの植民地支配の問題に対処できなかった結果なのである。

第六章
戦時下の日独ソ関係と対中政戦略

一　日独伊三国同盟と日ソ中立の変容

ソ連による対日参戦の兆候

日米開戦後、早期終戦の実現のために、日独伊三国同盟条約、日ソ中立条約の意義が問われ直される。本章では、ソ連のしたたかな外交に対抗する佐藤尚武駐ソ大使の努力、重光葵外相の日中対等関係の新方針、「繆斌《みょうひん》工作」をめぐる小磯国昭首相と重光外相との対立、ヤルタ会談情報に耳を傾けない外務本省の問題などを探る。

一九四一年十一月二十二日および二十八日の二日間にわたり、東郷茂徳外相・スメターニン駐日大使の会談が行われた。

東郷は日ソ中立条約の遵守を確認し、ソ連は第三国との間に日本に対抗する結果となるような協定を締結しないこと、かつ第三国に軍事基地等の利用を許与しないことに変更はないものと考えると発言。スメターニンもこれを認めたが、本国へ照会のうえさらに権威あるソ連政府の回答をしたいと返答した。十二月一日になって、スメターニンは本国政府の委任によるとして、「ソ連は日ソ中立条約を侵犯せんと考え居らず（……）勿論右は日本が中立条約の義務を遵守することを条件とするものなり」（『外交資料――日「ソ」外交交渉記録ノ部』）と、東郷に正式回答を伝えた。

十二月七日（ハワイ時間）、日本連合艦隊は真珠湾の太平洋艦隊を攻撃し、大打撃を与えることに成功した。ローズヴェルト大統領はただちに日本に対して宣戦を布告すると、ヒトラー総統はアメリカに宣戦布告し、ここに至ってアメリカはヨーロッパでも太平洋でも戦争状態に突入したのである。まさにスターリンが望んだシナリオが始まり、アメリカの参戦によって日本のソ連攻撃が遠のくことを意味した。

十二月八日、東郷外相はスメターニン大使に、対米英宣戦を通告するとともに、ソ連の中立条約遵守の態度につき念を押し、翌日、ヴィシンスキー代理は建川美次大使へ、日本が中立条約を守る限りはソ連もこれを守ると言明した。日本は、表面上、日ソ中立条約関係を維持したまま、太平洋戦争に突入したのである。

アメリカが日本に宣戦布告した翌日、ローズヴェルト大統領とハル国務長官は、新任のリトヴィーノフ駐米ソ連大使に、ソ連の対日参戦を要請した。モロトフ外務人民委員は、ソ連はドイツとの戦争に全精力を集中しなければならないときであり、また、日本との間の中立条約に拘束されているため、直ちにアメリカの要請に応ずることはできないと回答するよう、リトヴィーノフに訓令している。

しかし一方では、その十日後、スターリンはソ連を訪問したイーデン英外相との会談で、ソ連は将来日本に対する戦争に参加するであろうと述べている。さらに、ヨーロッパから極東に兵力を移動させるには四ヵ月が必要であると具体的な説明をしたうえで、ソ連が対日戦争に参加するためには、日本に中立条約を破棄させるようにもっていくことが得策であるとも述べたのである。

また、十二月末には、外務副人民委員のロゾフスキーが、スターリンとモロトフに対して、戦後のソ連外交方針についての報告を送っている。この報告は、第一に、戦後の世界の根本的な対立は、ソ連と資本主義諸国との間の対立であり、第二に、ソ連にとって最も重要な課題は、安全保障であるとしていた。日本に関しては、ソ連の安全保障の観点から、宗谷海峡、クリール諸島(千島列島)、津軽海峡を自由に航行することによって、太平洋への出口を確保することが最も重要であると指摘していた。

つまり、ドイツ軍がモスクワ郊外にまで迫って、モスクワの運命すら危機的状況と思われていた時期に、スターリンと外務人民委員部の高官は、戦後ソ連の安全保障の観点から対日政策を構想し、スターリン自身は日本を攻撃することを念頭においていたのである。

捩《ねじ》れる日独間の利害

枢軸国側は、日本政府の働きかけによって、開戦と同時に「対米英戦の共同遂行、単独不講和及新秩序建設協力に関する日独伊国間協定」に調印し（一九四一年十二月十六日公布）、「共同の戦争が完遂せらるる迄は、干戈《かんか》を収めざるの確乎不動の決意」を確認し合った。しかし、ドイツは日本に対ソ戦を呼びかけ、日本は独ソ和平を働きかけるという、捩《ねじ》れが存在していた。

独ソ和平工作については、一九四一年十一月十五日の大本営政府連絡会議で決定した「対米英蘭蔣戦争終末促進に関する腹案」において、独ソ和平を斡旋して日独ソの提携を実現することにより、北方の政戦略態勢を優位にしようとの構想が立てられていたが、対米英開戦直後の段階では保留せざるを得なかった。しかし東郷外相は、独ソ和平が戦争終結の決め手となるとの考えを持ち、外交上の手段による唯一の方法であると固く信じていた。

一九四二年一月十八日、ベルリンにおいて「日独伊新軍事協定」が調印され、枢軸国共通の戦争指導要綱を取りまとめ、結束の強化を図った。ヒトラー総統は政権獲得第九周年記念日の一月三十日、「日本の大戦参加を感謝すると共に大東亜戦に於ける日本の戦果を称揚し、大戦は必ずや枢軸側の勝利に終るであろう」（『日米関係戦時重要事項日誌』）と述べている。

この新軍事協定の発表について、日本は、ソ連を刺激しないよう配慮するために、米英を対象としたものであることを明確にするように、ドイツ駐在武官に発表方法を訓令していた。しかしドイツでは、日本の意図に関係なく無断でこれが発表されてしまい、日本政府もやむを得ずこれに追随することになった。

また、日独間には利害の食い違いもみられた。ドイツは、日独の作戦地域の協定にソ連領ウラル山脈を加えることを要求したが、日本の軍令部や参謀本部はこれに反対し、ソ連を対象としたものではないことを明確にしたうえで、インドおよびインド洋の大半を日本側の担任に含む東経七十度の線が日独の作戦境界線ということに設定して、ドイツの潜水艦を少しでも多くインド洋方面に進出させることを狙ったのである。

日米戦争回避の努力が行われた日米交渉では、日独伊三国同盟条約が大きな障害となり、野村吉三郎と来栖三郎の両大使は、自動的参戦義務を負うものではないとの説明を繰り返した。アメリカ側はその根拠について文書を以て示すよう求めたが、日本側は、参戦を自主的判断で行うことを取り交わした日独間の往復書簡の存在を明らかにすることはなかった。日米交渉が決裂すれば、日本は日独伊三国同盟の強化に回帰する必要があったからである。

開戦後の「対米英戦の共同遂行、単独不講和及新秩序建設協力に関する日独伊国間協定」と「日独伊新軍事協定」のさらなる締結は、日本にとってまさにドイツへの依存度を高めた戦争遂行計画にならざるを得ないのが実態であった。

二　戦争指導大綱の対独ソ方策

均衡を保つ日ソ関係

南方作戦は、参謀本部の作戦関係者が予期した以上の戦果を挙げていた。

一九四二年三月七日、大本営政府連絡会議において「今後採るべき戦争指導の大綱」（第一回）および「世界情勢判断」が決定された。しかし、この戦争指導大綱の説明をめぐって、東条首相および賀屋蔵相は、陸海軍の基本構想の調整が欠落しており意味が通じないと指摘した。具体的には、海軍の主張する第一項では、イギリスを屈伏してアメリカの戦意を喪失させるために、引き続き「既得の戦果を拡充して」、長期不敗の政戦態勢を整えつつ「機を見て極的の方策を講ず」と記されているのに対して、陸軍の主張する第三項では、「一層積極的なる戦争指導の具体的方途は我が国力、作戦の推移、独ソ戦況、米ソ関係、重慶の動向等諸情勢を勘案して之を定む」とされていたのである。

また、東郷外相は、重慶政権屈伏策が謀報路線の設定だけで片付けられていることに不満を述べ、軍事的に解決の見通しがないのならば、外交的措置を講ずるべきであるとの意見を提示した。第四項の対ソ方策については、「但し現情勢に於ては独ソ間の和平斡旋は之を行わず」とされた。

この「今後採るべき戦争指導の大綱」は、三月十三日、東条首相、永野修身軍令部総長、杉山元参謀総長の列立の拝謁によって、陸海軍間の未調整を表面的に手直しした形で昭和天皇に上奏され、裁可された。以後、「今後採るべき戦争指導の大綱」および「世界情勢判断」は四回にわたり変更されていく。しかし「世界情勢判断」については、軍部と外務省との調整を欠き、軍部の独断によるものであった。

一九四二年に入ってからも、ソ連は依然として対独戦に全力を傾倒する必要に迫られていた一方で、日本が対米英戦完遂に邁進するため、北辺の静謐を必要とした。中立条約は日ソ両国が必要とする安定基盤の維持に寄与していたが、日本としては、ソ連の米英接近について多大の関心を払わざるを得ない結果、対ソ態度に弱味を示すこととなった。

ソ連の対米軍事基地提供問題については、一月十七日、東郷外相よりスメターニン大使へ注意を喚起し、四月六日、佐藤尚武駐ソ大使はモロトフ委員へ同様の問題を伝えると、モロトフは現実の問題ではないと応え、中立条約厳守の意向を表明した。四月十八日、アメリカ軍用機一機が日本本土を空襲した後、ソ連領沿海地方に着陸した事件についても、ヴィシンスキー代理は佐藤大使へ、ソ連側は中立条約の義務は厳守するも、ソ連領に不時着したアメリカ軍用機は搭乗者とともにソ連官憲が抑留したが、ソ連は国際法の原則に基づき行動したことを言明した。

さらに、六月十九日、モロトフは佐藤の日ソ関係の質問に対して、英ソ条約および米ソ協定はいずれも日本に無関係にして、中立条約についてのソ連の態度には変化はないことを述べた。

このように、一九四二年中は日ソ双方とも中立条約遵守の意向を表明し、両国関係は一応均衡を保っていた。しかし、北樺太利権解消問題に関する日本の義務履行や、漁業条約の妥結を成立させることができなかったこともあり、中立関係の維持については、日本側からソ連に働きかける立場に移行しつつあった。

陸海外それぞれの思惑

一九四二年初頭、イギリス艦隊はインド洋において戦力を保持しようとする一方、日本側南方海軍部隊は、二月十五日にシンガポールを占領、さらにコロンボ軍港を空襲するなど四月十一日には作戦を完遂して、東インド洋の制海権を掌握した。

陸軍内の一部には、この機会をとらえて、独ソ和平斡旋による対米工作の議論が起こった。しかし、大島浩駐独大使による、独ソ和平の実現性なしとの情報や、田中参謀本部第一部長による、南方作戦遂行の間は北方を安固ならしめる意味で独ソ戦は都合よく、もし和平が成立すればかえって北方が不安定になるとの意見もあり、参謀総長はじめ、首相・外相らは、東インド洋の制海権掌握という戦局を外交政策に利用しようとはしなかった。

また、この海軍の作戦に続き、「対米英蘭蔣戦争終末促進に関する腹案」の中での構想、「西亜打通作戦」が俎上にのぼってきた。この作戦は、日本がセイロン島、カルカッタを占領し、ドイツ軍が北アフリカ、スエズ、中近東を攻略し、日独伊が南方において、政治・軍事・経済の直接提携を行い政戦略態勢の優位を獲得し、イギリスの屈伏を計ろうとする狙いがあった。直接的にはインドを制圧し、イギリス軍の増強を阻止するのが目的である。この作戦の作戦準備要綱は、六月十二日に杉山参謀総長、永野軍令部総長が上奏し裁可を得た。

一九四二年五月一日、山岡道武大佐駐ソ陸軍武官が帰朝し、その報告の結論として、「独ソ和平によりソ連を日独伊の枢軸陣営に引入れるか、或は日独・ソ連戦によりソ連の徹底的覆滅を見るか、両者の何れかが実現しなければ、ソ連は日本にとって今次戦争に於ける最大の癌となるであろう」との見通しを述べている。この報告を契機とし、陸軍部内に独ソ和平論が定着し、外務省との協力態勢ができた。七月二十日、八月五日と、大島駐独大使より、独ソ戦の推移に伴い日本の対ソ参戦を要望するリッベントロップ外相の申し入れがあったが、参謀本部はこれに不同意の態度を示し続けた。陸軍省軍務課長の佐藤賢了《けんりょう》中将は、「熟柿はいまだに落ちていない」（『杉山メモ』）と述べた。一方、ドイツは日本の独ソ和平の仲介斡旋に関して、「甚だ迷惑」との態度をとった。

九月から十二月にかけて、参謀本部および陸海外三省の事務当局者の間で、独ソ和平斡旋について活発に論議された。十月三日には、大本営政府連絡会議において「遣独伊連絡使派遣に関する件」が決定され、連絡使に岡本清福《きよとみ》陸軍少将、甲谷悦雄陸軍中佐、小野田捨次郎海軍大佐、与謝野秀外務省書記官が選ばれた。十二月末には、「日独伊蘇国交調整方針」が起案されたが、東条首相および大島浩駐独大使は、ドイツが一貫して日本の対ソ参戦を要請してきていることへの配慮から、独ソ和平論議に積極的には動かなかった。

参謀本部作戦課の瀬島龍三は、「十八年度計画作戦」において、北方方面、対ソ情勢判断について「出来るだけ準備はやって之が日ソ戦防止の鍵となる。ソの対日関係は十七年より十八年は悪くなるが、開戦は十八年は避けられると考えるが、十九年乃至二十年には発生を予期せねばならぬ」と述べているが、これは陸軍の共通の認識と言える。

一九四三年二月二日の大本営政府連絡会議において、ようやく連絡使に対する訓令が決定された。また同月二十六日、「三国共同の対米英戦争完遂に関する相互協力強化の方策に関する件」が決定され、先の訓令に補足されることになった。その内容は、㈠三国共同戦争指導の根本方針は、なし得る限り速やかに英を屈服せしめ、米をしてその戦争意志を放棄せしむるにあること、㈡三国は速やかにインド洋および東亜を通ずる軍事的経済的提携を強化する、㈢独伊は、なし得る限り対米英戦争に徹底するに努め、ソ連との間に休戦もしくは講和する場合は予め日本との了解の下に行うこと、というものであった。

陸海外の派遣連絡使一行は、四月十三日にベルリンに到着し、世界情勢、特に東亜情勢、日本の戦争遂行状況、日独伊三国の戦争指導上の協力（独ソ和平を含む）、および「西亜打通作戦」についても協議を行った。しかし、派遣使からの報告は、大島大使と同様、ドイツへの同調者としての意見具申が多くなり、任期五ヵ月が満了したとの理由で岡本少将以下現地にて解散させられた。その後、日独伊三国はそれぞれ戦局が悪化し、「西亜打通作戦」という雄大な三国共同作戦計画も画餅に帰してしまった。

三　「支那事変」処理と重慶攻略

「支那事変」処理の経過

参謀本部の最大の関心は「支那事変」の処理にあり、一九四二年三月下旬「南方第一段階作戦が順調に終わった現在こそ、支那事変処理の絶好の機会である」ととらえ、「対重慶戦争指導要綱」を次のような方針で検討することにした。

一、対重慶作戦は独ソ戦の推移を見定め本年夏秋の候を目途として推進すること
一、大東亜戦争前と戦争開始後との帝国の対支態度に根本的変化を求むべきこと
一、支那の将来の姿と大東亜戦争遂行間の姿とはこれを切り離して考えること

この方針によって作成された事変処理に関する腹案は、その後次のような経過をたどって実施されていった。


四月六日、杉山元参謀総長が、企画を非公式に畑俊六支那派遣軍総司令官に内示す。

五月十六日、田辺盛武参謀本部次長が南京に出張、作戦準備に関し支那派遣軍と連絡す。

八月十九日、陸軍の省部において正式に作戦準備につき合意に達す。

九月三日、作戦準備につき大本営陸軍部命令（大陸指）が発令される。

九月に入ってから参謀本部は、本格的に重慶に対する一大進攻作戦を計画準備した（五号作戦）。しかし、ガダルカナル反攻作戦の失敗を契機に、西南太平洋方面の戦局に兵力を注ぎ込むこととなり、中国方面から急遽第六師団、第十七師団、第五十一師団等をブーゲンビル、ニューギニア方面に転用せざるを得ない情勢となり、十二月初頭、対重慶作戦準備中止の大命が下された。

重慶進攻作戦が挫折すると、軍事作戦に代わる対中国政策の抜本的な見直しが、田中参謀本部第一部長の下で、大東亜省の杉原荒太、海軍省の木阪義胤《よしたね》中佐らの協力を得て模索された。そして、十二月十日、天皇臨席による大本営政府連絡会議において、「当面の戦争指導上作戦と物的国力との調整並に国力の維持増進に関する件」を決定し、さらに、同月十八日、大本営政府連絡会議で決定をみた「大東亜戦争完遂の為の対支処理根本方針」は、二十一日の御前会議決定とされた。いわゆる対中国新政策といわれるもので、参謀本部では「支那事変」処理方針の大転換と位置づけた。

その内容の主とするところは、㈠日本は国民政府の参戦を以て日中間の局面打開の一大転機とし、国民政府の政治力を強化するとともに、重慶抗日の根拠名目の覆滅を図り、更新中国と一体戦争完遂に邁進する、㈡世界戦局の推移と睨み合わせ、米英側反攻の最高潮に達するに先立ち対中国諸施策の結実を図る、という二方針の下に、国民政府の政治力強化（自立性、地方政府に対する指導、主権の回復、戦争協力）、経済施策（戦争完遂上必要とする物資の対日協力）、対重慶方策（一切の和平工作を行わない）、戦略方策（既定方針による）の要領を定めたものである。

さらに「大東亜戦争完遂の為の対支処理根本方針に基く具体的方策」および「大東亜戦争完遂の為の対支処理根本方針に基く具体的方策に準拠し国民政府参戦を機とし同政府と締結すべき諸取極に関する措置要領」によって、戦争の協力確保、政治力強化、経済施策の面から国民政府との間に、次のような諸取極を締結することがまとめられた。

(一)戦争協力に関する日華共同宣言に関する件
(二)帝国専管租界還付に関する件
(三)上海共同租界及び厦門共同租界移管に関する件
(四)仏伊租界還付方斡旋に関する件
(五)北京公使館区域移管に関する件
(六)治外法権撤廃に関する件
(七)在支敵産処理に関する件

重光外相構想の「大東亜憲章」

一九四三年一月九日、汪兆銘主席、褚民誼《ちょみんぎ》外交部長、周仏海《しゅうふつかい》財政部長らが来日し、この根本方針を受け入れ、南京において「戦争完遂に付ての協力に関する日華共同宣言」を行い、日本と国民政府の両国は緊密に協力して、「米英両国に対する共同の戦争を完遂し、大東亜に於て道義に基く新秩序を建設し、惹て世界全般の公正なる新秩序の招来に貢献せんことを期す」と述べた。この宣言と同時に、「租界還付及び治外法権撤廃等に関する日本国中華民国間協定」が結ばれた。

さらに、一九四三年五月三十一日の「大東亜政略指導大綱」、九月十八日の「日華基本条約改訂条約締結要綱」、十月三十日の「日本国中華民国間同盟条約」が汪兆銘政権との間に締結されるが、日中戦争終結の見通しはまったく立たなかった。

なお、同盟条約の骨子は、㈠日本は更生新支那と一体となり、支那における一切の駐兵権（北清事変関係を含む）を放棄すること、㈡支那における特殊地帯（蒙疆・華北・三角地帯・華南沿岸）を廃止すること、㈢対重慶政治工作は汪政権が中心となって当ること、などであったが、その目的は大東亜戦争を完遂することにあった。

一九三七年七月十七日、蔣介石が「最後の関頭」の声明を発し、対日開戦を決意したのは、この㈠および㈡に関する駐兵権、特殊地帯の設定の存在が民族の面子に関わる重大問題と判断したからであった。そして、開戦後の日中和平工作の度に、最大の難関となったのもこの二点にあった。今やそれが撤廃されたわけであるが、蔣介石への交渉ルートは閉ざされたままであり、汪政権は日本の意に添うような積極的な重慶工作を進めようとはしなかった。

この間、東郷が反対した大東亜省は、一九四二年十一月一日、谷正之情報局総裁兼外相の下で設置され、初代大臣に青木一男が就任した。青木は中国の軍事的完全支配の必要はないとし、南京政府の強化と民心把握のための政策転換を主張した。

一九四三年四月二十日、重光葵が外相に就任するが、重光もまた「対支新方針の推進に就て」

主張し、その核心は、日本の特殊権益確保を一方的に強要している日華基本条約を放棄し、平等互恵の立場で同盟条約を締結することにあり、さらに同様の趣旨の同盟条約を「大東亜」各国と結び「共同機構」をつくりあげるというものである。

こうした重光の思案は、連合国側の戦争目的と戦後国際秩序について明示した「大西洋憲章」(一九四一年八月十四日)を強く意識し、これに対置する「大東亜憲章」を大東亜会議に向けて構想するものであった。そして重光は、「戦争目的の表示に依り大東亜諸国の自発的協力及び結合を計るを目的とし、(……)従って本条約は平等衡平の建前を堅持し、帝国の大東亜共栄圏の指導者たることは事実問題としても、苟も表面に現わさざること得策なりとす」(『終戦工作の記録』)とする考えを示した。

その実践として「大東亜憲章」構想に基づき、タイとの間に相互に自主独立を尊重し平等互恵の関係を樹立する条約案を作成したが、七月十九日、大本営政府連絡会議において軍部により一蹴されてしまった。

四　参謀本部主導の「世界情勢判断」

「世界情勢判断」の作成

先に述べた「今後採るべき戦争指導の大綱」は、「世界情勢判断」に基づいて作成されていた。この両文書はいわば一体的なものであり、東条内閣期には一九四二年三月七日の大本営政府連絡会議、一九四三年九月三十日の御前会議、小磯内閣期には一九四四年八月十九日の御前会議、鈴木内閣期には一九四五年六月八日の御前会議において、両文書が同時に決定をみている。しかし「世界情勢判断」の方は、さらに東条内閣期の一九四二年十一月七日、一九四三年二月二十六日、小磯内閣期の一九四五年二月十五日、いずれも単独で、大本営政府連絡会議で決定をみている。

さて、この「世界情勢判断」も参謀本部第十五課長、軍令部第一部長直属、陸軍省軍務課長、海軍省軍務局第二課長の陸海省部の四課長に外務省政務局第一課長の担任課長を加えての協議によって作成されたが、参謀本部第十五課が主導権をもった。開戦後は、連絡会議の打合せのため事務当局の会議にはいつも外務省から杉原荒太や加瀬俊一らが出席し、「この陸海外の事務当局は、お互いの気持を十分吐露して激論は闘わすが、その揚句相互の理解を深めて行った」(『大本営機密日誌』)というが、「世界情勢判断」の作成には外務省はほとんど参加できなかった。陸海軍省、参謀本部、軍令部の課長クラスの会合に外務省政務局第一課長が参加するのが慣例であったという。

一九四四年の暮れから終戦に至る間、外務省政務局第一課長であった曽祢益《そねえき》は、御前会議に提出された「世界情勢判断」について、次のように述べている。


原案は敵の情勢やソ連の態度などを、日本側の希望的に判断したものであった。(……)この参謀本部原案の世界情勢判断を繞《めぐ》っての審議では陸軍省は主として軍務課の加藤中佐であって、参謀本部は種村大佐又は其の部下であり、海軍側からは有馬大佐が出席して居たと記憶する。(……)陸軍側が其の都度希望的観測に基づく主張を繰返して遂に妥協に至らなかったように憶えて居る。従って御前会議に提出される報告に付いて最終的に我々の会合で決定を見ない儘、陸軍側が勝手に提出したものと思う。(『GHQ歴史課陳述録』)

曽祢が東郷外相の指示の下に、外務省の見地から作成した「別の文書を御前会議に外務大臣の陳述の形で提出した」という。

参謀本部の「世界情勢判断」の内容は、おおむね米英の動向、ソ連の対日独方策、独伊の対ソ英方策、重慶政権の動向、フランス・ポルトガル・トルコ・スペインなど中立諸国の動向、英米対日本の国力推移、各国の戦争遂行能力などを分析し、戦争遂行の総合判断をしたものである。しかし、大本営政府連絡会議での質疑応答をみれば、曽祢の証言のように、軍部の希望的観測による各国動向の分析といわざるを得ない側面があった。

外務省による国際情勢報告

外務省では独自に、「大東亜戦争」の最中、各国の新聞、ラジオ放送から情報をキャッチして、国際情勢分析を行っていた。それをもとに外務省政務局においてタイプ印刷によって作成された報告書が、「大東亜戦争を繞る各国動向」であり、その第一報は、一九四二年十一月十四日に刊行された。「大東亜省」設置に伴う外務省官制中の改正（勅令第七一一号）により、政務局が約二十年ぶりに復活されると同時に、谷正之外相のもとで、情報分析が開始された。政務局の職掌事務は「外交政策の樹立、一般外交事務、移植民及海外拓殖事業に関する事務並に他局の所管に属せざる事務を掌る」とあり、中でも「第一課に於ては重要政策の企画及綜合調整に関する事務を掌る」と規定されている。

「大東亜戦争を繞る各国動向」は週報として発刊され、ドイツ・イタリア・ソ連邦・フランス・イギリス・アメリカを中心に、トルコ・アフガニスタン・ポーランド・チェコスロヴァキア・ユーゴスラビア・ハンガリー・スペイン・ヴァチカン・中南米諸国・豪州その他世界各地の情勢が分析されている。

第一報は「北阿問題」から始まり、米英軍の北アフリカ進駐について、「亜細亜欧州大陸遮断及び大西、印度南洋の航行維持並に対独伊攻撃基点としての阿弗利加大陸利用の積極的具体化に外ならず」（『世界情勢ノ動向』）と述べ、日本の「西亜打通作戦」に対する米英の優位性を述べている。そして「五月八日、独逸降伏し、欧州戦争終了す」との情報を伝えた、一九四五年五月十一日号をもって最終号となっている。

その間、一九四四年二月十二日号（第二巻第五号）以降は、「世界情勢の動向」と改題され、さらに、同年六月九日（第二巻第二十二号）より活版印刷された。このことは、当然複数の関係者に配布されたことを意味すると思われるが、外務省内部資料なのか、閣僚報告に使用されたのか、あるいは陸海軍省局課の事務レベルまで配布されたのかは判然としない。

ただし宮内省には配布された。また、昭和天皇へ御用掛を通じて報告された可能性もある。なぜなら、外務省の「国際情勢」報告は、情報局長を通じて、定例御進講の一環として行われていたからである。ともかく「大東亜戦争を繞る各国動向」および「世界情勢の動向」は「極秘」の朱印が押され、朱書きで「機密保持上其の内容の取扱並に保管に付き特別の注意を払われ度し」との注意書きのうえ、ごく限られた部所に配布されたものである。

参謀本部作成の「世界情勢判断」は東条内閣期の大本営政府連絡懇談会、あるいは小磯内閣および鈴木内閣期の最高戦争指導会議および最高戦争指導会議構成員会議などにおいて提示されたが、陸海軍と外務省の間には世界情勢判断に食い違いがあり、その認識の差異が戦争指導に大きく影響したことは言うまでもない。

さらに、民間団体においても、日本経済連盟会対外事務局米国経済研究部が刊行した「日米関係経過日誌」（昭和十五年一月〜十七年二月）、さらに財団法人世界経済調査会に引き継がれ、改題された「戦争関係重要事項日誌」（昭和十七年三月〜十八年九月）を集成したものも存在するが、これもまた、日本において入手可能な各種新聞紙記事およびその他の公刊物を材料として編集したものである。今日から見れば、その内容の正確性から研究部員の情報分析能力はかなりのものがあったと評価されるべきであろう。

五　劣勢に転じた対ソ交渉

日ソ関係に立つさざ波

一九四三年に入り、日ソ関係は表面上平静を維持していたが、裏面においては漸次困難を加えていく要素が出現してきた。それは、太平洋戦局のガダルカナルの日本軍の撤退および欧州戦争のドイツ軍が劣勢に転じたことにある。スターリングラードでのドイツ軍の敗北が明らかになると、駐ソ大使に任命されたばかりの佐藤尚武大使は、北サハリンの石油採掘に伴う利権を放棄し、漁業条約を締結することによって日ソ関係を改善する政策を採るよう政府に上申した。

一九四三年四月二十日、外相に就任した重光葵は、佐藤大使と同様の考えから、この上申を受け入れ、独ソ間の戦争を終息させるとともに、日ソ関係の根本的調整を図るため、佐藤大使にソ連への交渉の申し入れを訓令した。重光外相の登場は、日本の終戦工作に大きな意味を持っていた。天皇の「常時輔弼《ほひつ》」である内大臣に就任していた木戸幸一は、重光といかに戦争を終結させるかについて密かに相談を始めていたのである。

一九四三年五月、アメリカがアッツ島奪還作戦を敢行すると、米ソ間に対米軍事基地提供交渉が行われるのではないかとの情報に、日本は憂慮した。五月十七日、佐藤大使はロゾフスキー代理にその確認を求めたが、ソ連は日本に一応誠意ある中立条約遵守義務の意向を示した。しかし、その後もアメリカ軍用機が北千島爆撃（八月十二日、九月十二日）後に、カムチャッカに着陸するなどの事態が起こった。

また、太平洋戦争開始後にアメリカよりソ連へ転籍された四隻が、四月以降、それぞれ宗谷海峡付近において日本海軍に臨検抑留されるという事件が発生した。ソ連は日本側に対して条約違反であるとの異議を申し立てて、強引にその釈放を要求し、日本側としてはソ連側の対日友好関係維持および中立条約尊重の意向を重視して釈放した。ソ連の態度は「中立条約の無効を主張する必要生じたる場合に対する伏線なりとも解せられたる程強硬なるもの」（『外交資料――日「ソ」外交交渉記録ノ部』）であった。

一九四三年六月十九日、大本営政府連絡会議において、「当面の対ソ施策に関する件」が決定され、「帝国は日ソ間の静謐《せいひつ》を保持し、ソ連をして日ソ中立条約を厳守せしめる」ことを基本方針とし、特に懸案となっていた北樺太の石油および石炭の日本権益をソ連に売却することを決定した。

これは、独ソ和平斡旋の呼び水として画策されたものであった。松岡が中立条約調印のときに約束していたことだが、未だに履行されていなかったわけで、六月になって、この北樺太の利権に関する日ソ交渉が開始された格好である。日本の目的は、ソ連に最小限中立を維持させることであり、可能ならば、より緊密な協力・友好関係にまで改善することにあった。日本の外交および軍事政策にとって、ソ連は中心的位置を占めることとなったのである。

一貫性を欠く日本の対ソ外交

九月十日、重光外相の訓令に基づき、佐藤大使はモロトフ委員に対し、「日本政府に於ては其の在ソ大使の努力を強化し、且日ソ関係に関しソ連政府に対し正確なる意向を伝達する目的を以て、日本政府を直接代表する重要人物を派遣し度き意向」(『外交資料――日「ソ」外交交渉記録ノ部』)を伝えた。そして、この特使の目的は日ソ友好関係増進に資せんとするもので、モスクワにおいてソ連政府との意見交換を行った後、さらにトルコ経由で西欧に赴き事情視察および通過各国の重要人物と会見する予定であり、帰国の際に再びソ連政府との会議を希望するもので、特使の旅行に対するソ連政府の便宜供与を申し入れた。

モロトフ委員は、特使派遣の具体的目的、特使の性質などについて質問しながら、日本側の申し出には具体案が含まれていないことを指摘し、さらに特使がソ連の交戦国(ドイツ、イタリアはすでに崩壊)に赴くのかとの質問を投げかけ、佐藤大使が、交戦国が日本の同盟国である以上同国に赴くことは大いにあり得ると述べたことに、モロトフ委員は難色を示し、日本側の申し入れに即答を避けた。

ソ連側の正式回答は、九月十三日付「覚書」でなされたが、特使派遣の目的について、「ソ連と其の交戦国との間に休戦若くは講和の素地準備の為の仲介をなさんとする試と看做《みな》すより外なきことを疑わず」との理由から、日本政府の提議を受諾することはできないと通告してきた。こうしたソ連側の対応は、佐藤大使が予見していた通りのことであった。ソ連は日本の特使派遣の目的を独ソ戦の休戦あるいは講和の斡旋にあると見通していたことになり、また、日本はソ連が対独休戦あるいは講和を結ぶ意図は皆無であるとの確信を得たことになる。

九月二十五日の大本営政府連絡会議に提議された「今後採るべき戦争指導の大綱」は、三十日の御前会議で無修正のまま決定され、対米英戦継続の必須の前提条件として、対ソ関係の好転を図ることをあげている。具体的には、ソ連に対し「極力日ソ戦の惹起《じゃっき》を防止、進んで日ソ国交の好転を図ると共に、機を見て独ソ間の和平を斡旋するに努」めることが決定された。しかし、先述のごとく独ソ間の和平は不可能であったことは、すでに外務省は認識していたはずである。

十一月十日、佐藤大使はモロトフ委員に、モスクワ外相会議の共同宣言と日ソ中立条約の関係について説明を求めたが、モロトフは日ソ関係に依然変更なく中立条約は従来通り遵守されると答え、逆に佐藤大使へ日独伊三国条約の確認を求めた。条約締結当時は独ソ戦争も存在しなかったが、今日において両国関係は別の事態にあり、三国条約をいかに解釈すべきやと質問した。

日本政府の回答は十二月九日になされ、佐藤大使からモロトフ委員に次のように伝えられた。

条約成立当時の事態を毫《ごう》も変更するものにあらず、東亜及び欧州の制覇を企図し居る英米の野望に対抗し、日独伊三国の協力を約したるものにして、何等ソ連を目的とする意向ありたるものにあらざることは、同条約第五条に依るも明かなり、独ソ戦が不幸継続中なる今日と雖も、日ソ間に於ては中立条約厳存する次第にして、帝国政府はソ連政府に於て同条約を守る限り同様之を守るの用意ある。（『外交資料――日「ソ」外交交渉記録ノ部』）

それにしても日本の外交は一貫性を欠いていた。日本の海軍が、アメリカの武器貸与法に基づいて武器を輸送していると疑ってソ連の船舶を三隻拿捕《だほ》したとき、ソ連政府は樺太の石油採掘権と漁業条約に関する交渉を中止した。政府も外務省も、武器の輸送は、ソ連に中立を維持させるという大きな目標に比べれば些細な問題であることを承知していたが、軍令部の強い反対を抑えることができなかった。

十一月、やっとのことで、拿捕したソ連船を解放して日ソ交渉が再開されたときには、すでにモスクワ外相会議とテヘラン会談を終了しており、ソ連政府は連合国との関係をより一段と緊密なものにしていたのである。漁業条約効力の五年延長に関する議定書を結ぶことはできたが、一九四四年三月三十日、同時に北樺太利権は完全にソ連側に移譲された。日本が中立条約遵守継続を熱望したことから、ソ連の強硬態度を受け入れざるを得ない弱点を露呈した形となった。この間、日本は貴重な九ヵ月を浪費したのである。

重光外相による対ソ特派使節派遣の失敗

一九四四年に入っても、日本は日中戦争を終息できずに大東亜戦争に苦戦を強いられ、ソ連はなお独ソ戦争を継続中であった。

そうした中で、日ソ中立条約と日独伊三国条約の関連をめぐっての議論が、日ソ間で繰り返された。日本としては、三国条約の締約国であるが、ソ連に不利益になるような武器供給などの支援は行っておらず、日ソ中立条約を遵守する意思を伝え、ソ連に同様な中立条約義務を求める、といった主張の繰り返しである。

一九四四年二月二日の大本営政府連絡会議では、さらにソ連に対する譲歩的姿勢を示す「当面の対ソ施策に関する件」が決定され、漁業権の面でも妥協を図り、日満ソ間の交易、満ソ国境問題を解決しようとした。こうした重光外相の対ソ静謐を築こうとする基本方針は、首相も統帥部も積極的に支持し、参謀本部としてはこれをきっかけに日ソ関係の全面的調整に乗り出そうとする希望を抱いていた。しかし、ソ連は拒否回答したのである。

一九四四年九月八日、マリク大使が一時帰国の挨拶のため重光外相を訪れた機会に、重光は改めて日本からの特派使節派遣の計画を伝えた。その目的は、佐藤大使とともに日ソ関係の意向を徹底させるためであると説明した。モスクワでは佐藤大使が、九月十六日、モロトフ委員に面会のうえ日本政府の訓令に基づく正式な特使派遣問題を申し入れ、今回の特使は前回の計画と異なりモスクワにのみ派遣されることを強調した。

しかし、モロトフ委員は最近の日ソ間は友好関係を維持しており、双方満足の状態にもかかわらず日本の申し出は何を意味するのか理解できず、特使の使命が不明確であり、またもや独ソ和平についてと受け取らざるを得ず、ソ連にとっては目下その時期ではないと主張した。

これに対して佐藤大使は、日本の目的とするところは、特に日ソ関係親善の増進にあると応酬したが、モロトフ委員は、「両国間には新問題なく又実際的に新問題を提起する要なし」（『外交資料――日「ソ」外交交渉記録ノ部』）と、特派使節受け入れを拒否した。重光外相のソ連への特派使節派遣は失敗に終わり、ソ連の態度はもはや連合国側の立場を意識しているかのようであった。

六　早期終戦方策の模索

新構想「絶対国防圏」

参謀本部では一九四三年七月初旬より、新たな戦争指導計画の検討を開始した。イギリスを屈伏した後にアメリカの戦争意志を喪失させようとする従来の戦争指導方針を改め、アメリカの精神的破綻を促進させる施策に集中する方針が確認され、戦争指導課において「絶対国防圏」構想が練られた。

参謀本部第十五課立案の「長期戦争指導要綱（案）」（一九四三年七月一日付）によれば、「対米英蘭蔣戦争終末促進に関する腹案」（一九四一年十一月十五日連絡会議決定）および「今後採るべき戦争指導の大綱」（一九四三年三月七日連絡会議決定）を修正し、一九四四年末を目途として「大東亜の人的物的資源を結集活用して国家戦力を急速拡充し、逐次決戦準備態勢を整」え、そして「ソ及重慶の枢軸側導入を策しつつ、遅くも昭和二十二、三年頃を目途とし世界戦争指導の主導権を獲得」し、さらに「帝国は独伊と提携を密にしつつ、機を見て一挙対反枢軸決戦に転移し戦争終結を図る」という戦争計画であった。

また、対ソ戦の可能性も視野に入れていることも注目されるが、依然戦争終結構想についてはは具体策がなく、「突如欧洲和平成立する場合に於ては、大局的見地に立ちて機を失せず、世界終戦に利導する如く努む、不幸にして独伊の崩壊を見るが、欧洲和平成立し帝国のみ戦争終末を求め得ざる場合に於ては、愈々《いよいよ》大東亜諸国家諸民族の結集を鞏固《きょうこ》にし戦争完遂に邁進す」と述べられている。その一環として、一九四三年八月一日、ビルマ政府はイギリスより独立を宣言し、英米に宣戦布告するとともに、日本との同盟条約をラングーンにおいて調印した。

一方、欧州戦線においても大きな変化がみられた。緒戦目覚しい戦果を収めたドイツ軍の進撃は鈍り、ヨーロッパの戦局はすでに極まった感があった。また、一月のローズヴェルト大統領とチャーチル首相のカサブランカ会談において決定されたシチリア島・イタリア本土への上陸作戦が敢行され、七月二十四日、ムッソリーニは失脚、バドリオ政権が成立した。八月中旬には米英両巨頭のケベック会談が開かれ、これに宋子文が参加して対日統合戦略を協議し、マウントバッテンを指揮官とする東南アジア連合軍の創立を決定した。そして、九月八日にはイタリアが無条件降伏した。

戦況悪化を憂慮した天皇は、八月五日、杉山参謀総長に対し独ソ妥協問題について下問したが、杉山参謀総長は、「最も重要なるは戦局不利となりしとき、独英和平と云うが如きとき、作戦として（統帥関係として）研究せば申上げます」（『昭和天皇発言記録集成』）と奉答している。この研究が「絶対国防圏」の設定へと発展する。

また、作戦指導課作成の「大東亜戦争終末方策」（一九四三年九月十六日付）には、欧州の局部和平の成立によって対英米戦を単独で戦うことを強いられた場合、その降伏条件は日米交渉におけるハル四原則の承認、三国同盟の廃棄、中国政策の「支那事変」以前の状態への復帰、南方政策の仏印進駐以前の状態への復帰、満州国の非武装、北樺太利権および漁業権の返還、といった苛酷なものとなることが予想されていた。

一九四三年九月三十日の御前会議において、「今後採るべき戦争指導の大綱」（第二回）および『今後採るべき戦争指導の大綱』に基く当面の緊急措置に関する件」が決定された。前者は、絶対確保すべき要域を千島、小笠原、内南洋（中西部）および西部ニューギニア、スンダ、ビルマを含む圏域とすることによって、ラバウル方面、中東部ニューギニア方面、外南洋方面は戦略的に放棄することに定められた。

また、対ソ関係については極力日ソ戦の惹起を防止し、かつ国交の好転を図ると共に機を見て独ソ間の和平斡旋に努めるという程度にやや消極的になり、重慶政権に対しては「不断の強圧を継続し、特に支那大陸よりする我本土空襲並に海上交通の妨害を制扼《せいやく》しつつ、機を見て速かに支那問題の解決を図る」（『大本営機密日誌』）と述べられ、日中戦争の劣勢に転じた日本の苦況を露呈している。日本は、日ソ国交調整と独ソ和平の促進、対重慶和平の具現という方策によって終戦講和を見いだしていこうとしていた。

また、「絶対国防圏」を構成するために緊急措置として後者が決定されたが、陸海軍は十月上旬、二十五万総トンを増徴するなど、絶対国防圏の維持と船舶損耗対策の徹底を、大本営は誓約したのである。航空機についても陸海軍計四万機の生産を努力目標とした。

この会議に「世界情勢判断」も提示されたが、新構想として「絶対国防圏」を一挙にバンダ海方面より、東西カロリン諸島およびマリアナ諸島の線に後退させ、同線において反撃戦力、特に航空戦力を整備し、来攻する敵を撃破する計画を立てたが、その後も国防圏前衛線は逐次崩壊していった。

一九四四年の戦況予測

一九四三年十一月二十二日、ローズヴェルト、チャーチル、蔣介石の三国首脳はカイロにおいて会談し、二十七日、カイロ宣言に署名した。この宣言によって、英米華ははじめて日本に対する戦争目的を明らかにし、㈠対日戦争は侵略阻止と懲罰が目的で領土の拡張等は求めないこと、㈡第一次大戦以来日本が奪取した一切の島嶼を剝奪し、また満州、台湾および澎湖島を中国に返還させること、㈢日本が暴力や貪欲《どんよく》から奪った他の一切の地域より駆逐すること、㈣朝鮮は独立させることを声明した。

会談後、ローズヴェルトとチャーチルはただちにテヘランにおもむき、スターリンとの間で三国首脳会談を開いた。いわゆるテヘラン会談で、ソ連はドイツ降伏後数ヵ月以内に対日参戦を行うことを確約した。対日戦争を早く収拾することを熱望していたローズヴェルトは、このとき対日参戦の代償をスターリンに約束したのであり、それが後のヤルタ秘密協定でも再確認された。

ときを同じくして日本では、十一月五日および六日、「大東亜会議」が開催され、「大東亜共同宣言」がなされたが、一連の連合国首脳会談による結束と対独戦略の完成は、次の対日戦略の段階が間近に迫っているという危機感を、日本政府および軍部の上層部に認識させた。

一九四三年十月十五日、参謀本部戦争指導課（第十五課）は戦争指導班（第二十班）となり、それまでの作戦部所管から参謀次長直轄となった。その戦争指導班において、一九四四年一月四日、「昭和十九年度に於ける危機克服の為採るべき戦争指導方策に関する説明」という文書がまとめられた。

それによれば、日本の戦争指導上に至大の影響を与える決定的要因は、ソ連の対日動向如何にあると指摘したうえで、最悪の場合においてもソ連の対日戦を昭和二十年春以降に遷延させることが絶対必要であると述べている。そのためには、最小限ドイツを昭和十九年末まで健在させる援護策を要するが、日本としては自主的に対ソ戦を実施し得ない情勢にあり、東亜の戦場になるべく多くの米英勢力を牽制吸引してドイツの負担を軽減する以外に方法がなく、「昭和十九年度に於ては好むと好まざるとに拘らず対米英戦に専念せざるを得ざるべし、昭和十九年中に万一ソの対日参戦ある場合に於ては国力戦力的に観察し、最早必勝を確算し自主的戦争終末を獲得すること至難なるべし」との見通しが述べられる。

また、一九四四年中期以降には日本本土に対する大規模空襲が必至の情勢となり、南東および中部太平洋方面における不可避的戦況不振に陥り、国民の戦意弛緩、輿論指導の困難が増大しひいては国力の低下を招来するなど、物心両面にわたり憂慮すべき事態が予想されることも合わせて述べられている。

木戸内大臣は、年頭において一九四四年を予測し、次のように日記に記している（『木戸幸一日記』）。

木戸は、戦争指導班と同様にドイツの劣勢を占い、ドイツが無条件降伏した場合、日本も同時に戦争終結に導く手を打つべきや否やについては、独自の判断により行動するのはもちろんであるが、国内においても不穏分子の策動が予測され、この対策に最も警戒を要する。また、今後日本が遂行すべき外交方針を重臣会議で決定し、その実施の任に当るべき内閣を奏請するのも一策である。

こうした事態になった場合には、相当大幅に譲歩しなければ講和の成立は見込みがない。大東亜戦争の開始の目的は、いわゆるＡＢＣＤの包囲大勢の打破であったが、そのことは宣戦の詔書にも明らかなところであり、この目的が達成されれば一応の結末に到達したものということができる。

この観点から、講和の時期や方法について慎重に研究すべきであるが、時期はドイツの崩壊と同時にせず、しかも英米ソが一致して日本に当たる態勢が整う前に提案すべきであり、方法はソ連をして仲介せしむべきであるとしている。

最後に木戸は、日本が孤立し、有色人種として世界より総攻撃されることを最も避けなければならないとして、「アングロサクソンたる米英に対するに、大体東洋的なる蘇支と提携し、臨機応変の態勢を整え、ひそかに内に実力を蓄うるを最も策の得たるものなりと信ず」と結んでいる(同前)。

七　独ソ和平斡旋と重慶工作

固まる対米決戦の時期

一九四四年二月十七日、アメリカ軍機動部隊が突如、「絶対国防圏」内にある内南洋のトラック島に大空襲をかけてきた。これは、ミッドウェー(一九四二年六月五日)、ガダルカナル(一九四二年八月七日~翌年二月七日)の敗北に次ぐ、戦局上の重大転機と判断すべき事件であった。

この攻撃によって、日本海軍は艦隊随行用の輸送船舶二十万トン(保有船腹の四パーセント)を喪失したため、以後の連合艦隊の作戦展開は大きな制約を受けることとなり、連合艦隊主力をパラオへ後退させたが、三月末、パラオも大空襲の標的となり、再び在泊艦船が壊滅的打撃を受けた。これを契機として、参謀本部戦争指導班では早期終戦方策案、およびその理由の起案を急いだ。三月中旬頃、その案文がまとめられたが、骨子は次の通りである。

ドイツが崩壊したときには日本も終戦を図らねばならぬ。終戦の条件としては、妥協和平の場合と屈伏和平の場合とに区分し、戦況最悪の場合には国体護持だけに止むべきである。対ソ外交を促進して、欧州情勢の変化に応じて対処すべき準備をし、ソ連を通ずる対英米外交の基礎をつくらねばならぬ。これがため特派使節を派遣すべし。

（『大本営機密日誌』）

この早期終戦方策案を松谷誠戦争指導班長が、真田穣一郎参謀本部第一部長、秦彦三郎参謀本部次長に報告したところ、趣旨には同意であるが、後宮《うしろく》淳高級参謀、東条英機参謀総長へは提出しないこと、印刷しないことなどの注意があった。しかし松谷は、軍令部高松宮および海軍の主任者にもこの案文を渡したという。そして、六月十日頃、松谷は参謀次長および参謀総長への説明にあたり、海軍部内の空気は戦争の前途に悲観論が多く、何等かの機会に妥協和平を企画しようとする空気が充満していること、重臣層においても海軍部内の空気に同調、接近していることを付言した。

さらに、戦争指導班において、三月十五日、「昭和十九年末を目途とする戦争指導に関する観察」という文書がまとめられているが、これによると、前年九月三十日御前会議決定の戦争指導方針を堅持し、日本が自主的に希望をもって戦争を継続し得るためには次の六条件、㈠昭和十九年中期を目途とする絶対国防圏の確立、㈡消耗戦力を補充し今後の攻勢、反撃戦略可能な国力の維持、培養、㈢国民の継戦意志確保、㈣東亜諸国の戦争協力確保、㈤ドイツの健在、㈥対ソ国交絶対保全、を具備することが絶対必要であるとされている。

そして、対米決戦の時機については本年夏秋頃に設定し、それに合わせて戦争終末方途については、「戦争終末方途を大本営政府首脳部間に於て切り出す時機は六、七月以降の戦争指導方策決定の際とし、和平の条件、和平端緒の大要は両総長（大臣）、外務大臣位に於て腹を決定し置き、予め御上にも申上置くを要す」と記され、「船腹の推移を基礎とする国力戦力の見透、海軍を主体とする決戦遂行力の見透、対ソ政略攻勢の見透」の判断の下に、一九四四年秋の対米決戦構想が立てられた。

参謀本部内における戦争指導研究の中心的立場にいた松谷は、種村佐孝《さこう》大佐、橋本正勝少佐とともに、一九四四年七月二日、現下の情勢に処して一九四五年春を目途とする戦争指導に関する研究をまとめあげた。それは、参謀本部内の最初の終戦企画ともいうべきものであるが、ドイツ崩壊と同時に日本は戦争終結を図らねばならず、戦況の悪化次第では終戦の条件を国体護持だけに止むべき事態もあり得ると予測した。そして、「今後帝国は作戦的に大勢挽回の目途なく、而《しか》もドイツの様相も概ね帝国と同じく今後ジリ貧に陥るべきをもって、速かに、戦争終結を企画するを可とする」（『大本営機密日誌』）と述べていた。

これに対して、木戸はソ連を終戦の仲介役とすることから、ドイツ崩壊と同時ではなく、しかも英米ソの態勢が整う前に講和を提案すべきであるとした。

対英米戦終結に向けて数々の工作

マリアナ失陥以後、「絶対国防圏」の修正の必要から、陸海軍の作戦当局は、本土（沖縄、小笠原を含む）、台湾、フィリピンを防備の第一線とみなす戦略構想をまとめ、一九四四年七月二十四日には「本年後期米軍主力の進攻に対し決戦を指導す」という、いわゆる「捷号」作戦計画が裁可された。

また、対米決戦に呼応する独ソ和平斡旋と対重慶工作の促進は、依然として重要な対外施策として継続されるべきであるとの認識から、八月八日、省部主務者案として「今後採るべき戦争指導の大綱に基く対外政略指導要領（案）」がまとめられた。

その内容は、本年秋頃までにソ連をして日本と重慶政権との終戦を斡旋させ、かつ独ソ国交回復を勧奨する、そのために日本使節を八月下旬にソ連に派遣し、日ソ経済提携を折衝する過程の中で、これらの目的を達成させるというのが新企図とされた。

また、独ソ和平のために譲歩すべき条件は、ソ連の関心を欧州に繋ぎ止めておくことからも、バルト三国およびポーランドはソ連領であることを承認し、北欧、バルカン、トルコ、イタリアにおいてもソ連の優先的勢力を認める。そして、日本と蔣政権の和平斡旋および独ソ和平のための対ソ交渉に用意した日本自身が譲歩すべき条件としては、㈠防共協定の破棄、㈡南樺太の譲渡、満州の非武装化と満州北半部の譲渡、などを挙げるとともに、参謀本部が抗日戦体制における中国共産党の影響力増大を認識して、「容共政策」、「延安政権との妥協策」を採用しようとする方向転換が見られる。

八月十二日より最高戦争指導会議を開催し、「今後採るべき戦争指導の大綱」を討議した上で、八月十九日、天皇臨席による最高戦争指導会議が開催され、「世界情勢判断」とともに「今後採るべき戦争指導の大綱」（第三回）が決定された。

この会議で最も議論になったのは、対ソおよび対中政策である。重光外相からの説明によれば、日ソ間の中立関係を維持しさらに国交の好転を図り、なお速やかに独ソ間の和平実現に努力すること、重慶に対しては統制ある政治工作を発動し中国問題の解決を図り、そのために極力ソ連の利導に努めるというものであった。

独ソ和平の実現は、陸海軍と外務省が一致して推進できる数少ない施策として開戦以来検討されてきたが、重慶工作については、重光と軍部の間には異なる意図が存在していた。軍部の狙いは、重慶政権側の対日抗戦を終止させることであり、中国側をして在中国英米軍を撤退させ英米依存を一掃し、対英米戦の巻き返しを図ろうとするものであった。これに対し、重光は、国民政権を通じて重慶政権に働き掛け、中国全体と日本との関係について、過去の不平等を清算する「対支新政策」によって、対等な日中関係を築き、それをもって対英米戦争の終結を図ろうとするものであった。

ソ連の仲介を期待する日本

八月三十日の最高戦争指導会議では、「対重慶政治工作実施要綱」が決定された。小磯首相が重光外相と連絡をとりつつ、「国民政府を通し其自発的形式に於て之を実施す。本工作は右系統以外に於て一切之を実施せしめざるものとす」ること、また、谷正之駐華大使および陸海軍最高指揮官に通報して、国民政府と密接に連携しながら同工作を支援することなどが取り決められた。

小磯首相が緒方竹虎国務相の意見を容れ、対ソ工作よりも対重慶工作に期待をかけた理由は、ソ連が対独戦争に優位な状況では対日妥協はありえず、一方、蔣介石は大陸を舞台に展開される日米戦による中国の焦土化と、過度な対米従属を避けようとすることから、対日和平締結の可能性があると判断したことによるものと思われる。

しかし重光は、対中国政策について独自の見解を持ち、決して小磯首相の「対重慶政治工作」に協力的ではなかった。重光は前東条内閣の御前会議で決定をみた「対支処理根本方針」（一九四二年十二月二十一日「対支新政策」）に依拠した不平等条約の清算による和平締結の推進を重視しており、一九四三年九月十八日の連絡会議で、日華同盟条約の締結を主張したことも同様の理由によるものであった。

そのため、日華同盟条約の締結相手国である中華民国国民政府（汪兆銘政権）を無視することにもなりかねない小磯の「対重慶政治工作」に、重光は警戒をした。そこで、重光は、日華の正常関係を回復しようとする誠意を明らかにすることからも、和平条件を明確に示す必要があると主張した。

一九四四年九月五日の最高戦争指導会議において決定された「対重慶政治工作実施に関する件」の「和平条約の腹案」には、「完全なる平等条件に拠ることを建前とし」て、和平条件提示の範囲および方法について、㈠支那の好意的中立を以て満足とし、支那側をして在支米英軍を自発的に撤退させる、㈡蔣介石の南京帰還、統一政府の樹立を認める、㈢日華同盟条約を破棄し新たに日支永遠の平和を律するべき友好条約を締結する、㈣在支米英軍が撤兵すれば日本軍も撤兵する、㈤満州国に関しては現状を変更しないこと、などが挙げられている。対重慶工作についても、ソ連の仲介を利用することが述べられており、重慶との和平についても、米英との和平についても、いずれもソ連の斡旋に期待をかけるものであった。

八　対中対ソの日本側譲歩案

「対ソ施策」における隔たる外務省案と陸軍省案

一九四四年九月六日、首相、両総長列立で「重慶工作」実施に関し上奏を行った。しかし天皇より、「種々御下問があり、こんどの決定があまりにも飛躍しているので却って支那側にわが弱味を見せるのではないか、との御懸念の方がお強いらしく、総理より席上奉答したけれども御不満の態に拝せられた」（『大本営機密日誌』）という。

この日、小磯首相の依頼を受けて、宇垣一成（坂西利八郎、渡辺渡同行）が朝鮮、満州、中国へ出張することとなった。目的は明らかにされなかったが、日本側の意向を中国側（主として国民政府）に伝え、反応を探ろうという含みがあったと想像される。また、同日、赤松貞雄軍務課長、大西一軍務課高級課員大佐、加藤中佐、種村佐孝戦争指導班長の間で、「対重慶政治工作実施の為国民政府へ伝達要領」および「対ソ施策」について、研究がなされた。

その後、九月九日には最高戦争指導会議の申し合わせとして、「対重慶政治工作実施に関し国民政府に対する伝達要領」がまとめられた。

その内容は、まず日本から使節を派遣し現地機関と共同して国民政府に伝達する。伝達に際しては、㈠日華の緊密なる提携こそが日華両民族の生存および繁栄のための絶対要件であり、日華民族の協力こそ亜細亜の復興と興隆を招来する唯一の前提条件であることを確信すること、㈡日本は情勢如何にかかわらず、あくまで日本の自存自衛と東亜解放のため戦争を継続すること、㈢重慶政権が現状のまま推移すれば米英の武力的経済的圧力はさらに加速し、英米の野望により中国は永遠に独立を失うこと、などを説得して日本の真意を明らかにすることであった。

同日、天皇は小磯首相、梅津参謀総長、及川軍令部総長を宮中に呼び、「曩《さき》に対重慶工作に関し上奏ありしが、本件は極て重大なるを以て単なる謀略に終ることなく飽くまで正道を以て進み、帝国の信義を先方に徹底せしむるを主とし、一時的効果を以て満足することなく永遠の成果を収むる如く十分慎重ならんことを望む」（『敗戦の記録』）と伝えた。

しかし、外務省事務当局者の構想は、九月六日の外務省案「対ソ施策要綱」にみられるように、基本方針としては「大東亜戦争遂の為ソ連の中立的態度を確保し、更に進んで日ソ友好関係を増進し、ソと米英とを離間するを以て主眼」するもので、軍部の構想しているソ連をして日本と重慶との終戦を斡旋せしめる、あるいは日本の独ソ和平斡旋からソ連を枢軸側に引き込むという積極的なものではなかった。

またソ連に提供すべき代償についても、陸軍省部案（「今後採るべき戦争指導の大綱に基く対外政略指導要綱案」八月八日）と外務省案には大きな隔たりがあり、外務省は日本が置かれている状況の厳しさを認識し、予想されるソ連の代償要求が苛酷なものとなることを自覚していた。

外務省案では中立条約に代わるもの、あるいは中立条約と並立して、㈠中立条約中の不可侵条項の再確認、㈡不侵略条約、㈢善隣友好条約、㈣戦争の平和的解決協定（武力手段の放棄）、㈤経済協力協定、などの諸取極めの締結をソ連に提議し、その対ソ交渉のため特使を速やかに派遣し、「機を失せず急速妥結を図る要あるに付、右特使に対し本決定の範囲内に於て交渉を妥結するの全権を賦与する」（『敗戦の記録』）ことが主張されており、さらにソ連に与える代償として、以下の十項を挙げている。

一、津軽海峡の通航容認

二、日ソ基本条約の廃棄改定（漁業権放棄を含む）

三、北満鉄道の譲渡
四、満州、内蒙古、支那其の他大東亜圏内に於けるソ連の平和的活動の容認
五、満州に於けるソ連勢力範囲の承認
六、内蒙古に於けるソ連勢力範囲の承認
七、防共協定の廃棄
八、三国条約及三国協定の廃棄
九、南樺太の譲渡
十、北千島の譲渡

つまりこれは、もはやソ連の関心を欧州に定着させておくどころではなく、緊迫した危機打開のための極東における対ソ全面譲歩である。

この外務省案を受けても、陸海軍の省部主任者案では、日ソ交渉特派使節に内示すべき譲歩案を、独ソ和平の斡旋、日蔣和平の仲介、ドイツの崩壊または単独和平の場合のソ連の態度打診の見返りとした。そして、外務省の挙げた譲歩条件の㈠、㈥および㈦以外には「触れず」として、譲歩条件を抑制した。

重光外相の描く日中和平

九月九日、第八十五回帝国議会衆議院予算総会において、重光外相が演説した大東亜宣言を基礎とする外交の「五原則」は、㈠政治的平等、経済的互恵、㈡民族主義の政策の尊重、㈢統治の形式とその指導理念についての内政不干渉、㈣通商交通の自由、資源の相互開放を含む経済の自由、㈤固有文化の相互尊重による文化交流、を訴えたものであり、重光の「対支新政策」がここにも一貫していた。最高戦争指導会議のメンバーの一人として参加し、「対重慶政治工作実施に関する件」(九月五日)を承認しながらも、そこに謳われている「和平条件は完全なる平等条件に拠る」という文言に、重光は懐疑的であったとみるべきであろう。

重光の想定する日中和平とは、中国からの日本軍の全面撤兵や、満州国は中国の領域であると認めることも含む、完全な互恵・平等関係を築くことであった。しかし、その理想を実現化できる具体策を講ずることはできなかった。重光は、東条内閣および小磯内閣の外相として、正面きって早期終戦を主張することはできなかったのである。

九月十二日、対ソ政策について、陸海軍省部と外務省の主任者協議で調整が試みられたが、結局陸軍案が優先され、「対ソ外交施策に関する件(案)」として決定された。その要領を見ると、陸海軍省部主任者案から修正はなく、同月十五日の最高戦争指導会議において再審議された。

しかしその席で、重光外相より急遽、「従来研究せる対ソ交渉の件は全部中止し、今後は日ソ間の共通問題に関し、理念的のものを研究し度との発言あり(太平洋憲章的のもの)」(『大本営陸軍部戦争指導班機密戦争日誌』）、特使派遣をソ連が拒絶した場合の処置、あるいはドイツが英米と単独和平を締結した場合の措置を研究することとなった。重光にとって日ソ交渉は、最悪の場合満州および南樺太の放棄にもなりかねない重大事であり、ソ連が応じそうもない陸軍の要望のために、日本側の窮状を曝《さら》け出すことになる危険を回避しようとしたのであろう。

対ソ特使の任務や目的をめぐっては、その後も陸軍と外務省との間に対立が続く中、重光外相はドイツ側の対ソ和平の意志について、スターマー駐日ドイツ大使および大島浩駐独大使を通じて探らせたが、いずれも独ソ和解の可能性を否定していた。

また、重光外相は、九月四日の最高戦争指導会議で広田弘毅元首相が特使として派遣されることに内定したことを佐藤尚武駐ソ大使に内報し、帰任を間近に控えたマリク駐日ソ連大使にもその意向を伝えた。しかし、佐藤大使を通じて伝えられたモロトフ外務委員の回答は、特使派遣を必要とするような新しい問題は存在せず、両国間の懸案は従来の外交経路により充分解決可能であり、しかも「特使派遣は国の内外に於て特殊の意味を以て解釈せらるる惧《おそれ》」（「外務省外交史料館記録」）があるとして拒否するものであった。

佐藤大使からの外務本省宛て電報、守島伍郎駐ソ公使の帰任中の報告などによれば、ソ連外交の根本原則は対独打倒にあり、独ソ和平問題はスターリングラード戦までは多少の可能性もあったが現在は論外であり、むしろソ連は米英との関係を強め、国内の復興、生産増強を図るため、アメリカの経済援助を必要としていることから、ソ連を米英から離間させることは困難であったという。また、ソ連としては西方での対独対策に多忙であるから、東方では英米の勢力をもって日本を牽制しようとしていることを伝えていた。こうしたモスクワからの情報は、陸軍にも伝えられた。

対重慶和平工作のキーパーソン、繆斌

一方、南京政府を通じた対重慶和平工作は、柴山兼四郎陸軍次官が南京に赴き、九月十三、十四日の両日、陳公博《ちんこうはく》、周仏海と会見し、日本側の和平条件を提示することで始まり、これを受けて周仏海は重慶側と連絡をとることを約束した。しかし、柴山の帰任報告によれば、蔣介石が和平に応ずる可能性はほとんどなく、米中関係は軍事的にも経済的にも強固に結びついていることを告げていた。

その後、日本側の「全面和平」に関する意図を確認するため、南京政府考試院長・江亢虎《こうこうこ》が来日し、十月十七日より三回にわたり重光・江会談が行われた。江は重光に対して、国民党員であり考試院副院長である繆斌から依頼されたことを伝え、彼は全面和平のために必要あらば無線によりいつでも対立的関係打開の橋渡しになろうと述べていることを説明した。しかし、重光は江の説明だけでは連絡機関などについて確認が取れないとして、両者の間では何ら具体的交渉の進展は見られなかった。重光はこの働きかけを、むしろ南京政府倒壊工作とみなした。

繆斌は国民党中央委員の経歴があり、一九三七年北京臨時政府の樹立に参画し、新民会の基礎を築いた人物で、当時南京政府考試副院長として上海に居た。中国の反共秘密結社系の人脈につ

ながっており、朝日新聞記者を通じて緒方竹虎情報局総裁とも面識があった。しかし、繆斌は重慶政権とも連絡があることで、南京政府においてはむしろ孤立の存在であり、陳公博、周仏海との関係も緊密ではなかった。

しかし、十一月十日、汪兆銘が名古屋で病死すると、汪主席なき国民政府では、重慶工作を国民政府の総意として実施させることに期待し得ないことから、小磯首相は対中国政策について根本的に再検討を要するとの考えを示した。十二月十三日の最高戦争指導会議では、現地における対重慶政治工作の実施のための国民政府への指導は、今後在支大使および陸海軍最高指揮官が相協力して行うことに申し合せた。

対重慶工作の推進に最も熱心であった緒方竹虎情報局総裁の背後的運動と、小磯首相の強い要望で、一九四五年三月十六日、繆斌の単身来日が実現した。繆斌は小磯首相との会談で、自分は直接重慶を代表するものでないが、重慶代表者は目下上海にあって全ての指示を与えていると語ったという。繆斌がもたらした「中日和平実行案」の要旨は、㈠南京政府即時解消、㈡国民政府の南京遷都まで南京に留守政府を置く、㈢中日即時停戦、日本軍の完全撤兵、㈣国民政府は南京遷都後、日本の和平希望を連合国側（アメリカ）に伝達する、四点だった。

三月二十一日の最高戦争指導会議で、小磯首相は「繆斌工作」を正式に提案した。ところが杉山元陸相が、繆斌は「重慶政府の廻し者」と考えられており相手とするには疑問があると反対し、当初から繆斌の性格に懐疑的であった重光外相は、情報が重慶を経てアメリカに達する危険があり、特に重慶工作については南京政府を通じて行うという最高戦争指導会議の決定に反し、繆斌系統の者は南京政府にとって「異分子」であり、南京政府倒壊を目論んでいると推測した。重光にとっては、首相が外相になんらの事前協議もなしに行ったということに不満があったようである。

結局、米内海相、梅津参謀総長も重光外相の意見に同調し、反対の立場をとったため、「中日全面和平実行案」の検討に入らないうちに散会となった。緒方は東久邇宮に働きかけ、東久邇宮も繆斌と面談してこの工作を支持し、梅津参謀総長、杉山陸相に説得を試みた。

また小磯首相が、四月二日、繆斌工作を進めたいと上奏したところ、天皇は、首相の話と他の大臣との話が大いに食い違うので、「深入りをしない様にせよ」（『木戸幸一日記』）と言ったが、それでもなお小磯首相は繆斌工作の続行を言上した。そこで三日、天皇は木戸内大臣の進言を納れ、陸相、海相、外相のそれぞれに意見を徴したが、いずれも反対意見を上奏したため、小磯首相に繆斌工作を打切り速やかに帰国させるよう命じた。いわば閣内不一致を露呈することとなった。

重光外相は、小磯内閣期にあって常に木戸内大臣と連絡をとり合い、終戦の時期について考慮し、両者の間では、同盟条約により単独不講和を約束しているドイツが、あくまで継戦する態度をとっている以上、日本の終戦はドイツの崩壊の時を選ぶほかなく、その時期を概ね来年四、五月頃と予想し、これに向けて準備が必要であるという意見で一致していたという。終戦に向けていかなる可能性、情報をも無視してはならない時期に、小磯首相に協力することなく、ただ傍観し続けた木戸、重光、米内の責任は重い。

九　重光外相への佐藤駐ソ大使の反論

一九四四年後半の欧州戦局

一九四四年の夏から秋にかけての欧州戦局は、ノルマンディーにおける第二戦線の結成、連合軍によるパリ奪回といった状況とともに、東部戦線では、ソ連がルーマニア、ユーゴ、ブルガリアへと進出し、バルカン方面におけるソ連の勢力は英米を凌ぐに至った。

小磯内閣期、すなわち一九四四年の夏から翌年の早春にかけては、欧州においてもアジアにおいても重要な意味をもっていた。連合国側が、ドイツと日本に対し絶対的な優勢に転じ、それと同時に連合国相互間の調整が重要問題として顕著になったのである。各国とも、勝利後の戦後構想を次第に明確化、具現化しようという動きが見られるようになった。米英ソ中の四大国相互間、あるいは米英ソ三大国間の関係も大きな転換期にさしかかり、戦後世界の体制と自国の利害がどのように関わるか、各国に深刻な危機感を与えるようになった。

重光外相は、とくにバルカンをめぐる利害対立に着目し、英米ソ三国関係を破綻させる要因が秘められているおり、そこに日本の乗ずる余地もあり、その意味において日本が独ソ和平斡旋に動くことは重要であるとの認識を持っていた。しかし、モスクワにおいてソ連の動向を観察していた佐藤尚武大使は、この重光の認識に反論し、第二戦線がテヘラン会談で約束された期日に実現したことは、三国間の相互依存関係は増強されているとみなすべきで、ソ連のバルカン進出問題は、少なくとも対独戦の遂行中は三国関係の破綻の原因とはなり得ないと判断していた。

八月にはワルシャワ人民の蜂起に対するソ連の支援拒否、同時に東部ポーランドにおける共産党政権の樹立が相次ぎ、ブルガリアへの宣戦布告と占領、ルーマニアおよびユーゴスラビアの一部占領と続いていく。こうしたソ連の東欧およびバルカン半島への勢力圏の発展は、以前から予想されていたこととはいえ、それが現実化されて英米は非常な衝撃を受ける。

日本では、こうした国際情勢をにらんで、連合国間の諸種の問題や相違の存在を利用して、戦争を有利に導こうという試みがなされたが、有利な早期終戦のシナリオに役立てようとするものではなかった。対重慶工作や対ソ施策も、あくまで対米英戦争完遂のためという認識であった。

対独戦争の最終段階が各国で認識され始めた時、ドイツへの侵攻と占領下の管理が、果たして米英ソ間の協調のもとで維持できるかどうか、深刻な問題として浮上してきた。そこで、三大国間関係を規定すべき枠組を構築しようとする努力が払われ、ヤルタ会談が開催されることとなる。

しかし、ローズヴェルト大統領は、それまでは既存の米英ソ関係の枠組みを維持していこうと慎重な姿勢をとり、結果的にはソ連の東欧支配を黙認し、原子兵器の情報も（九月三十日、マンハッタン計画は一九四五年八月一日までに原子爆弾の実用テスト可能という結論に達していた）、米英間限りのものとして秘匿した。特にソ連を刺激したくなかった理由は、対日戦略のためであった。

九月十一日から十六日にわたって開催された第二次ケベック会談において、ローズヴェルト大統領とチャーチル首相は、日本を屈服させるための最終案を検討した。従来通り、連合国は日本を空と海から封鎖し、究極的に本土に上陸を敢行すること、そして、ソ連軍の対日戦参加を期待することが再認識された。また、十月九日から二十日にわたってのチャーチル、スターリン、ハリマンのモスクワ会談では、スターリンはドイツ敗戦から約三ヵ月後に、ソ連が対日戦を開始する用意のあることを明らかにしており、英米はこれを歓迎した。

重光外相の対ソ施策に反対した各国駐在大使

こうした情況にあって、小磯内閣が米ソ離隔のための対ソ施策を試みようしたことは、極めて無意味なものであったというほかない。広田弘毅特派使節問題は行き詰まりとなり、九月二十八日の最高戦争指導会議において、重光葵外相が提案した「日ソの中立的態度を維持し、進んで日ソ国交の好転を図る方針の下に、ソ連に東亜の安定に関する日本の意図を理解せしめ、ソ連の日本に対する意向を打診しつつ、独の崩壊又は単独講和の場合はソ連の対日好意的態度を確保するに努める」(『日本外交史25』)という方針を、佐藤尚武駐ソ大使に通報した。しかし佐藤は、日ソ間は中立関係の維持が精一杯であり、それさえ次第に困難であり、今多大の代償を払ってソ連を米英から引き離そうと試みても徒労におわるであろうと意見を上申した。その後も重光外相は佐藤大使に、我方の狙いは日ソ中立関係の維持および強化と、ソ連と英米の妥協を妨害することにあると伝え続けた。

十一月六日の革命記念日に際して行われたスターリン演説では、大東亜戦争における日本を侵略国と非難し、米英を平和愛好国と表明した。これは日本にとって意外の一撃ということになるが、ソ連の去就がどちらに傾いているのかを明白にした瞬間でもあろう。

それでも、重光は積極的に対ソ施策を継続しようとした。十一月二十四日および十二月十二日付佐藤大使宛て訓電によれば、重光は、日ソ中立関係の維持発達は必ずしも不可能ではないとする根拠について、「蘇連の東亜に於ける権益の擁護が、米英に依るよりも日本との妥協に依りて成し遂げ得と思うに至れば、蘇連の意必ずしも動かざるに非ざるべし」と述べている。

そして日ソ妥協の第一要素は、日本が中国において防共の看板を下ろし民主主義を容認することにあり、対共産軍態度を変更し延安政権と呼ぶのがその例で、防共の字句を漸次削除すること。第二要素は、東亜民族の解放と独立を目的とする日本の政策は、ソ連の民族政策と一致するものであること。以上をソ連に対して強調する必要があるとした。

また、「独の脅威減退と共に反枢軸側陣営特に蘇と英米の利害相違は表面化する傾向を示し、特に蘇の支持する共産党と米英の支援する民主派との相克軋轢は各地に於て激化しつつあり」、東欧バルカン方面に止まらず、小亜細亜、イラン、イラク、中国などいずれも然り、「蘇は目下の所努めて対米関係を良好に繋ぎ以て英に当らんとする状況なるも、英米対蘇の関係は戦局の進展と共に今後益々紛糾すること必至と観察せらる」。日本としては「蘇と英米との妥協を妨害する狙いを以て進み度く」、日独蘇三国の政策を同調的方向に誘導させるよう努めるべきである、と指示していた。重光の対ソ施策は、極端な願望的思考と言わざるを得なかった。

重光の考えに反対したのは、モスクワの佐藤尚武駐ソ大使だけではなかった。ストックホルムの岡本季正公使も、戦後の復興に英米等の援助を必要とするソ連が、対米英関係の悪化をまねいてまでも、枢軸側と妥協することは考えられない、と重光外相に数回にわたり進言した。マドリッドの須磨弥吉郎大使や各在外公館からも、同様の情報が東京霞ヶ関に寄せられていた。

しかし、重光はドイツの屈服が間近に迫っているとすれば、ソ連をアジアの一員に組み入れて、日本、満州国、中国、ソ連、さらに東南アジア諸国による、アジアの国際体制を作り上げていく構想によって、大東亜戦争の目標、東亜新秩序の建設を達成しようとしたのであろう。それが重光特有の対中国新外交であり、ソ連をも含むアジア外交といえよう。

十　外務省のヤルタ会談情報

明白になったソ連の態度

ソ連の態度は、一九四五年二月四日より十一日まで、クリミア半島のヤルタにおいて開催された、ローズヴェルト大統領、チャーチル首相、スターリン元帥の三国巨頭会談、いわゆるヤルタ会談によって明白となった。

戦後のドイツ処理方針、対独賠償問題、解放諸国の処置、国際連合の問題についてがその主な議題とされたが、二月十日、モロトフがハリマン大使に極東問題についてのスターリン提案の原案を提出した。ハリマンは、このときの交渉を詳細に記録した覚書を残している（アメリカ議会図書館ハリマン文書）。

その覚書によれば、ハリマンはスターリン原案に二点の修正を提案した。第一に、スターリン原案では大連・旅順を租借することになっているのを、この二港を国際港にすること、第二に、スターリン原案では東清鉄道と南満州鉄道におけるロシアの権利が回復するとされていたが、この二つの鉄道は中国とソ連の共同管理の下に置くことを提案した。ハリマンからの報告を受けて、翌十一日、スターリンとの非公式会談に臨んだローズヴェルトは、極東問題がとりあげられる中で、ソ連側の条件を全面的に受け入れ、秘密裡に対日問題に関する合意が成立した。

スターリンはドイツ降伏から二、三ヵ月後に参戦することを確約する。ローズヴェルトはその代償として、㈠外蒙古の現状維持、㈡日露戦争によって侵害されたロシアの権益の回復（①南樺太および近接する諸島の返還、②旅順および大連に対する権益の回復、租借権の回復または国際管理下の自由港とすること、③日露戦争以前にロシアの享有した東支鉄道および南満州鉄道の中ソ共同経営）、㈢千島列島のソ連への譲渡、を認めたのである。ソ連の参戦とその条件問題について、チャーチルは全てをローズヴェルトに一任し、自ら討議に参加することはなかったが、極東問題についての発言権維持のためか、この合意文書に割り込んで署名した。しかしチャーチルの署名は、イギリス政府の閣僚たちには秘密にされていた。

ヤルタ会談では、その後の事態の展開にとって重要な意味合いをもつもう一つの出来事があった。英米合同軍事会議が開かれた二月九日、チャーチルが述べた演説である。

チャーチルは、米英中ソの四ヵ国が、日本に対して無条件降伏を受け入れるように四国共同の最後通牒を発するであろうと述べたが、その中で「もし多くの血と金をつぎこむ戦争が、それによって一年でも半年でも短縮されるならば、条件に何らかの緩和をなすことは意味のあることに疑いはない」と付け加えた。このチャーチルの発言は、ローズヴェルトに拒否されはしたが、アメリカが無条件降伏の要求を緩和すべきだとする最初の勧告であった。

日本側はもちろんヤルタ密約を関知せず、二月十五日、大本営は最高戦争指導会議に「世界情勢判断」を提出したが、そこではアメリカがイギリスとともにソ連を対日参戦に導入しようとしていることを指摘している。ソ連の動向としては、本年春に中立条約破棄の通告をする公算が相当大であるが、依然対日中立関係は保持されるであろうこと、ただし日本の対ソ弾撥力が著しく弱化せりと判断した場合、欧州情勢の如何にかかわらず、ソ連は対日武力戦を発動する可能性もあることを述べていた。

自主的外交プランのない日本

さて、先述の通り日本外務省政務局では、各国の新聞、雑誌、ラジオニュースや出先在外公館よりの情報をもとに、週報としてまとめた極秘扱いの「世界情勢の動向」を印刷し関係部署に配布していたが、ヤルタ会談に関して、あるいはその当時の国際情勢についても、かなり重要な情報をつかんでいた。クリミヤ会議の三国合意の公表文「ドイツの占領及管理」、「ドイツ国による賠償」、「連合国会議」（国際機構の設立のためのサンフランシスコ会議）、「解放せられたるヨーロッパに関する宣言」、「ポーランド」、「ユーゴスラヴィア」、「外相会議」、「平和及戦争の為の一致」、「捕虜の機関」などはもちろんであるが、同会議の反響ならびに観測として、たとえば、ソ連が対日戦争参加をコミットしたとの観測が有力視されつつあるとして、次のように述べている。

上院外交委員長『コナリー』は、蘇連は対日戦争に軈《やが》て参加するものと観る旨洩したる由なり。尚紐育《ニューヨーク》『タイムス』も、華府《ワシントン》に於て蘇連の対日戦争参加の観測有力化し居るを伝え、期日選定が単なる偶然の一致なりや疑問なりと為し居れり。（『世界情勢ノ動向』）

また、二月十四日、アレキサンドリアにおいてチャーチル首相とイーデン外相が、ローズヴェルト大統領、ステティニアス国務長官、ワイナント駐英米国大使と会談したことについても、「英国政府は独国を撃破するや直ちに日本に対し、全力を振り向くる決意を表明」したことを伝え、三月一日、ローズヴェルト大統領が議会演説で行ったクリミア会議の報告については、「太平洋方面に於ける問題に触れざりしが、同会議に先立ち「マルタ」に於て米英両国の軍事当局は対日攻勢強化方策を決定せし次第にして、対日問題は看過せられしにあらず」と言明したことを取り上げていた。

さらに、「世界情勢の動向」では、対日戦争に関するアメリカ側要人の言説および論評などを分析しているが、それによってもソ連の対日参戦情報は、ソ連の日ソ中立条約の廃棄通告以後、いよいよその確実性を高めている状況が窺われる。また、その間にあって、東欧問題、バルカン問題について、特にポーランド問題をめぐって米英ソ間の対応の相違、対立の動きに関する情報が飛び交っていることも伝えていた。

日本側は、もちろんヤルタ密約そのものの存在を知ることができなかった。戦後になって佐藤尚武は、「日本側には終《つい》に判らず仕舞いになってしまったのですが、これは不覚でもあり、また是非もない事でもありました」(『日本外交史25』)と告白している。「不覚」というのは、日本の死命を制したヤルタ協定を現地で感知できなかったことであり、「是非もない事」というのは、現地大使館は四六時中厳重なソ連の監視の下に置かれ、また完全に統制されているソ連の新聞などにその片鱗も現れようはずはなく、大使館員の知り得なかったのも是非もないことであったということである。

世界から集まってくる東京の情報を、現地モスクワに提供していたならば、重光外相が一方的訓令のみでなく、何らかの方法で、佐藤大使が現地で策動できる幅広い情報提供をしていたならば、あるいは、在外公館間のネットワーク活用を外務本省がもう少し認めていたならば、情報収集・分析・判断が変わっていたかもしれない。

大本営陸軍部第二十班では、三月十七日、「日ソ問題を中心とする帝国今後の対外施策に関する観察」をまとめていたが、重光外相が英米対ソの関係について、戦局の進展とともにますます紛糾すること必至と観察したように、「欧州終戦後に於ては東亜問題に関する米英ソの確執は激化の算大なりと観察せらる（斯かる場合に於ては帝国の対ソ交渉に一脈の光明を発見し得るものとす）」と、なおも対ソ交渉に望みを懸《か》けていた。

外務省としても同様で、未だ終戦に向けての自主的外交プランがなかったのである。

第七章
戦争終結への苦闘

一　鈴木内閣の早期終戦の始動

鈴木貫太郎内閣の発足

この章では、講和に向けた外務官僚たちのさまざまな苦闘の実態を追うこととする。具体的には、講和か本土決戦かをめぐる東郷茂徳外相と阿南惟幾《あなみこれちか》陸相の激しい論戦、その対立のなかから見出していった終戦工作としての日ソ交渉に注目する。また、外務本省と出先在外公館で意思疎通を欠き、それが終戦の過程に重大な影響を及ぼした様を見ていく。

一九四五年四月五日の重臣会議には、木戸幸一内大臣のほか、近衛、若槻、岡田、鈴木、平沼、東条らが出席して（阿部、小磯、米内は欠席）、鈴木貫太郎を新首相に推薦した。鈴木内閣組閣の条件や性格について、終戦、和平内閣と位置付けたわけではなかったが、重臣の間には「和平工作」についての暗黙の了解があった。

木戸内大臣は、鈴木に過去のいきさつに捉われず、「陛下は戦争の推移について非常に御憂慮になって居られ、出来るだけ速に平和をもたらすことを御希望であります」と、天皇の意思を明確に伝え、「閣下の内閣を以て戦争中の最後の内閣にせらるる様希望します」と述べた（『GHQ歴史課陳述録』）。

これに対して鈴木は、「自分も戦争を速に終結せしむることについては全く同感であって、自分が若し大命を拝するとすれば自分の使命は全くそこにあると思う」と自覚していた。抗戦内閣を主張した東条を別として、重臣の間では、終戦を意識した組閣計画であったことは明らかである。

一方で、陸軍の中堅層は一様に、和平をねらいとした「バドリオ内閣」（ムッソリーニ失脚後のイタリアの終戦処理内閣）ができると警戒し、阿南惟幾の入閣に反対し、鈴木内閣の組閣を阻止しようとした動きもあった。

組閣の大命を拝受した鈴木は、四月六日、陸軍省に杉山元陸相を訪ね、陸軍の協力を求めた。その際、新組閣に対する陸軍の要望として、㈠あくまで大東亜戦争を完遂すること、㈡陸海軍一体化の実現に努力すること、㈢本土決戦必勝のため必要とする施策を具体的に躊躇することなく実行すること、を要求された。鈴木首相は、これら三点を受け入れ、阿南の入閣の約束を得た。

この日、海軍は沖縄こそ最終的な決戦場であるとし、戦艦大和の出撃を敢行した。海相には、陸海軍の統合に強い抵抗を示していた米内光政が留任した。

四月七日、鈴木首相は東郷茂徳と会見し、外相就任を要請した。しかし東郷は、諾否を答えるに先立ち、鈴木が終戦を希望している点では一致するが、戦局は悪いが戦争継続力については今後なお二、三年可能であるとの判断を持っており、この点についての認識が一致しない限り戦争に関する最高方針に食い違いを生ずるとの理由から、早期終戦という条件で入閣することを述べ、首相の再考を求めて辞去した。

しかし翌八日、岡田啓介、木戸幸一をはじめ、外務省の先輩である松平恒雄、広田弘毅、そのほか松平康昌内大臣秘書官長、迫水久常内閣書記官長らから、「首相を啓発」するためにも入閣してほしいと激励され、外相就任を承諾したという。もちろんこれらの人々は即時戦争終結を思考していた。説得にあたった松平康昌内大臣秘書官長は、「天皇陛下も終戦を御考慮遊ばされているように拝察されるから余り心配されなくともよい。是非陛下の御力になって欲しいと申し述べ」たが、東郷はこの松平の説得によって「和平に関する陛下の御思召を知った第一」であると回顧している（『GHQ歴史課陳述録』）。

ソ連による中立条約破棄通告

鈴木内閣成立直前の四月五日、ソ連モロトフ外務委員は佐藤尚武駐ソ大使に、「日ソ中立条約」の不延長（一九四六年四月二十五日以後）の意志を伝える覚書を手交した。ソ連側の通告は「調印当時（一九四一年）と事態が根本的に変化し、日本はドイツの対ソ戦争遂行を援助しかつソ連の同盟国である米英と交戦中である。このような状態において、日ソ中立条約はその意義を失い、その存在は不可能となったので、明年四月期限満了後延長せざる意向である」（『世界情勢ノ動向』）というものであった。

佐藤大使の条約有効期限に関する質問に対し、モロトフは、これは予告であり満期までは有効であることを確言した。しかしソ連からの通告は、まさに小磯内閣から鈴木内閣へと政権交代の混乱の最中であり、重光外相（小磯内閣）は十分にソ連の行動を牽制することができず、鈴木内閣の外相に就任した東郷も中立条約の破棄通告の重みを十分理解していなかったと言わざるを得ない。

日本外務省の政務局では、日ソ中立条約廃棄通告に対する国際的反応について、次のような情報をキャッチしていた。

まずアメリカ政府の反応であるが、国務省および上院外務委員がソ連の通告を歓迎すると述べ、上院陸軍委員長トーマスおよび上院議員タフトらが「ソ連の対日戦参加必至を意味する」と発言した。また、「ニューヨーク・タイムズ」（四月六日付）は「今次ソ連の措置はサンフランシスコ会議への前途を円滑ならしめると同時に、日本側に陰影を投ずるものなる点において二重に歓迎すべきものである」と論調を加えた。

イギリス政府もまた同様に受け止め、「殊にソ連の廃棄通告の強硬調子に喜び、このような通告に接したる以上、日本政府としても、ソ連の対日非友誼的感情を観取せざるを得ず、結局スターリンはローズヴェルトおよびチャーチルに対し、対独戦後または適当な時期に対日戦に参加すべき約束を為したるべしと観測している趣である」との報道があった。さらにロイター特派員は、「日本が独ソ戦を援助している事実に言及しているのは、ソ連が問題を形式的廃棄通告に終わらせる意図ではないことを明らかに示している。ロンドン外交界においては、現在の日本指導者が無条件降伏を受諾せざる限り、ソ連は最早中立的傍観的立場を継続しないであろうと観測し、ソ連は日本が既に過去の行為により中立条約を侵犯せりとみなしている」と論じていた。

重慶政権もまた、中央宣伝部長王世杰《おうせいけつ》が声明を発し、「中国は大なる満足を以て日ソ中立条約廃棄の報を接受せり、ソ連の採りたる措置は精神的効果甚大にして、日本の完全なる崩壊を促進すべく、且これよりソ連と他の連合国間の合作の途開かれたり」と言明した。重慶のロシア語放送でも、「今後日本をして両面作戦を不可避ならしめ一大困難に陥りたりと言うべし、モロトフは日ソ中立条約はドイツがソ連を脅威せるため締結したものであると語れるも、このモロトフの言は何故中立条約を締結したのかを充分に説明している。小磯内閣の辞職は何らかの変化を惹起させるであろう。我々は士気を鼓舞して勝利獲得のため全力を尽くすべし」と述べた。

このように、ソ連による日ソ中立条約破棄の通告については、米英中の歓迎するところであり、こうした情報を外務省政務局は得ていたのである。

疑問が残る東郷の情勢判断

東郷は外相就任早々、マリク駐日ソ連大使と会談し、ソ連の中立義務について注意を喚起するとともに、佐藤大使へも同様にソ連に中立義務を申し入れるよう訓令した。四月二十七日のモロトフの回答は、中立維持に関してはソ連の態度に何ら変化なしとのことであった。しかし、外務省が入手した先の国際情報から判断すれば、日ソ中立条約の廃棄は、もはや対日参戦の序曲と受け止められてしかるべきであり、ソ連の態度はすでに連合国側にあり、対日参戦のタイミングを狙っている段階に入った、とみなさざるを得なかったはずである。

ソ連の対日戦争参加に対する日本政府の危機感は、五月のドイツ崩壊まで極めて希薄であったと言わざるを得なかった。国際情報を集約できる外相という立場にありながら、テヘランおよびヤルタにおける米英ソ三巨頭会談についての分析もなく、東郷は条約有効期限を迎えるまでソ連の中立維持を信じ切っており、佐藤大使のモスクワ情報を傾聴しなかった。ソ連の参戦防止すら真剣に取り組まなかったと言うべきで、また、政務局の国際情勢判断をどのように受け止めたのか、疑問が残る。

さて、戦況は悪化の一途をたどり、陸軍は九州または関東を主戦場とする本土決戦の「決号作戦」を構想するようになっていた。その際に最も懸念される事態は、本土の包囲封鎖作戦が長期化し国力を消耗することと、ソ連の参戦であった。

四月二十二日、河辺虎四郎参謀次長は、有末精三第二部長を伴って東郷外相を訪問し、「対米英戦争完遂の為の対ソ施策」としてソ連の参戦を防止する対ソ交渉の希望を伝えた。さらに、梅津美治郎参謀総長も同様の申し出を行い、佐藤大使の活動ぶりに言及して同大使の更迭を促した。

東郷外相はこれら陸海軍首脳部の申し出に対し、佐藤大使が報告しているような危機、つまりソ連はもはや米英側に立ち対日戦果の分割を約束している恐れがあり、陸海軍の要望実現は不可能であることを伝えなかった。その後、東郷は、軍部の望む「参戦防止の日ソ交渉」から「和平に導く日ソ交渉」を見出したというが、反面、軍部にむしろある種の期待感を抱かせることになり、外相に対する軍部の対ソ参戦防止交渉の要請はその後も繰り返しなされた。

太平洋戦域で沖縄作戦が始まった頃（四月一日アメリカ軍沖縄本島へ上陸、五月三日からの第三十二軍の主力をあげた地上攻勢に失敗、六月十三日沖縄海軍部隊玉砕）、ドイツは崩壊に至る最後の段階にあった。五月二日、ついにベルリンが陥落し、ヒトラーやゲッベルスらが自決し、八日、デーニッツ政権は無条件降伏した。

同日、トルーマン大統領およびチャーチル首相は、欧州戦争終了の声明を発した。そして翌九日、トルーマンは記者会見において、今後の対日戦について、「無条件降伏の要求は日本軍に対して行われ、決して日本人の絶滅あるいは奴隷化を意味するものではない」と告げた。

二　最高戦争指導会議構成員会議

対ソ交渉と日本側代償案

五月六日、東郷外相は新聞記者団に対して、ドイツが連合国側に単独講和を申し入れたことに関し、日本はもはや三国同盟に拘束される必要がなくなったので、新たな観点に立って自由に行動することができると言明した。

そして東郷は、いよいよこの機会に、なお国力のあるうちに終戦工作に着手すべきであると決心し、その端緒として、陸海軍の対ソ交渉要請を積極的に利用することにした。その狙いは、陸海軍首脳者間と話し合いを進めるうちに、これら首脳者間に終戦に関する機運の醸成を計ることにあったという。その東郷の意図は、五月十一日から十四日にわたって開催された、最高戦争指導会議構成員会議によって実施された。この会議の構成員は、鈴木貫太郎首相、東郷茂徳外相、阿南惟幾陸相、米内光政海相、梅津美治郎参謀総長、豊田副武軍令部総長の六名である。

対ソ施策については、陸軍より「ソ連の参戦防止の方策」が取り上げられ、海軍からは「ソ連の好意的態度を誘致して石油を購入することができれば好都合である」との意見が出された。東郷外相は、対ソ施策はもはや手遅れで軍事的にも経済的にもほとんど利用し得る見込みはないと主張したが、陸海軍側は強くこれに反発する。

そこで東郷は、「参戦防止のみならず、進んでは其の好意的中立を獲得し、延いては戦争の終結に関し我方に有利なる仲介を為さしむるを有利とする」(「外務省外交史料館記録」)との、三つの目的をもって対ソ交渉を開始することに誘導した。すなわち、従来同様、㈠ソ連の参戦を防止する、㈡ソ連の好意的態度を誘致する、という目標に加えて、㈢戦争終結についてソ連をして日本に有利なる仲介をなさしめる、という新たな目標を加えることが了解されたわけで、ここに初めて、軍部が終戦を意識した対ソ交渉を認めたことになったのである。

そして、その代償として日本側からは、ポーツマス条約および日ソ基本条約を廃棄するという意味において、①南樺太の返還、②漁業権の解消、③津軽海峡の解放、④北満における諸鉄道の譲渡、⑤内蒙におけるソ連の勢力範囲の承認、⑥旅順・大連の租借権譲与、などの提供を決定した。こうした譲与条件は、すでに小磯内閣期の重光外相の対ソ交渉の際にすでに挙げられていたものである。

また、場合によっては千島列島の北半の譲渡もやむなしとされたが、朝鮮は日本に留保する、南満州は中立地帯とするなど可能な限り満州国の独立を維持することとし、なお中国については日ソ中三国の共同体制を樹立することが最も望ましい、ということも確認された。

画期的だった構成員会議

戦争終結に関するソ連の仲介ということでは、日本政府として初めて連合国に戦争終結の意思を伝えることになる。当然、講和条件を提示しなければならない。その条件問題およびその前提となる戦局の見方については、東郷外相と阿南陸相との間になお意見の対立があった。そこで構成員会議の結論としては、当面の対ソ交渉は㈠および㈡の目的によって進め、㈢の実行は暫時留保しておくことに申し合せた。和平仲介問題は当面表面化させないことにしたのである。

ともあれ、構成員会議においては、政府や軍部の両首脳者間に初めて本格的な自由討議がみられ、軍部に終戦を模索させる大きな転機となったことに最大の意義があった。それまでの戦争指導会議は、構成員による自主的自由討議というよりも、実質的に幹事が討論の主体をなし、事務当局主導によって運営され、とかく話し合いが硬直化し、強硬論に傾きがちであった。しかも、討議の内容が幹事や幹事補佐を通じて下部に洩れてしまうことがしばしばあった。そのため、東郷外相は幹事を交えない六名のみの首脳会談によって最終的な対ソ政策を決定することで構成員の了解をとりつけ、軍部の最高責任者四名を自由な論議の場に引き入れることができた。

東郷発意による幹事を交えない最高戦争指導会議構成員会議は、終戦決定のプロセスにおいて重要な役割を果たすこととなる。日本終戦史に深く刻み込まれるべきこの三日間の討議は、議事録を残していない。その意味で、東郷が会議直後に六者間に意見の一致をみた合意事項を書き留め、鈴木首相より署名（花押）を取り付けている文書、および及川古志郎「一九四五年五月中旬に於て最高戦争指導会議構成員だけで開いた会合に就いて」の記録は、実に貴重なものと言える。

戦争終結を視野に入れた対ソ交渉

こうした状況において、陸軍中央ではいよいよ本土決戦が現実のものとして想定されてくる。また、日本政府は「如何なる時機にどうした条件で戦局の片をつけるか」という戦争終結に向けての論議に取り組んでいくことになるが、その際議論の焦点は、対ソ交渉をいかに進めるか、すなわち和平斡旋を交渉目的に加えるか否か、その場合の譲歩条件をどうするかという問題解決が急務とされた。

五月二十二日の閣議、閣議後の主要閣僚の懇談では、五月中旬の最高戦争指導会議構成員会議と同様の議論が繰り返されているが、「戦争終結を考えない対ソ交渉は意味がない」という認識では政府、軍部とも一致した方向にまとまった。しかし、対ソ譲歩条件をめぐっては外務省と陸軍の間に大きな隔たりがあり、議論は暗礁に乗り上げた。

そうした中で、東郷外相は、「思い切った代償を提供すること」を含みとして、和平仲介に関するソ連への打診を広田弘毅元首相に依頼し、マリク駐日ソ連大使に働きかけることにした。そこで六月三日、ソ連の参戦を防止して好意的中立態度を求める、第一回広田・マリク会談が行なわれた。一方で六月一日、東郷は佐藤駐ソ大使へ、東京でのマリク大使への働きかけを報告するとともに、「日ソ関係の打開は非常に困難であるが、ソ連の参戦防止と好意的態度誘致のための機運を逃さず接触するよう」訓令していた。

しかし、鈴木首相はじめ陸軍も期待を寄せていた対ソ交渉は、モスクワの佐藤大使の観測によれば、中立態度の維持が精一杯であり、ソ連は対米関係を犠牲にしてまで対日関係の増進をはかる意志はないとの見方をしており、日本が代償提供による関係好転を希望することにむしろ危惧の念を抱いていた。

三　最後の戦争指導大綱

「今後採るべき戦争指導大綱」

一九四四年八月の「今後採るべき戦争指導の大綱」に代わる新たな大綱案は、一九四五年二月二十二日、陸海軍主務者案「今後採るべき戦争指導大綱」としてまとめられた。

冒頭に書かれた「帝国は速かに日、満、支の総力を徹底的に結集戦力化し、特に本土決戦即応態勢を確立し、一億必勝の確信の下主敵米の侵寇を破摧し飽く迄戦争を完遂す。此の間活潑なる施策により対ソ静謐の保持に努む」との方針の下、「ソ連に対しては中立関係の維持に努め、日ソ支の結合を促進するを主眼とし、世界情勢の変転を睨《にら》みつつ之が対応に遺憾なきを期す」との対策を立てたが、陸海軍上層部の同意が得られず、立ち消えとなっていた。これが、鈴木内閣にいたって改めて研究されることとなる。

参謀本部第二十班（戦争指導班）において、種村佐孝大佐が起案し西村敏雄少将が加筆修正した案を原案として、四月十八日、陸軍省との交渉を開始した。種村の原案にはソ連を通じて「戦争終末を図る」という文句があったが、これが削除された。梅津参謀総長は、対ソ施策を徹底的にやることが本案の狙いであるとしながらも、それが対北方静謐の保持なのか、ソ連を通ずる終戦企図なのか、明確に態度を示さず、阿南陸相も同様に終戦工作に踏み出す姿勢をとらなかった。

種村は原案を起案するにあたり、戦争完遂、本土決戦準備、対ソ外交の三点を強調したが、とくに対ソ外交を重視しており、その真意について、「戦争終末期に至って徹底せる対ソ外交を行うということは、表面は戦争遂行の為の外交ですが結果的には終戦導入への発足を決めたと云うことになる」と述べている。このことはまさに、先述の五月十一日から十四日にわたって開催された最高戦争指導会議構成員会議において、東郷外相が軍部に終戦を意識した対ソ交渉を認めさせたことと共通する。

四月十九日、陸軍省部決定をみた「今後採るべき戦争指導の基本大綱」は、その後、五月中旬の幹事補佐の会合、六月上旬の幹事会において修正され、さらに国内事項について、秋永月三綜合計画局長官の意見を加え、対ソ外交の項に対重慶施策が加わり、「対ソ支外交を強力に施策す」と記された。こうして「今後採るべき戦争指導の基本大綱」案が成立し、参謀本部は六月九日に予定された臨時議会までに御前会議を奏請し、内閣案として提出することにした。

また、御前会議において報告される「世界情勢判断」の検討も、幹事補佐（陸軍省軍務課加藤中佐、参謀本部種村大佐、有馬海軍大佐、外務省政務局第一課曽祢）の間で、参謀本部の原案をもとに進められていた。しかし、陸軍側がその都度希望的観測に基づく主張を繰り返し、外務省の世界情勢判断は反映されることはなかった。

御前会議での決定

六月六日、午前八時三十分より午後六時三十分まで長時間にわたり、宮内省作戦室において最高戦争指導会議が招集された。出席者は会議構成員五名（梅津参謀総長は欠席）と幹事三名のほかに、豊田貞次郎軍需相、石黒忠篤農林相、秋永月三綜合計画局長官が参加した。東郷外相は、議場に行ってから初めて議案を見たという始末であった。最高戦争指導会議には幹事として、陸海軍の軍務局長、総理側近の内閣書記官長らが出席していたが、外務省は幹事を出していないため、事前に何の相談も受けることはなかったのである。

東郷は、重要物資の生産増強について全く期待できないと判断しており、河辺虎四郎参謀次長の戦場が日本に近くなればなる程日本に有利であるとの「戦争の前途必ずしも危惧を要しないという説明」に対しては真っ向から反論している。しかし、「今後採るべき戦争指導の基本大綱」については、原案を鵜呑みの形で大した議論らしい議論もなく承認された。

六月八日、午前十時五分より十一時五十五分まで、宮内省第二期庁舎表拝謁の間において御前会議が開催された。「今後採るべき戦争指導の基本大綱」が議題であったが、その検討の前提として、秋永綜合計画局長官が「国力の現状」を、迫水内閣書記官長が「世界情勢判断」を朗読した。その後、「今後採るべき戦争指導の基本大綱」を迫水内閣書記官長が朗読して討議に入ったが、出席者からはまったく意見なく承認された。戦時中の第四回目、結果的に最後となる戦争指導の基本大綱の御前会議決定であった。

今後採るべき戦争指導の基本大綱

方針

七生尽忠の信念を源力とし地の利人の和を以て飽く迄戦争を完遂し、以て国体を護持し皇土を保衛し征戦目的の達成を期す

要領

一、速かに皇土戦場態勢を強化し、皇軍の主戦力を之に集中す。爾他の彊域に於ける戦力の配置は、我が実力を勘案し主敵米に対する戦争の遂行を主眼とし、兼ねて北辺の情勢急変を考慮するものとす

二、世界情勢変転の機微に投じ、対外諸施策特に対ソ対支施策の活発強力なる実行を期し、以て戦争遂行を有利ならしむ

三、国内に於ては挙国一致皇土決戦に即応し得る如く、国民戦争の本質に徹する諸般の態勢を整備す、就中国民義勇隊の組織を中軸とし、益々全国民の団結を鞏化し、愈々戦意を昂揚し物的国力の充実特に食糧の確保竝特定兵器の生産に国家施策の重点を指向す

四、本大綱に基く実行方策は、夫々担任に応じ具体的に企画し、速急に之が実現を期す

この会議において、平沼枢密院議長は基本大綱を支持し、米内海相は何等発言なく、鈴木首相は、議会対策として「国民の士気を鼓舞するために、少しは強いことを決めて置く必要があると言う気持ち」があったようで、東郷は鈴木の終戦和平に関する真意をつかみかねたという。御前会議出席者には、それぞれの解釈を持っていたかのように、この御前会議決定に複雑機微な当時の実態があったといえる。そして、東郷にとっては、「六月六日乃至《ないし》八日の最高戦争指導会議に於ては、講和の問題は討議せらるる余地がなかった」わけで、最高戦争指導会議構成員の六名以外に、終戦の意志を確認できるような状況では全くなかったという（以上、『ＧＨＱ歴史課陳述録』）。

六月九日より十二日まで第八十七臨時帝国議会を招集し、「義勇兵役法」および「戦時緊急措置法」を可決し、戦争継続体制を固めていった。なお、この臨時議会において鈴木首相が行った演説中にあった「日米両国が戦えば共に天罰を受くべし」という言辞が問題となり、小山亮議員からの質問と、その後一部議員より倒閣の動きが起こり、議会は喧騒となった。

朝鮮、満州、中国各地の視察旅行を終えて帰朝した梅津美治郎参謀総長は、六月九日午後三時より四時まで、天皇に拝謁し、「満支兵力及び弾薬保有量」などについて上奏した。松平秘書官長によれば、木戸内大臣から聞いたこととして、天皇は「比較的装備も良い筈《はず》の支那派遣軍にしてなお然りとせば、本土決戦の為に俄かに整備中の軍隊の実力は余程低く見積らねばなら

ないと考えて居られる」との様子であったという。天皇は「国力の現状」の内容と結論が矛盾しているという感想を抱き、「今後採るべき戦争指導の基本大綱」に関して不可解な印象を持ったことを鈴木首相へ伝えた。

参謀本部の種村佐孝大佐が起案した「今後採るべき戦争指導の基本大綱」の原案から、ソ連を通じて「戦争終末を図る」という文句が削除されたことにより、日ソ交渉の目的が不明瞭になり終戦の促進を鈍らせることになった。一方、戦争指導の基本大綱は和平問題にも関わることから首相提案となり、そのため「国力の現状」および「世界情勢判断」を内閣で取りまとめることになったのは、内閣の責任がいよいよ重大になったことを意味した。

四　木戸内大臣の「時局収拾対策案」

基本大綱を支える二つの分析報告

六月八日の御前会議で決定された「今後採るべき戦争指導の基本大綱」は、二つの分析結果報告を根拠としていた。

第一に「国力の現状」であり、その内容は、陸海交通並びに重要生産は益々阻害され、食糧の逼迫は深刻であり、近代的物的戦力の綜合発揮は極めて至難であるとしたうえで、民心の動向、人的国力、輸送力および通信、物的国力、国民生活を述べ、「国民の戦意特に皇国伝統の忠誠心を遺憾なく発揮せしむると共に、戦争遂行に必要なる最小限の戦力維持ならしむる如く八、九月頃迄に完了せしむることを目途とし、強力なる各種具体的施策を講ずるの要あり」と結論を下した。

もう一つは「世界情勢判断」であり、その内容は、おおむね昭和二十年末を目途とする世界情勢の推移を分析し、戦争指導に資せんとするものであった。敵側の情勢、ソ連の動向、東亜の情勢（太平洋方面・中国方面・南方方面・大東亜諸邦の動向）を述べた後、「今や戦局は帝国にとり極めて急迫し、欧洲盟邦も既に崩壊し、ソ連の対日動向亦最も警戒を要し、帝国は真に存亡の岐路に立ち居るも、敵亦苦悩を包蔵し短期終戦に狂奔しつつあり、したがって帝国は牢固たる決意の下必勝の闘魂を堅持し、皇国伝統の忠誠心を遺憾なく発揮し、速かに政戦略施策を断行し、以て戦勝の神機を捕捉するに遺憾無からしむるを要す」と結論づけた。

この「国力の現状」と「世界情勢判断」は共に、参謀本部の原案を採んで、最終的に内閣綜合計画局の毛里英於菟《もうりひでおと》がそれぞれに「判決」（結論）を付して成案とした。

木戸起草の「時局収拾対策試案」

木戸内大臣は、六月八日の御前会議には出席しなかったが、その日の午後、天皇のお召しがあり、その拝謁の際に天皇から情報を得ている。また、御前会議資料は、高木惣吉少将より松平秘書官長を通じて入手しており、「未だ戦争打切りと云うが如きものではなく、国力の判断より見て戦争の継続の困難は認めつつも、尚戦争を本土決戦へと指向するものであった」（『木戸幸一日記』）と、憂慮の念を深めている。

また、「国力の現状」と「世界情勢判断」の二つの報告では、誰が考えても戦争終結を急がなければならないとの結論になるべきはずなのに、「今後採るべき戦争指導の基本大綱」の「方針」を深刻に受け止め、この矛盾の是正のため「時局収拾対策試案」を起草した。その骨子は次のようなものだった。

沖縄の戦局はすでに救い難く、本土は敵の空襲下にさらされ、このまま推移すれば、本年下半期頃から国民生活は崩壊におちいるおそれがある。そこでこの際、果断な手を打つことは至上の要請であるとしたうえで、そのため天皇の御英断をお願いし、御親書を奉じた特使をソ連に派遣し、ソ連の仲介を得て終戦の局を結びたい。

木戸は、翌九日午後、この試案を天皇に説明し、首相、外相、陸相、海相と協議をすることについて許可を得て、直ちに松平秘書官長、松谷誠首相秘書官、加瀬俊一外務次官へ連絡をとった。松平を中心に、松谷、加瀬、それに高木を加えた四名は、前年秋頃からそれぞれ内大臣、陸相、首相、外相、海相の連絡役として、情報交換を目的とする会合を週一度平均に行っていた。会合の目的は、情報交換から次第に和平促進の運動に発展していったという。

その後、木戸は臨時議会の閉会を待って、鈴木首相、東郷外相、米内海相と面談を重ね、「時局収拾対策試案」の推進について了解を取り付けた。難問とされた阿南陸相の説得については、十八日、阿南陸相の方からの面談の申し入れがあったのを機会に、戦局収拾の必要を説いた。このとき阿南は「本土決戦一撃論」という気持ちを捨てきれず、全面的に賛成はしなかったが、「終戦施策」に着手することには同意したという。

動き出した対ソ交渉

六月十二日、東郷外相と米内海相は、最高戦争指導会議構成員会議の申し合わせ第三項の、ソ連への和平斡旋依頼の発動について相談した。翌十三日、木戸内大臣の取り持ちにより米内・鈴木会談が行われたが、木戸は「図らずも此の両者の考への一致せることが判ったのは仕事の遂行上非常に仕合せであった」(『木戸幸一関係文書』)と述べている。

十五日の東郷・木戸会談では、五月中旬の構成員会議の模様を首相が未だ言上しておらず、木戸も承知していなかったことが判明し、また東郷は米内について、戦争継続不可能とはっきりと述べているにもかかわらず、八日の御前会議では明確な態度を取らないとして非難した。木戸は、東郷に対して試案の核心である対ソ交渉の実行を促した。

こうして、木戸を中心に鈴木、東郷、米内の考えが即時和平終戦という方向に固められていった。

伊勢神宮参拝を終えた鈴木首相は、六月十八日夕刻、最高戦争指導構成員会議を召集した。阿南陸相、梅津参謀総長、豊田軍令部総長は本土決戦に期待をかけて、なんらかの戦果を挙げた後に和平交渉に移るべきと主張したが、和平への機会を得る努力をすることには異存なく、一同の意見の一致をみた。こうした情況をうけて、東郷外相は広田弘毅元首相に対し、マリク駐日ソ連大使との会談の目標に、ソ連の和平仲介斡旋を加えるよう要請した。

六月二十二日、午後一時より一時四十分まで、内庭庁舎において、お召しによる最高戦争指導会議構成員会議が開かれた。それは、先述の梅津参謀総長の上奏および十二日に行なわれた長谷川大将の海軍戦備の実情の上奏、さらに豊田軍令部総長の上奏に対して天皇が抱かれた、戦争継続に対する疑問に答える形で進められた。

このとき天皇より、「六月八日の会議で本土決戦の戦争指導方針を決定したが、また一面、時局収拾策についても従来の観念にとらわれることなく、速やかに具体的に研究して、実現に努めてもらいたい」（『GHQ歴史課陳述録』）という意味のことが述べられたというが、天皇が直接、明確に終戦促進の意向を示したという点で注目すべき発言といえる。天皇が軍部はどうかと尋ねられたのに対して、梅津参謀総長は「異存はないけれども、実行には慎重を要すると存じます」と答えると、天皇は重ねて「慎重を要するのはもちろんだが、そのために時期を失する心配がないか」と尋ねられたので、「速やかにする必要があります」と梅津は答えたという。つまり、六月八日の御前会議決定を否定したわけではなかったが、ソ連を仲介とした対米英和平の試案第三項の発動が最終的に確認されたものといえる。

この御前会議の模様は、外相起案のうえ、出席者の同意を求めサインをした後、御手許に提出することに意見一致している。この天皇のお召しによる六月二十二日の最高戦争指導会議構成員会議は、実質的終戦の意志を表明する重要な会議となった。この日は、沖縄部隊からの通信が途絶し、完全陥落が確認された日でもあった。

なお、六月十三日、木戸は大本営松代移転計画を上奏した。この計画は天皇にも知らせず、極秘に前年秋より進められていたのである。

五　天皇親書による終戦工作

広田・マリク会談

一九四五年六月三日および四日、箱根強羅《ごうら》ホテルにおいて、広田・マリク会談が行なわれた。

当初、広田は「中立条約は中立条約として更に両国関係を一層改善すべき取極を為し度き意向なるが、従来条約ありても猶種々問題を生じたることある処茲に一切之を解消し、進んで両国の将来東アジアに於ける立場を調整し互に双方の為好意的態度を執り得るが如き約束をなさんと希望するものなり」と説明したが、マリクは、広田が述べたアジアの安全問題について、日ソ中の三国関係調整に関する「具体的形式」はどのようなものかと反問した。

それに対して広田は、日ソ間の従来の友好関係を一層増進して行き、中国に対しても同一の考えを有する国家として漸次参加誘導する考えであることを説明し、日ソ間に長期にわたり不安な き国交を維持する基礎を樹立したい意向、つまり中立条約存続の希望を主張した。マリクは、充分研究の必要があるとして時間の猶予を求めて、会談はひとまず中断状態となったが、会談自体を回避する様子を窺わせた。

六月二十四日、在京ソ連大使館における広田・マリク会談では、広田は前回の申し入れに対するソ連側の回答を求めるとともに、㈠日ソ国交改善の障害となる恐れのある諸問題を解決したいこと、㈡満ソ間の経済的および政治的関係に関するソ連側の希望について充分考慮する用意があること、㈢中国に対する日ソ両国の共通する態度を定めること、㈣南方熱帯圏に対するソ連の経済的希望を充分考慮すること、などを申し入れ、「東洋に真の平和を樹立する為将来アジアに於ける日ソ両国の立場が相互に響応するが如き関係を設立することこそ日本側の真意なること」(『外交資料――日「ソ」外交交渉記録ノ部』)を説得した。

それでもマリク大使は、日本側の提案は抽象的であるから具体案を知った上で本国政府に報告したいと繰り返した。広田は、ソ連側が中立条約以上に良好なる取極めを行う意思があるのか、一般的良好関係以上に日本の将来に対して好意をもっているのか、そうした点をソ連側が明瞭に提示することを要望するため提議したものであると力説したが、マリクの反応は「具体化」を要求するのみであった。

そこで六月二十九日、広田は再びソ連大使館にマリクを訪ね、速やかに日本の提案に応じられることを希望すると申し入れ、書面によって「日ソ間に鞏固なる永続的親善関係を樹立し、東亜の恒久的平和維持に協力することとし、之が為日ソ両国間に東亜に於ける平和維持に関する相互支持、並に両国間に於ける不侵略関係を設定すべき協定を締結する」ことを要望する。また、そのための譲渡的条件として、㈠満州国の中立化（大東亜戦争終了後日本軍が撤兵し、満州国の主権、領土の尊重、内政不干渉を約束する）、㈡石油提供の代償として漁業権の解消、㈢その他の条件についても論議の余地あり、という三点を認めることを提示した。

こうした日本側の提案に対して、マリクは本国へ伝達することを約束したが、その後具体的対応を示さず、ついには病気理由により会談を中止させた。マリクの言動から判断して、ソ連の態度は冷淡と言うほかはなく、日ソ中三国連携はもとより、現状以上の日ソ関係の緊密化を避けようとしている態度が明確であった。

蔣介石の同意なきヤルタ密約

すでにソ連の関心は、対日参戦の条件として結ばれた米英ソ間のヤルタ密約をいかに中国に認めさせるか、つまりはソ米中三国間交渉にあった。その密約は、中国の主権と領土保全を大幅に損なうものであったがため、アメリカは「外蒙古並に港湾及び鉄道に関する協定は、蔣介石総帥の同意を要するものとす。大統領はスターリン元帥よりの通知に依り右同意を得る為措置を執るものとす」との条項を、密約に挿入していた。

ローズヴェルトは「中国に通告することの困難の一つは、彼等に通報すると二十四時間以内に全世界に知れわたる」と述べると、スターリンは「三国が合意したこれら条件を文書にしておけばそれでよい」と応え、中国に膨大な犠牲を強いるヤルタ密約は、中国の同意を得ないまま、米英ソ三国首脳によって署名された。その後、六月九日、トルーマン大統領（四月十二日、ローズヴェルトが急死）よりハーレイ駐華大使宛て訓令に基づき、蔣介石に伝達された。

蔣介石は日記『蔣介石秘録』に、「宣言の中に、極東問題が何一つ明らかにされていないことに、疑惑と怖れを感じる」（二月十八日付）、「ソ連の態度には三巨頭会談のあと、われわれに対して明らかに接近の表示がある。米英もまた同じである。しかし、彼らが何を考えているのか、ほんとうのところはわからない。とまどいの疑いを持つばかりである。これこそ、わが国の外交の成敗得失の一大関鍵となるであろう」（同月二十八日付反省録）と記している。

また、ヤルタ密約の全文とスターリンの声明書を受け取った際には、「わが中華民国は万劫不復（永遠に救いようがない）の境地に置かれることとなる」（六月十五日付）と、激しい憤りと深い悲しみを書き残した。

しかし、当時の重慶政権が置かれていた立場は脆弱にして、すでに米英が合意しているソ連の要求を拒否することは不可能で、スターリンが声明した内容、蔣介石指導下の中国統一促進、中国の主権尊重、領土保全などの遵守に同意せざるを得なかった。こうした情勢の中で、六月下旬、宋子文、蔣経国ら代表団がモスクワにおいて、中ソ友好同盟条約の交渉を開始することとなる。

近衛特使のソ連派遣

モスクワの佐藤大使から直接もたらされたソ連情報を別として、それ以外の外務省出先機関および駐在武官からの海外情報を基に、東郷外相はどのようにソ連分析を行っていたのだろうか。先述した外務省政務局の「世界情勢の動向」をみるだけでも、英米ソ中の結束情況が判断されるにもかかわらず、七月に入ってもなお、日ソ交渉に期待をかけることの根拠を東郷外相がどこに求めていたのか不可解な判断である。

広田・マリク会談の断絶後の七月八日、東郷外相は軽井沢の近衛文麿を訪れ、モスクワへの特使を申し入れた。東郷はソ連への和平斡旋について、「無条件では困るけれども、それに近いようなもので纏めるより外はないと思う」と述べたが、近衛は天皇からの命令があれば行く、条件については「白紙で行くことにして貰いたい」と述べたという(『GHQ歴史課陳述録』)。

この背後には、七月三日、天皇が木戸内大臣に対ソ交渉について下問し、さらに七月七日、鈴木首相に対し、「対蘇交渉は其後どうなって居るか、腹を探ぐると云いても時期を失しては宜しくない故、此際ざっくばらんに仲介を頼むことにしては如何、親書を持ちて特使派遣のことに取運んでは如何」(『木戸幸一日記』)と言われた事情があった。

七月三日、松平、松谷、高木、加瀬の四者が、加瀬の作成した「対ソ交渉案要旨」を叩き台に、近衛あるいは広田の特使派遣による対ソ交渉について討議している。この四者は情報交換を行いながら、それぞれの上司の密命によって「時局収拾」の研究を進めていた。そして、最後的講和条件は「皇室の安泰と国体護持」一点を死守することで、四者の考えは一致していたという。

近衛あるいは広田特使用（加瀬起案、松平、松谷、高木討議参加）

一、大西洋憲章に四つの自由および大東亜宣言の趣旨と精神とを再強調する。

二、項目

㈠即時停戦、㈡全占領地よりの自主的撤兵（装備放棄）、〔甲〕㈢皇室の安泰と国体の護持、㈣政治の刷新、㈤内政不干渉、㈥国民生活の確保、㈦非占領、㈧戦争犯罪者の自主的処理、㈨東亜諸国の自主独立、〔乙〕㈩領土割譲、（十一）賠償、（十二）軍備の自主的制限

（備忘）右原案の討議において、松谷は項目細かすぎる。〔甲〕㈢項のみで全権は派遣すべきであると強調する。高木は交渉上の最後の腹はあるいはそうであろうが、米英との直接交渉ではない。ただし㈢は国体の護持とするのは漠然過ぎる故、天皇統治権とするを可とすると提案すること。

七月十日の最高戦争指導会議構成員会議において、特使をソ連に派遣することが決定され、翌日、鈴木首相は天皇にこの決定を内奏した。十二日、近衛は天皇の求めに応じて戦争の見通しに対する意見と、戦争終結の必要を申し上げたところ、天皇より「蘇連に行って貰うかも知れぬから」との言葉があり、近衛は「御命令とあれば身命を賭して致します」と奉答した（『木戸幸一

日記』）。

拝謁後、近衛は富田健治を介して酒井鎬次《こうじ》に交渉案の作成を依頼した。元来、対ソ交渉に反対していた近衛と酒井は、論議の末に「和平交渉に関する要領」をまとめたが、その方針の中に「ソ連の仲介による交渉成立に極力努力するも、万一失敗に帰したるときは直ちに英米との直接交渉を開始す」との第三項目を明記したことは、あらかじめ対米直接交渉への移行を強く意識してのことと思われる。

一方、七月十二日、東郷外相は佐藤駐ソ大使に至急電を宛て、三国会談（ポツダム会談）開始前に、近衛が天皇より親書を託されて差遣されること、そして、以下の天皇のメッセージをモロトフに伝えるよう訓令した。

天皇陛下に於かせられては、今次戦争が交戦各国を通じ国民の惨禍と犠牲を日々増大せしめつつあるを御心痛あらせられ、戦争が速かに終結せられんことを念願せられ居る次第なるが、大東亜戦争に於て米英が無条件降伏を固執する限り帝国は祖国の名誉と生存の為一切を挙げ戦い抜く外無く、之が為彼我交戦国民の流血を大ならしむるは誠に不本意にして、人類の幸福の為成るべく速に平和の克服せられんことを希望せらる。

（『外交資料――日「ソ」外交交渉記録ノ部』）

六　佐藤駐ソ大使の終戦意見電

難航する対ソ交渉

七月十三日、佐藤大使はソ連外務省を訪れたが、モロトフがスターリンとともに米英ソ三国会談出席のためベルリンに出発する日ということで、ロゾフスキー代理に会見した。天皇のメッセージを伝える近衛特使派遣の受け入れを要請したモロトフ委員宛機密文書を手交し、ベルリンに同文書を転送するよう依頼して、至急返答を得たいと申し入れた。

国内では、七月十四日、戦争指導会議構成員会議において、改めて「和平交渉に関する要領」について議論された。しかし鈴木首相は、随員と講和条件についてさらに考える必要があると言い出し、阿南陸相より全般的戦局は負けているわけではなく、その建前を基本として考える必要があるとの意見があり、講和条件は思い切った譲歩が必要であるという認識では一致したが、具体的な条件を決定することはできなかった。結局、近衛使節の交渉次第によって決めることになった。

七月十八日、佐藤大使は、ロゾフスキー代理よりソ連側の返答を示した書簡を受領したが、その内容は、天皇のメッセージは一般的形式で何ら具体的提議をしておらず、また近衛使節の目的も不明瞭であり、したがってソ連として何ら確たる回答をすることは不可能であるというものであった。

スターリン対日批判演説、ヤルタ会談、日ソ中立条約廃棄通告など一連の態度から、ソ連の対日政戦略は、もはや連合国側に与していることが明白になっていた。日ソ交渉に対するソ連の対応は、東京においてもモスクワにおいても、日本側の提議に具体性がなく、抽象的、形式的とだけ返答することを繰り返し、交渉そのものを回避する意図的な遷延策をとっていた。

この間、東郷外相は、国内の軍部に対する戦争終結の説得努力のみに懸命であったと言わざるを得ない。東郷は佐藤駐ソ大使をはじめ、海外使臣からの情報を総合的に的確に判断し、対ソ終戦工作を明確に指揮しなければならない立場にありながら、ひたすらソ連の回答を期待の中で待ち続け、ポツダム会議前に米英へ直接和平を伝える最後の時機をも失した。

天皇の戦争終結を希望するメッセージは、ソ連に依頼する和平の斡旋が明確になっているとは思えない。むしろ米英に直接伝達すべき、和平交渉ための有条件希望を示した内容である。東郷が、スターリンやモロトフに終戦の斡旋を明確に主張しなかったことは、かつてローズヴェルトやハルに手交した「対米覚書」で対米英開戦宣言通告を明確にしなかったことと共通するように思える。東郷独特の外交スタイルということであろうか。

七月二十一日、東郷は佐藤大使に対して、日本政府はソ連の斡旋により連合国側の「無条件降伏に非ざる和平」を得たい意向であることを改めて申し入れるよう訓令した。この電報はなぜか遅延し、七月二十五日になって佐藤・ロゾフスキー会見が行われ、佐藤は「陛下の御趣旨を奉じ派遣せらるべき近衛特派使節の使命は、戦争終結の為ソ連政府の尽力斡旋を同政府に依頼し、右に対する具体的意図を同政府に開陳せんとするもの」であることを伝えた（『外交資料――日「ソ」外交交渉記録ノ部』）。ようやくロゾフスキーは、「日本政府は米英との戦争終結の為、ソ連政府の斡旋を求むるものと了解」（「外務省外交史料館記録」）し、ベルリン滞在中のスターリンやモロトフに報告すると答えた。

佐藤による「終戦意見電」

しかし七月二十六日、米英華によるポツダム宣言が発せられた。東郷外相は、それでも特使派遣の受け入れをソ連に働き掛けるよう、佐藤大使に訓電し続けた。

ソ連の関心は、要求するがままに従わせることのできる状態になった日本との交渉ではなく、中国から可能な限りの利益を引き出すための対米英中交渉にあり、それを米英に認めさせることであった。そのため、ソ連は日ソ中立条約の有効期限内の下で、対日戦争参加の機会をいかに捉えるべきか狡猾に狙っていたのである。テヘラン会議で米英に対日参戦を確約し、ヤルタ会談でそれを再確認していたソ連に仲介の斡旋を依頼してみたところで、成功の可能性は到底なかったのである。

広田・マリク会談が始まった六月以降、佐藤大使は切迫する時局を黙視するに堪えず、「国体護持の他は、無条件に近い条件」で早急講和の手を打つべきであるという意見電報を、再三東郷外相宛てに送っていた。東郷も同様の考えを持ちながらも、国内情勢に制約され、とくに軍部を講和へ導くことのみに懸命であり、佐藤の意見電については出先の自由裁量を一切許さず、本省の指示どおりにソ連側に伝えよとの態度で終始していた。

しかも、佐藤大使が、七月二十日、対ソ交渉にかかわらず講和提唱の決意を固めるべきであると、東郷外相に訴えた「終戦意見電」は、アメリカ側に暗号解読されていた。また、この電信は近衛らに回覧された事実もあり、日本の終戦促進に貢献することになったのは確かであろう。長文につき、その一部を引用しておきたい。

いまや帝国はまさに文字どおり興亡の岐路に立てり。このまま抗戦を続行せんか、国民は尽忠報国の誠を尽くし安んじて瞑すべきも国そのものは滅亡にひんすべし。最後まで大東亜戦の大義名分に忠実なるは可なるも社稷《しゃしょく》を滅ぼしてなお名分を明らかにせんとするは無意味にして、国家の存立は総ゆる犠牲を忍びてもこれを護持せざるべからず。

満州事変以来日本は権道を踏みきたり大東亜戦にいたりてついに自己の力以上の大戦に突入せり。その結果いまや本州さえじゅうりんせられんとする危険に直面しもはや確たる成算なきにいたれる以上、早きに及んで決意し干戈を収めて国家国民を救うこと為政家の責務なるを信ず。もちろんすでに和議を求むる以上、講和条件のいかなるものなりやは、ドイツの例より見てほぼ察知せらるるところにして国民は長期にわたり敵国の重圧にあえがざるを得ず。しかしながら国家の命脈はこれによりて継がるべく、かくして数十年の後再び以前の繁栄を回復するをうべけん。政府もまさにこの道を選ぶべく、かくして一日も早く、聖上のご軫念《しんねん》を安んじ奉らんことを、切願してやまず。（……）

本使はもはや前途目的達成の望みなく、わずかに過去の情勢をもって抵抗を続けおる現状をすみやかに終止し、すでに互角の立ち場にあらずして無益に死地につかんとする幾十万の人命をつなぎ、もって国家滅亡の一歩手前においてこれを食い止め七千万同胞をとたんの苦より救い、民族の生存を保持せんことをのみ念願す。

（『佐藤尚武の面目』）

有田の終戦構想

さらに、直接英米に講和交渉を直ちに申し入れるべきであると主張したのが、有田八郎元外相である。

有田は、宇垣一成外相、重光葵外相の外務省外交顧問に就任し、鈴木内閣期には同顧問を離任していた。しかし六月五日、有田は平沼騏一郎枢密院議長を私邸に訪問して、戦争の前途はすこぶる悲観的であることを述べ、この際、米英側に「日本では国体の維持さえ出来れば、他の事は大概にして戦争をやめるが、事いやしくも国体に触れるとなれば、国を焦土と化しても最後まで戦うであろう」（『馬鹿八と人はいう』）ということを知らしめれば、米英は、あるいは日本の頑強必死の抵抗による損害を考えて、国体を毀損せざる条件にて、平和を談ずる考えになるかも知れないと述べた。

また有田は、松平内大臣秘書官長から、天皇はいよいよ和平に乗り出すことに決意されたということを聞いたが、その後なんら現われもないまま経過したことに憂慮し、敵の上陸作戦となり万事休するに至りはしないかと心配した。そこで有田は、書面による昭和天皇への上奏を考え、七月九日、木戸内大臣を訪問して取次ぎを願い出た。

有田の上奏文は、「けだし国民としての黙し難き気持ちの披瀝に他ならぬ」もので、急速終戦の要を痛感し、外務大臣の立場をも非常に強くする意味をももって、提出されたのである。その書き出しには次のようにある。

熟々《つくづく》現下の情勢を案ずるに、国家は実に累卵の危きに瀕し、一度対策を誤らんか、その前途誠に言うに忍びざるものあらんとす。而《しこう》してその対策を決するに当りてや、最も慎重なるを要すべきは勿論なるも、苟《いやしく》も時期を失せんが、百千の名案も遂に施すに術なく、此際一刻の遅疑は実に国家の運命を左右するというも敢て過言にあらざるべし。(『馬鹿八と人はいう』)

そして、「陛下英明の資を以て此難局に立たせ給う。仰ぎ希くば戦争の帰趨を大観せられ、一断以って皇国の危急を救わせ給わんことを」と結ばれている。

七月二十六日にポツダム宣言が発表された後も、有田は七月三十日付書簡をもって、木戸内大臣に宛てて次のように述べている。

政府にして、もし「新方向」(終戦のこと)を取るべく考慮しおられるものとせば、今日の逼迫《ひっぱく》せる状態に考え、余りにスローなるにあらざるか（……）時の重要さに重きを置かずして、徒らに慎重なるは「新方向」に向うというも、実は向わざるに等しき結果を生ずべく、かくの如きは、果して大御心に副う所以なりや、恐懼にたえず御勇断を希望致したく候。（同前）

さらに、広島に原爆が投下された直後の八月七日付書簡でも、木戸内大臣に「屢々申上げ候通り現在の状況は実に一刻の遅疑を許さざるものあり、ことにトルーマンの演説等を単に脅しとして軽視すべきにあらず。最後の断を下すは正に今日に在りと存じ候。時期の判断を誤り、国家を救うべからざる危急に陥るるが如きことあらば、当局百千の割腹も問題にあらず」と書いている。木戸内大臣の下には、多くの意見書、情報が寄せられ、天皇への伝達という重要な位置にあった。

七　ソ連の対日宣戦布告

鈴木内閣の「黙殺」発言

七月二十七日午前、東郷外相は天皇に拝謁してポツダム宣言について詳細に説明し、日本としてはこれに意志表示せず、ソ連の態度を見極めたうえ措置することが適当であるとの対応を言上した。そして同日、最高戦争指導会議および閣議において、東郷は拒絶論を抑えて、「これに意志表示をしないでしばらく成行を見る」方針を主張し同意を得た。

ところが、三十日の各新聞に、鈴木首相の発表として、「この宣言は、カイロ宣言の焼直しで政府としては重大視していない。ただ黙殺するのみである。我々は戦争完遂に邁進する」という記事が一斉に掲載された。この新聞記事掲載の経緯について、情報局総裁であった下村宏は、「黙殺」という言葉が「後日あんな風な悪い結果を生ずるとは気が付かなかった」と述べており、迫水久常内閣書記官長は、陸海軍より「政府から断乎たる反駁声明を出して呉れ」と要求があり、下村とあらかじめ相談して、鈴木首相に記者団の質問答弁用として「適当の文章にして首相談の中に織り込んだ」と証言している（以上、『GHQ歴史課陳述録』）。

在外公館からも、ポツダム宣言に関する意見電報が東郷外相に届いていた。

七月三十日、佐藤駐ソ大使は、ソ連の回答を待って対策を立てたいとする東郷の要望に返電して、特使派遣の問題はソ連より米英首脳に伝わり、これに対する米英支の態度表明がポツダム宣言であると判断し、共同宣言においては米英が日本の即時無条件降伏を強要し、かつ宣言記載の条件を緩和する意志がないことを明言したものであると述べた。

また佐藤は、ソ連はすでに日本降伏後の満州・中国・朝鮮における自己の主張貫徹の見込みを立てており、今好んで日本と協定をする必要は皆無と想像され、この点東京外務本省の観察とモスクワ大使館方面の実際とは甚だしく喰違が見受けられると、情勢の厳しさに対する外務本省の認識、日本政府の甘い見通しを痛烈に批判した。

それでも東郷は、天皇が近衛特派問題の推移に深い御軫念を有しており、首相、軍首脳部も目下この一点に関心を繋いでいる次第であると伝えて、ソ連の再考を求めるよう努力せよとの訓令を続けた。

加瀬俊一公使の進言

スイスの加瀬俊一《しゅんいち》公使も、七月三十日、東郷外相に「ポツダム三国宣言に関する観察」という至急極秘電報を送っている。

加瀬の「三国宣言」に関する評価は、ドイツに対する態度との顕著な相違があるとして、㈠皇室および国体について触れていない、㈡日本主権を認めている、㈢日本主権の行われる範囲である日本国土の一部を認めている、㈣無条件降伏は日本軍についてであり日本国民または政府に対してではないと判断される、㈤日本軍隊は武装解除後平和的生産的生活を送る機会を与えられたといえる、㈥一般的平和産業の保持、原料入手、世界通商参加を容認されている、など一定の保障を与えるものと観察している。

そのうえで加瀬は、無条件降伏の看板を下げずに事実上これをやや緩和し、なるべく早めに戦争を終結したいとするアメリカのイニシアチブによるものと考え、ソ連はあらかじめポツダム宣言公表を承知していたことは疑いなく、ソ対米英関係の観点よりすれば、勧告宣言を拒否することによって、ソ連は日本に対してさらなる過酷な内容の勧告を突きつけてくる公算があると述べている。

加瀬の意見電報を転電によって知った佐藤大使は、八月四日、東郷外相に至急極秘電報を宛て、ソ連が戦争終結の斡旋を引き受けると否とにかかわらず、戦争終結のためにはポツダム宣言をその基礎としなければならないことは、もはや動かし難いところであると述べた。

そして、加瀬の考察は極めて中正妥当の観察と思考されるとして、「自身も全幅的同感を表す」との強い賛同の意を告げ、「日本の平和提唱の決意が一日も早く連合国側に通達せらるれば、夫れ丈条件緩和の度を増すこととなる道理なるに反し、若し政府軍部の決意成らず荏苒《じんぜん》日を空うするにおいては、日本全土焦土と化し帝国は滅亡の一途を辿らざるを得ざるべし」(「外務省外交史料館記録」)と、即時ポツダム宣言受諾を進言した。

さて、鈴木首相の「黙殺」声明は、同盟通信社を通じて英語で速報され、その中で「黙殺」はignoreと訳された。同盟通信社のニュースを傍受したアメリカのAP通信社とイギリスのロイター通信社は、ignoreをreject(「拒否」)と言い換えて表現したため、米英の新聞には日本がポツダム宣言を拒否したかのごとく取り上げられた。

たとえば、七月三十日付「ニューヨーク・タイムズ」紙は、「日本、連合国側の終戦最後通告を蹴る」の大見出しで報じた。これを見た米英の国民世論が激高し、トルーマン大統領が原子爆弾の投下を決断したことは否めない。八月六日午前八時過ぎ、広島に史上初の原子爆弾が投下され、翌日、同盟通信社の川越受信所はトルーマンの声明を傍受した。それは、「七月二十六日最後通牒がポツダムに於て発せられたのは日本国民に文字通りの破壊を味わわせない為だった。若し彼等が現在の我々の条件を受け入れないならば彼等は地球上に類例を見ない火熱の雨を空中からこうむることになろう」という、原子爆弾投下に関するものであった。

ソ連による対日参戦

鈴木首相の「黙殺」発言は、さらにソ連参戦の理由の一つとなった。

佐藤大使があらかじめ求めていた八月八日のモロトフ会見は、午後八時（日本時間九日午前二時）に予定されていたが、ソ連側の都合により同日午後五時（日本時間八日午後十一時）に繰り上げられた。

佐藤の用件、すなわち天皇の終戦意思を伝える親書を携えた近衛特派使節に関する回答の件の申し出を待たず、モロトフは早速用意していた露文を読み上げ、それを手交した。つまり、天皇の特派使節に触れることなく、「八月九日よりソ連邦は日本と戦争状態にある」と、一方的に開戦宣言を伝えたのである。

佐藤は、この宣言について、ソ連政府の執った決定を遺憾とするとともに、「日本国民を犠牲と苦難より救うと称して日本に対し開戦する趣旨の了解し得ざる旨を指摘」（「外務省外交史料館記録」）し、抗議した。そして佐藤は、日本政府に対する「宣言」の伝達方法について質したが、モロトフは、この「宣言」および会談内容の伝達のための東京宛発電には支障ないこと、暗号使用も差し支えないことを答えた。そこで佐藤は、次の四通を日本政府へ発電するようソ連官憲に依頼した。

(イ)モロトフ委員より開戦通告文の手交を受けたる旨及速に利益代表国を決定せられ度き旨の電報

(ロ)通告文全文

(ハ)松平書記官より武内政務三課長宛に館員一同無事にして事務上の処理万事終了の旨通告せる電報

(ニ)野村電信官より大江電信課長宛に電信上の処分全部終了の旨通告せる電報

しかし、佐藤から東郷外相に宛てた公電は到着しなかった。

八月九日午前零時すぎ、ソ連軍は満ソ国境全面で攻撃を開始した。日本側が待ち望んだソ連の回答は、平和の斡旋ではなく、皮肉にも日本への宣戦であった。

同日午前十時、天皇より木戸内大臣に対して「今暁以来蘇満国境にて既に交戦状態に入り居るが、如何に此の事態に対処すべきや」との下問があり、木戸は「此の際は予ての御決心の通り速にポツダム宣言を受託して戦争を終結する外なしと考うる」と奉答した（『木戸幸一関係文書』）。木戸は天皇の思召しを鈴木首相に伝え、あらかじめ重臣にも事態を充分説明するよう依頼した。

受諾条件をめぐる論議

午前十時三十分より、天皇親臨による「最高戦争指導会議構成員会議」が開催された。冒頭、鈴木首相は、ソ連参戦に関する対策について協議することを告げ、東郷外相より「今朝ソ連に関する電報を受けたるも同政府よりの正式布告通牒等にてはなく放送のみなり、佐藤大使よりの電報も未着、又マリック大使よりも何等の連絡なし」との報告があった。

鈴木首相は、ポツダム宣言を受諾せざるを得ないと思うと発言、東郷外相も、国体護持のみを留保条件として無条件降伏すべきことを強調した。しかし阿南陸相、梅津参謀総長および豊田軍令部総長は、国体護持はもちろんとして、その他に保障占領、武装解除、戦犯の諸問題についても条件を付けるべきと主張した。御前会議は結論をみず、午後に予定されている臨時閣議のため一旦閉会した。

臨時閣議は、午後二時三十分より始まり、途中一時間の休憩を挿んで午後十時まで続いた。東郷外相がソ連参戦の経過と特使派遣問題を報告し、続いて阿南陸相が満州における日ソ戦の状況など戦況を報告した。米内海相は戦争継続の可否を合理的に判断すべきであるとし、国力の現状について関係者各相の報告を求めたが、これに対し豊田軍需相、石黒農相、小日山運輸相、安倍内相らが極めて悲観的な見通しをそれぞれ報告した。

そして、ポツダム宣言への対応問題が論議されると、東郷外相の国体護持のみの一留保条件と阿南陸相の四留保条件の意見が対立する。米内海相をはじめ閣僚の大部分は外相説に賛成したが、松阪広政法相、安井藤治《とうじ》国務相ら二、三の閣僚は陸相説を支持した。閣内一致をみることができず休憩に入った。

午後六時三十分から再開された閣議も、四条件問題をめぐる論議の蒸し返しとなった。午後十時に至っても合意が得られず、またもや鈴木首相は閣議を一旦中断し、東郷外相とともに天皇に謁見して、これまでの審議の状況を上奏するとともに、最高戦争指導会議の御前会議を開く許可を得た。

午後十一時五十分より、宮中地下防空壕内の御文庫付属室において、最高戦争指導会議構成員会議の御前会議が再開された。出席者は最高戦争指導会議構成員の六名および平沼騏一郎枢密院議長、幹事として池田純久綜合計画局長官、迫水久常内閣書記官長、吉積正雄陸軍省軍務局長、保科善四郎海軍省軍務局長、蓮沼蕃《しげる》侍従武官長らである。平沼枢密院議長を御前会議に出席させた理由について、迫水書記官長は次のように証言している。

当夜の御前会議はポツダム宣言受諾に関するものであった。若し受諾と云うことに決定すれば、それは条約にも優る国際的義務を日本が負うことを決定することなのである。この種の重大問題は政府が之を決定しただけでなく天皇の御裁可を仰がねばならぬのであり、且つ天皇の御裁可は枢密院に御諮詢の後賜わる性質のものである。併しそんな正式手続を踏んで居ては時機を失して了う。又その間に大きな邪魔が這入ったり、不測の事態が惹起したりする危険がある。そこで枢密院の御諮詢を無しに済ますか、少なくとも枢密院の審議を一気に通過するようにして置く必要がある。それが為には枢密院議長を御前会議に列席せしめて、所要の事情を充分了解して置いて貰うことは少なくとも必要である。そう云う理由で枢密院議長の列席を取計ったのである。（『ＧＨＱ歴史課陳述録』）

天皇の決断

各出席者にはポツダム宣言の仮訳文のほか、議案（原案）として外務大臣案「天皇の国法上の地位を確保するを含むとの諒解の下にポツダム宣言案を受諾する」という文書が配布された。冒頭、鈴木首相は、午前中の最高戦争指導会議では陸相主張の四条件による受諾案が有力であったが、閣議においては国体護持のみを条件とする外相案に賛成するもの六名、四条件を付す案に賛成するもの三名、中間に在るもの五名と意見が分かれ、賛成者の多い外相案を御前会議の議題とすると述べ、続いて東郷外相がその提案理由を説明した。

そして、またもや東郷外相と阿南陸相の激論が交わされた。米内海相は東郷外相を支持、平沼枢相は、「天皇の国法上の地位」の字句について、天皇の地位は憲法以前のものであるから「天皇大権の確保」に訂正することを要求して、東郷外相の原案に賛成した。

梅津参謀総長および豊田軍令部総長は原案に不同意し、「戦争継続に進むべきも、万一交渉の余地あらば、国体護持の自主的保障たる軍備の維持、敵駐兵権の拒否を絶対必要とし、戦争犯罪者の処分は、国内問題として扱うべき旨主張する要あり」との阿南陸相の意見を支持した。

こうした状況の中で、鈴木首相は自身の意見を述べることなく、天皇の判断を仰いだが、天皇は外相原案に同意し、終戦を決断した。御前会議は、十日午前二時二十分閉会となった。

天皇の決断を受けて、東郷外相より加瀬俊一在スイス公使および岡本季正在スウェーデン公使宛てに至急電が打たれた。スイス国政府に対しては米国政府および中国政府へ、スウェーデン国政府に対しては英国政府およびソ連政府へ、それぞれポツダム宣言を受諾することの伝達方を依頼したのである。

この電報文の原案は、九日中に曽祢益《そねえき》政務局第一課長が起案し、安東義良政務局長、松本俊一次官の校閲を経て、東郷外相の決済を得ていた。松本らの当初案は、ポツダム宣言が「天皇の国法上の地位を変更するの要求を包含し居らざることの了解の下に」と、一方的に米英支ソに主張することによって、国内の強硬派を抑え、連合国に対しては最小限の条件として天皇制存続承認の確約を取り付ける狙いがあったという。

東郷は午前四時頃外務省に帰り、御前会議で受けた平沼よりの字句の修正を電文に反映させ、次のような文面に修正した。

> 対本邦共同宣言に挙げられたる条件中には、天皇の国家統治の大権を変更するの要求を包含し居らざることの了解の下に、帝国政府は右宣言を受諾す。帝国政府は右の了解に誤りなく貴国政府が其の旨明確なる意向を速に表明せられんことを切望す。
>
> （「外務省外交史料館記録」）

ソ連の開戦宣言受理

同盟通信社の長谷川才次海外局長は、松本外務次官の命によって、十日夜に軍の検閲のないモールス放送を利用し、ポツダム宣言受諾に関する連合国側への申し入れ内容を、外務省の英訳によって海外に報じた。「ポツダム宣言受諾に関する八月十日付日本国政府申入、帝国政府に於ては常に世界平和の促進を希求し給い、今次戦争の継続に依り齎《もた》らざるべき惨禍より人類を免れしめんが為、速なる戦闘の終結を祈念し給う」と始まり、「天皇陛下の大御心に従い」以下、外務省電報と同様のものである。

ラジオ東京の住友公一もまた、外務省の要請を受けて、十日午後九時、受諾電報の英文を政府声明として放送した。日本側のラジオ放送を傍受したアメリカのサンフランシスコ放送は、直ちに日本側の降伏を伝える日本語での対日放送を行い、「日本政府は連合国の無条件降伏の条項を受諾したので発表する」と報じた。アメリカ国民はこれをもって、日本の降伏を知ることになった。

日本政府がソ連の開戦宣言文書を正式に受理したのは、ソ連軍が満ソ国境全面で総攻撃を開始した後の八月十日、午前十一時十五分から十二時四十分まで行われた、東郷外相・マリク駐日ソ連大使会談においてであった。マリクはソ連政府の訓令による趣旨を述べ、ソ連政府の対日開戦「宣言」（露文）を読み上げた。

東郷は宣言を了承すると述べながらも、日本はソ連との間に長期間にわたる友好関係を樹立する目的をもって、六月初め以来広田元総理を通じ話合いを行い、七月中旬には、天皇陛下の大御心に遵い特使派遣を申入れてきたが未だ回答がない次第であり、ソ連政府の回答を待って、米英華三国共同宣言に対する日本の態度を決定したい考えを有していた。

また、ソ連政府は日本が三国共同宣言を拒否したと見なしているが、「如何なるソースに依り知られたるものなりやは承知せざるも」、ソ連が日本に確かめることなく拒否されたと判定したことは軽率であり、前述の事実に鑑み、日本に何ら回答することなく突如として国交を断絶し戦争を開始するのは不可解であり、「東洋に於ける将来の事態より考うるも甚だ遺憾なり」と非難した。

さらに東郷は「ソ連の措置の不可解且遺憾なる点は聽《やが》て世界歴史が之を裁判すべきに付、只今右に関する論議は差控うべし」と述べ、最後に「帝国政府に於ては天皇陛下の平和に対する御祈念に基き一般平和を克服し戦争の惨禍を速に除去せんことを欲し決定せるものなり」と説明した(以上、「外務省外交史料館記録」)。

八　最後の御前会議

バーンズ回答

八月十二日午前零時三十分過ぎ、外務省ラジオ室と同盟通信社は、バーンズ国務長官名の連合国回答文を傍受した。参謀本部第五課成城分室も、午前零時四十五分にこれを傍受している。それは日本政府の通報に答える形ではなく、連合国側の立場として、天皇および政府の権限、天皇のとるべき終戦措置、政府のなすべき措置などについて述べたものであった。また、日本のとるべき政体は、最終的には国民の自由意思によって決定されると述べていた。

外務省の松本俊一外務次官、渋沢信一条約局長らは、バーンズ回答の第一項と第四項の部分が最も問題であるとしながらも、「兎に角敵も天皇の存続は一応認めて此の回答を送ったもの」（『終戦工作の記録』）と理解し、交渉決裂よりも「鵜《う》呑《の》み」による終戦を選択すべきであると判断した。そして、国内の抗戦派を極力刺激しないよう訳文を作成することとし、そこで第一項の subject to を「制限の下にあり」と、第四項の form of government を「政府の形態」とそれぞれ意訳したのである。

なお、正式なバーンズ回答は、八月十二日午後六時、加瀬俊一在スイス公使より東郷外相宛てに、「バーンズ国務長官の瑞西国代理公使宛回答文」（原書英文のまま）が到着した。外務省条約局（渋沢信一局長、下田武三第一課長、高柳賢三東大教授顧問）で翻訳された正文より、日本政府の通報に対する米英ソ中の立場を示した五項目を挙げれば、次の通りである。

㈠降伏の時より天皇及び日本国政府の国家統治の権限は、降伏条項の実施の為其の必要と認むる措置を執る連合軍最高司令官の制限の下に置かるるものとす
㈡天皇は日本国政府及び日本帝国大本営に対しポツダム宣言の諸条項を実施する為必要なる降伏条項署名の権限を与え、且之を保障することを要請せられ、又天皇一切の日本国陸、海、空軍官憲及び何れの地域に在るを問わず、右官憲の指揮下に在る一切の軍隊に対し戦闘行為を終止し、武器を引渡し及び降伏条項実施の為最高司令官の要求することあるべき命令を発することを命ずべきものとす
㈢日本国政府は降伏後直に俘虜及び被抑留者を連合国船舶に速かに乗船せしめ得べき安全なる地域に移送すべきものとす
㈣日本国政府の確定的形態はポツダム宣言に遵い日本国国民の自由に表明する意思に依り決定せらるべきものとす
㈤連合国軍隊はポツダム宣言に掲げられたる諸目的が完遂せらるる迄日本国内に留まるべし
（『終戦工作の記録』）

松本次官、安東政務局長、渋沢条約局長らのラジオ放送によるバーンズ回答の翻訳とその分析の報告を受け、東郷外相は、午前十時過ぎ鈴木首相を訪問し、回答文を受け入れることに同意であることを確認したうえ、午前十一時に上奏したが、天皇は「先方回答の儘にて可なりと思考する」（『終戦史録』）と述べられた。同日、阿南陸相が九日の御前会議決定に対する軍の実情等を

上奏した際にも、天皇は「阿南心配するな、朕には確証がある」（『大本営陸軍部戦争指導班機密戦争日誌』）と述べ、天皇の決断の程が窺われる。

軍部による反発

一方、このバーンズ回答のラジオ放送は、軍部内の抗戦派および国体論者をいたく憤慨させた。参謀本部では、バーンズ回答の第一項を「連合国最高司令官に隷属すべきものなること」と、第四項を「日本国政府のポツダム宣言に依る最後的形態は」と、それぞれ訳した。

陸軍省軍務局軍務課においても、バーンズ回答文を逐条ごとに分析し、「八月十二日敵側回答に伴う帝国爾後の戦争指導に関する件」および「説明資料」を作成した。

それによれば、「帝国は八月十二日敵側回答の条件を断乎拒絶し、真に帝国の存亡を賭して大東亜戦争の目的完遂に邁進す」と徹底抗戦の姿勢を崩さず、第一項については「天皇が他に支配せらるるは寸時と雖も、又其の範囲に差異ありと雖《いえど》も、之皇統の断絶なり、断じて容認し得ず」と述べ、外務省の見解と真っ向から対立していた。

また、第四項については「天皇の政府にあらず人民自体の政府として認めあり、国体の本義に反すること論なし」と述べ、平沼枢相の国体論と同様の見方をしていた。そして、「ポツダム宣言は武力を用いずして皇国を覆滅せんとする敵の謀略攻勢にして其の真意、真姿は本回答にて明々白々、何人と雖も之を疑う者なかるべし」と受け止めている。

八月十二日午前八時四十分、梅津参謀総長、豊田軍令部総長は列立拝謁をして、天皇に「統帥部と致しましては本覚書の如き和平条件は断乎として峻拒すべきものと存じます」（『敗戦の記録』）と上奏した。その場に陪席した蓮沼蕃侍従武官長によれば、両総長は部下から懇請されて渋々上奏しているような態度であり、天皇も形式的上奏と感じられたらしく強い反応は示されなかったという。

午後三時よりバーンズ回答に関する臨時閣議が開かれた。東郷外相は外務省の解釈を説明し、このまま受託すべきと主張する。これに対して阿南陸相は、第一項および第四項をあげて反論し、これでは国体問題が不安であるから再照会すべきであり、あわせて武装解除、保障占領の問題を条件にする必要があると述べた。

東郷外相は、再照会をすることは、せっかくの交渉の緒を切る懸念が大であり、また、皇室の安泰という問題のみを条件とすることに申し合わせた御前会議の決定を無視することになると強く反対した。

しかし、松阪法相、安倍源基《げんき》内相も東郷に反論するなど、激論が交わされるなか、鈴木首相が終戦和平の考えを翻すような語調で、国体護持に関する先方回答が不十分であり、武装解除の問題もまったく先方の思うがままにされるのは軍人として忍びない、との理由から「こう言う事では戦争を継続してやると言うことにするより外はありません」と再照会論を言い出し、次いで「もし聞かれざれば戦争を継続するも止むを得ない」と述べた（『GHQ歴史課陳述録』）。

こうした鈴木首相の発言で戦争継続論が蒸し返され、東郷外相は正式文書による返答が未着であることを理由に閣議を散会に導いた。

なお、閣議の休憩の間、阿南陸相は下級将校の軽挙妄動を戒めるよう若松只一次官に伝え、若松次官は三笠宮の終戦決意が強固であることを伝達した。また、閣議が行われていた午後三時から五時まで、吹上大本営防空壕において皇族会議が開かれていた。天皇は従来の参謀本部および軍令部の作戦計画について、すべて後手になり失敗に終わったこと、沿岸防備の作戦準備も不十分であることなど軍部への不信を述べ、戦争終結の決意についてその趣旨を説明したうえで、皇族一致協力して支援するよう要請した。

閣内の不一致

閣議散会後、東郷外相は鈴木首相と別室において面談し、戦争継続発言を非難するとともに、「単独上奏をすることになるかも知れませぬから左様承知を願いたい」（『終戦工作の記録』）と伝え、暗に戦争終結の閣内不一致の場合は、辞表を願い出て内閣総辞職に追い込むとの意志表示をした。こうした鈴木首相との対談の内容を、東郷は木戸内大臣に報告した。

午後七時三十五分、木戸は天皇に拝謁し、バーンズ回答文をめぐって問題が紛糾化し、平沼枢相らが硬化した経過を詳細に言上したところ、天皇は「連合国側の回答の中に『自由に表明されたる国民の意志』あるのを問題にして居るのであると思うが、それは問題にする必要はない。（……）国民の自由意志の表明に依って決めて貰うことは好いことだと思う」（『ＧＨＱ歴史課陳述録』）と言下に述べたという。

午後九時三十分、木戸は鈴木首相と面会し、「責任当局たる外務省の解釈を信頼する外ないと思うこと、又今日となりては之を受諾せず、戦争を継続すると云うことともならば、更に爆撃と飢餓の為め無辜《むこ》の民を数千万犠牲にせざるべからず」と述べ、この際迷うことなく受諾の方針を断行しようと説得し、鈴木首相も終戦の意志を固めた。木戸は直ちにこのことを電話で東郷に連絡した。

十三日午前二時すぎ、岡本季正在スウェーデン公使より東郷外相宛に、緊急電報によって重要な情報が入った。

スウェーデンの新聞報道によれば、ロンドンおよびワシントンの特電として、アメリカが四国を代表して対日回答をした経緯について、「天皇の地位を認めざれば日本軍隊を有効に統御するものなく、連合国は之が始末になお犠牲を要求せらるべしとの米側意見が大勢を制して回答文の決定を見たるものにて、回答文は妥協の結果なるも米側の外交的勝利たりと評し居れり」と報じており、岡本公使の観測によれば、アメリカがソ連の反対を押し切ったもので、実質的には日本側の意向を是認したものであると判断していた。

十三日午前八時三十分より、首相官邸において、正式なバーンズ回答を受けた戦争指導会議構成員会議が開催された。東郷外相は前日の閣議と同様の趣旨を主張し、鈴木首相と米内海相がこれを支持した。これに反論して阿南陸相、梅津参謀総長、豊田軍令部総長が、第一項および第四項の修正と、保障占領、武装解除について追加要求することを主張した。会議の結論は出ず、午後二時頃中止された。

その間、午前九時半すぎ、宮中より梅津、豊田両総長にお召しがあった。天皇が「ポツダム宣言受諾をめぐる外交交渉をやっている間に、統帥部としては作戦をどういう風にやる積りか」（「謬られた御前会議の真相」）と下問すると、梅津が代表して、主導的積極的な作戦は手控えることを奏上したところ、天皇から「それなら宜しい」というお言葉があったという。天皇の発言の意図は、外交交渉に対する軍部の妨害を阻止する配慮からなされたもののようである。

東郷外相は、午後二時二十分から四十分にかけて天皇に拝謁し、会議の成り行き（スウェーデン公使岡本からの海外情報も報告したものと想像する）を上奏、天皇より「既定の方針に従って終戦の手続きをするように重ねてお言葉」（『時代の一面』）があった。

午後四時、閣議が開かれた。鈴木首相は十六名の閣僚を順次指名して、腹蔵なき意見を求めた。阿南陸相、安倍内相、松阪法相が再照会を主張し、豊田軍需相の意見は多少不明瞭であったが、他の十二名の閣僚はおおむね東郷外相の即時受諾意見を支持した。全会一致の決定を得ることができず、最後に鈴木首相が、閣議のありのままを天皇に申し上げ重ねて「聖断」を仰ぎたいと述べて閉会となった。

終戦の聖断

天皇の臨席による正式な最高戦争指導会議を開くことは、臨席奏請のために必要な参謀総長、軍令部総長の花押を得る見込みがないことから、不可能であった。

そこで鈴木首相は、迫水書記官長の進言を入れ、極めて異例であるが、六名の最高戦争指導会議構成員のほか、全閣僚、枢密院議長を加え、それに最高戦争指導会議幹事を同席させて、天皇のお召しによる御前会議を開く計画を立てた。つまり実質的には、最高戦争指導会議・閣議・枢密院諮詢を併存させた瞬時の最高政策決定の場を設定したことになる。

八月十四日午前八時四十分、鈴木首相は木戸内大臣とともに拝謁し、御前会議召集の裁可を奏請した。御前会議に先がけて、杉山、畑、永野の三元帥を参内させ、天皇の終戦決意が告げられ、軍の最長老として最善の努力を尽くし、遺漏なく終戦に努力するよう命じられた。終戦へ向けた軍の統率に対する天皇の軫念が窺われる。

午前十一時より十二時まで、宮中吹上付属防空室において、最後となる「お召しによる御前会議」が開かれた。鈴木首相は、最高戦争指導会議構成員会議、閣議の経過を言上し、「閣議には約八割五分が原案に賛成せるも全員一致を見るに至らず、ここに重ねて叡慮を煩はし奉るの罪軽からざることを陳謝し此席上にあらためて反対の意見ある者より親しく御聞取りの上重ねて何分の御聖断を仰ぎ度」(『終戦記』)と述べた。

指名により梅津参謀総長、豊田軍令部総長、阿南陸相が国体護持の観点から再照会を必要とする意見を具陳した。三名の言上が終わると天皇は、「内外の情勢、国内の状態、彼我国力戦力より判断して」、かつ「国体に就ては敵も認めて居る」ことを確信していると述べて、東郷外相の意見に同意し、終局の決断を行った(同前)。

御前会議終了後、午後一時から閣議が開かれ、正式に戦争終結を決定し、次いで詔書案の審議に移った。この詔書案の起草作業は、迫水久恒内閣書記官長の下で密かに十日夜から始まり、十四日の御前会議の天皇の言葉をふまえて加筆訂正された。「敵は新に残虐なる爆弾を使用」して「人類の文明をも破却すべし」という文言、「万世の為に太平を開かむと欲す」という文言は、漢学者の安岡正篤《まさひろ》によって加えられた。最後の御前会議の天皇の言葉として、とくに注目した「国体を護持し得て」という文言も加えられた。

閣議における詔書案の審議では、阿南陸相の意見により、原案の「戦局日に非にして」を「戦局必ずしも好転せず」と修正した。詔書の閣議決定を見たのは、午後七時すぎであり、午後八時三十分すぎに奉呈され、御名御璽の後、各大臣の副署を済ませ、午後十一時、ようやく詔書は渙発された。

本書の終わりに

本書を終えるにあたり、昭和戦前期の軍事大国、経済小国であった日本外交の難しさを改めて強調しておきたい。

東条首相が対米開戦の国家意思を決意する際に、三つの選択肢に絞らなければならなかった悩ましい国状があった。つまり、㈠アメリカの要求を受け入れ、満州事変前あるいは日清戦争時の状態に戻り臥薪嘗胆するか、㈡国運を賭して戦うか、㈢一定期限までの作戦準備と外交努力を併行させるか、であった。結果として即時決戦を抑えたものの、外交努力に期限を付けたことは、やむを得ない苦悩の選択であったに違いない。一九四一年十一月五日から十二月一日までの日本外交は、息詰まるような瞬間の連続だった。

しかし、そのような選択を迫られるようになってしまった日本外交の問題、パリ講和会議以降の大国としての外交に大いに反省すべき点があった。一口にいえば、軍事大国としての外交を優先し、工業大国への道を軽視してしまったことである。

また、講和の努力は開戦の決意と同時にスタートさせるべきであり、終戦の提起が積極的に行われなかったことを恨みに思う。沖縄の悲劇、広島、長崎の惨劇を外交努力で回避できたのではないかとの思いも残る。これらの思いは、外交に携わった人々の苦悩と苦闘を承知の上で、未来への自戒の念に駆られてあえて述べることである。

本書で見たように、昭和戦前期は軍事大国としての難しい外交を迫られた。戦後は経済成長とともに経済大国としての外交の困難に直面してきた。そして、戦後七十年の現在、日本外交は歴史認識問題という新たな難問を抱えている。外交は常に困難を伴うものだが、それを乗り越えるべく外務官僚たちは奮闘しているのである。

主な参考文献

本文中で史料を引用するにあたっては、カタカナをひらがなに直し、漢字は原則として新字体を使用した。また、適宜、送りがなや句読点を補い、ルビを付した。

日記・回想録

天羽英二日記・資料集刊行会編『天羽英二日記・資料集（全5巻）』天羽英二日記・資料集刊行会、一九八二―九二年

有田八郎『馬鹿八と人はいう――一外交官の回想』光和堂、一九五九年

大蔵公望『大蔵公望日記（全4巻）』内政史研究会、一九七三―七五年

牛場信彦『外交の瞬間――私の履歴書』日本経済新聞社、一九八四年

角田順校訂『宇垣一成日記（全3巻）』みすず書房、一九六八―七一年

河辺虎四郎『市ケ谷台から市ケ谷台へ――最後の参謀次長の回想録』時事通信社、一九六二年

木戸日記研究会校訂『木戸幸一日記（上・下）』東京大学出版会、一九六六年

木戸日記研究会編『木戸幸一関係文書』東京大学出版会、一九六六年

ジョセフ・C・グルー『滞日十年（上・下）』石川欣一訳、筑摩書房、二〇一一年

来栖三郎『日米外交秘話』文化書院、一九四九年

来栖三郎『泡沫の三十五年――外交秘史』文化書院、一九四九年

近衛文麿『平和への努力――近衛文麿手記』日本電報通信社、一九四六年

斎藤良衛『欺かれた歴史――松岡と三国同盟の裏面』読売新聞社、一九五五年

佐藤尚武『回顧八十年』時事通信社、一九六三年

沢田茂『参謀次長沢田茂回想録』芙蓉書房、一九八二年

沢田廉三『凱旋門広場』角川書店、一九五〇年

サンケイ新聞社『蔣介石秘録――日中関係八十年の証言（上・下）』サンケイ出版、一九八五年
重光葵『昭和の動乱（上・下）』中央公論社、一九五二年
幣原平和財団編『幣原喜重郎』幣原平和財団、一九五五年
下村海南『終戦記』鎌倉文庫、一九四八年
種村佐孝『大本営機密日誌』芙蓉書房、一九七九年
寺崎太郎『れいめい――日本外交回想録』中央公論社、一九八二年
東條由布子編『大東亜戦争の真実――東條英機宣誓供述書』ワック、二〇〇五年
東郷茂徳『時代の一面――東郷茂徳手記』原書房、一九八九年
東郷茂彦『祖父東郷茂徳の生涯』文藝春秋、一九九三年
徳川義寛、岩井克巳『侍従長の遺言――昭和天皇との50年』朝日新聞社、一九九七年
富田健治『敗戦日本の内側――近衛公の思い出』古今書院、一九六二年
豊田副武「謬られた御前会議の真相」（『文藝春秋』第28号）一九五〇年
寺崎英成、マリコ・テラサキ・ミラー編著『昭和天皇独白録――寺崎英成・御用掛日記』文藝春秋、一九九一年
西春彦『回想の日本外交』岩波書店、一九六五年
野村吉三郎『米国に使して』岩波書店、一九四六年
畑俊六『陸軍 畑俊六日誌』みすず書房、一九八三年
原田熊雄述、近衛泰子筆記『西園寺公と政局（全9巻）』岩波書店、一九五〇―五六年
コーデル・ハル『回想録』朝日新聞社訳、朝日新聞社、一九四九年
吉田茂『回想十年（全4巻）』新潮社、一九五七―五八年

史資料

外務省編『日本外交文書――日米交渉1941年（上・下）』外務省、一九八九―九〇年

外務省編『外交資料――戦争直前ニ於ケル対英米通商交渉経緯ノ部』外務省、一九四六年
外務省編『外交資料――日「ソ」外交交渉記録ノ部』外務省、一九四六年
外務省編『外交資料――日米交渉記録ノ部』外務省、一九四六年
外務省編『日本外交年表並主要文書（上・下）』原書房、一九七二年
外務省編『終戦史録』官公庁資料編纂会、一九八六年
外務省政務局編『世界情勢ノ動向（全5巻）』クレス出版、二〇〇一年
外務省百年史編纂委員会編『外務省の百年（上・下）』原書房、一九六九年
栗原健、波多野澄雄編『終戦工作の記録（上・下）』講談社、一九八六年
軍事史学会編『大本営陸軍部戦争指導班機密戦争日誌（上・下）』錦正社、二〇〇八年
佐藤元英、黒沢文貴編『GHQ歴史課陳述録――終戦史資料（上・下）』原書房、二〇〇二年
佐藤元英監修・解説『日米関係戦時重要事項日誌』ゆまに書房、二〇〇七年
参謀本部編『杉山メモ（上・下）』原書房、一九六七年
参謀本部編『敗戦の記録』原書房、二〇〇五年
立作太郎『国際連盟規約論』国際連盟協会、一九三二年
長岡春一、外務省編『日本外交文書 日本外交追懐録』外務省、一九八三年
防衛庁防衛研究所戦史部監修『昭和天皇発言記録集成（上・下）』芙蓉書房出版、二〇〇三年

研究書・論文等

相澤淳『海軍の選択――再考真珠湾への道』中央公論新社、二〇〇二年
鹿島平和研究所編『日本外交史21――日独伊同盟・日ソ中立条約』鹿島研究所出版会、一九七一年
鹿島平和研究所編『日本外交史25――大東亜戦争・終戦外交』鹿島研究所出版会、一九七二年
工藤美知尋『日ソ中立条約の虚構――終戦工作の再検証』芙蓉書房出版、二〇一一年

栗原健ほか『佐藤尚武の面目』原書房、一九八一年
佐藤元英『御前会議と対外政略（全3巻）』原書房、二〇一一―一二年
佐藤元英ほか編著『日本外交のアーカイブズ学的研究』中央大学出版部、二〇一三年
佐藤元英「日米交渉のタクティックスと東郷外相の『乙案』」（『中央大学文学部紀要』第54号）二〇〇九年
鈴木多聞『「終戦」の政治史1943-1945』東京大学出版会、二〇一一年
須藤眞志『日米開戦外交の研究――日米交渉の発端からハル・ノートまで』慶応通信、一九八六年
戸部良一『外務省革新派――世界新秩序の幻影』中央公論新社、二〇一〇年
長谷川毅『暗闘――スターリン、トルーマンと日本降伏』中央公論新社、二〇〇六年
波多野澄雄『「大東亜戦争」の時代――日中戦争から日米英戦争へ』朝日出版社、一九八八年
波多野澄雄『太平洋戦争とアジア外交』東京大学出版会、一九九六年
波多野澄雄『幕僚たちの真珠湾』吉川弘文館、二〇一三年
服部聡『松岡外交――日米開戦をめぐる国内要因と国際関係』千倉書房、二〇一二年
福田茂夫『アメリカの対日参戦――対外政策決定過程の研究』ミネルヴァ書房、一九六七年
細谷千博ほか編『太平洋戦争』東京大学出版会、一九九三年
三宅正樹『ユーラシア外交史研究』河出書房新社、二〇〇〇年
三宅正樹『スターリン、ヒトラーと日ソ独伊連合構想』朝日新聞社、二〇〇七年
森山優『日本はなぜ開戦に踏み切ったか――「両論併記」と「非決定」』新潮社、二〇一二年
山本智之『日本陸軍戦争終結過程の研究』芙蓉書房出版、二〇一〇年
義井博『増補日独伊三国同盟と日米関係――太平洋戦争前国際関係の研究』南窓社、一九八七年
吉沢南『戦争拡大の構図――日本軍の「仏印進駐」』青木書店、一九八六年
ジェフリー・レコード『アメリカはいかにして日本を追い詰めたか――「米国陸軍戦略研究所レポート」から読み解く日米開戦』渡辺惣樹訳・解説、草思社、二〇一三年

野村吉三郎 (のむら・きちさぶろう)

1877(明治10)年12月	和歌山県生まれ
1898(明治31)年12月	海軍兵学校卒業
1901(明治34)年 5月	戦艦「三笠」回航委員としてイギリスへ派遣
1904(明治37)年 2月	軍艦「常磐」にて日露戦争に参戦
1905(明治38)年11月	海軍兵学校航海術教官に就任
1908(明治41)年 3月	オーストリア駐在
1910(明治43)年 5月	ドイツ駐在
1913(大正 2)年 2月	海軍省副官および海軍大臣秘書官に就任
1914(大正 3)年12月	アメリカ大使館付武官としてワシントンへ赴任
1918(大正 7)年11月	海軍軍令部出仕兼参謀に就任
1919(大正 8)年 2月	パリ講和会議に全権委員随員として出席
1920(大正 9)年 4月	海軍省副官に就任
1921(大正10)年 9月	ワシントン軍縮会議に全権委員随員として出席
1922(大正11)年 6月	海軍軍令部参謀兼海軍艦政本部技術会議議員に就任
1926(大正15)年 7月	海軍軍令部次長に就任
1930(昭和 5)年 6月	呉鎮守府司令長官に就任
1931(昭和 6)年12月	横須賀鎮守府司令長官に就任
1932(昭和 7)年 1月	第三艦隊司令長官として第一次上海事変に従軍
4月	上海天長節爆弾事件にて右眼を失明
1933(昭和 8)年 3月	海軍大将に任命
11月	軍事参議官に就任
1937(昭和12)年 4月	予備役編入
1939(昭和14)年 9月	阿部内閣の外務大臣に就任
1940(昭和15)年11月	アメリカ駐箚特令全権大使に就任
1944(昭和19)年 5月	枢密顧問官に就任
1946(昭和21)年 8月	公職追放
1964(昭和39)年 5月	死去

白鳥敏夫（しらとり・としお）

©文殊社

1887（明治20）年 6月	千葉県生まれ
1913（大正 2）年 10月	高等文官試験、外交官および領事官試験に合格
1914（大正 3）年 7月	東京帝国大学卒業 外務省入省。領事官補に任命され、奉天、次いで香港に在勤
1916（大正 5）年 4月	三等書記官として在米大使館に赴任
1920（大正 9）年 4月	外務省情報部が設置（正式発足は翌年8月～）。情報部員に就任
1921（大正10）年 11月	ワシントン軍縮会議随員として出席
1923（大正12）年 5月	二等書記官として在北京公使館に赴任
1925（大正14）年 2月	外務大臣官房文書課長に就任
1926（大正15）年 6月	一等書記官として在ベルリン大使館に赴任
1927（昭和 2）年 6月	ジュネーブ海軍軍縮会議随員として出席
1928（昭和 3）年 8月	パリ不戦条約調印式随員として出席
1929（昭和 4）年 1月	情報部第二課長に就任
1930（昭和 5）年 10月	情報部部長に就任
1931（昭和 6）年 12月	対満蒙実効策案審議設立。その外務省代表メンバーに就任
1933（昭和 8）年 6月	スウェーデン公使としてストックホルムへ赴任
1938（昭和13）年 11月	イタリア駐劄特命全権大使としてローマへ赴任
1939（昭和14）年 10月	帰国
1948（昭和23）年 11月	極東国際軍事裁判にて終身禁固の判決
1949（昭和24）年 6月	死去

東郷茂徳（とうごう・しげのり）

1882（明治15）年12月	鹿児島県生まれ
1908（明治41）年 7月	東京帝国大学卒業
1912（大正元）年 9月	外交官および領事官試験に合格
10月	外務省入省
1913（大正 2）年 7月	領事官補として奉天在勤
1916（大正 5）年 5月	外交官補として在スイス・ベルン公使館に赴任
1919（大正 8）年 3月	ドイツ視察団の一員としてベルリン在勤
1921（大正10）年 5月	欧米局第一課事務官に就任
1923（大正12）年 1月	欧米局第一課課長に就任
1925（大正14）年12月	主席書記官として在米大使館に赴任
1929（昭和 4）年 6月	参事官として在ドイツ大使館に赴任
1932（昭和 7）年 2月	ジュネーブ軍縮会議に日本代表部事務総長として出席
1933（昭和 8）年 2月	欧米局長に就任
1934（昭和 9）年 6月	欧亜局長に就任
1937（昭和12）年10月	在ドイツ大使としてベルリンへ赴任
1938（昭和13）年10月	在ソ連大使としてモスクワへ赴任
1941（昭和16）年10月	東条内閣の外務大臣に就任
1945（昭和20）年 4月	鈴木内閣の外務大臣兼大東亜大臣に就任
1948（昭和23）年11月	極東国際軍事裁判において禁固20年の判決
1950（昭和25）年 7月	死去

重光 葵 (しげみつ・まもる)

1887(明治20)年 7月	大分県生まれ
1911(明治44)年 7月	東京帝国大学卒業
10月	外交官および領事官試験合格
11月	文官高等試験合格。外務省入省
1919(大正 8)年 2月	パリ講和会議に全権委員随員として出席
1921(大正10)年 7月	条約局第一課長に就任
1925(大正14)年 1月	公使館一等書記官として北京在勤
1929(昭和 4)年 2月	総領事として上海在勤
1931(昭和 6)年 8月	特命全権公使として中国に赴任
1932(昭和 7)年 4月	上海天長節爆弾事件にて右足を失う
5月	上海停戦協定に調印
1933(昭和 8)年 5月	外務次官に就任
1936(昭和11)年 11月	ソ連駐箚特命全権大使としてモスクワに赴任
1938(昭和13)年 8月	リトヴィーノフ外相との間に日ソ停戦協定締結
9月	イギリス駐箚特命全権大使としてロンドンに赴任
1941(昭和16)年 12月	駐華特命全権大使に就任
1943(昭和18)年 4月	東条内閣の外務大臣に就任
1944(昭和19)年 7月	小磯内閣の外務大臣兼大東亜大臣に就任
1945(昭和20)年 8月	東久邇宮内閣の外務大臣に就任
9月	首席全権として、米艦ミズーリ号で降伏文書調印
1948(昭和23)年 11月	極東国際軍事裁判において禁固7年の判決
1954(昭和29)年 12月	鳩山内閣の副総理および外務大臣に就任
1956(昭和31)年 7月	日ソ交渉全権委員に就任
12月	国連加盟の日本政府代表として演説
1957(昭和32)年 1月	死去

来栖三郎（くるす・さぶろう）

1886(明治19)年	3月	神奈川県生まれ
1909(明治42)年	7月	東京高等商業学校専攻部領事科卒業
	10月	外交官および領事官試験合格
1910(明治43)年	1月	外務省入省
	2月	領事官補として漢口在勤
1912(大正 元)年	8月	在米日本総領事代理としてホノルル在勤
1913(大正 2)年	4月	ニューヨーク在勤
1914(大正 3)年	6月	在米領事としてシカゴ在勤
1919(大正 8)年	8月	総領事として米領マニラ在勤
1922(大正11)年	9月	一等書記官として在チリ公使館に赴任
1925(大正14)年	6月	一等書記官として在イタリア大使館に赴任
1926(大正15)年	5月	一等書記官として在ギリシャ公使館に赴任
1927(昭和 2)年	2月	在ドイツ総領事としてハンブルク在勤
1928(昭和 3)年	11月	ペルー駐箚特命全権公使に就任
1932(昭和 7)年	11月	外務省通商局長に就任
1936(昭和11)年	4月	ベルギー駐箚特命全権大使に就任
1939(昭和14)年	10月	ドイツ特命全権大使として駐箚
1940(昭和15)年	9月	日独伊三国軍事同盟調印式に日本代表として出席
1941(昭和16)年	11月	特命全権大使として渡米。日米交渉にて野村吉三郎駐米大使を補佐
1945(昭和20)年	2月	退官
1947(昭和22)年	10月	公職追放（～1951年8月）
1954(昭和29)年	4月	死去

広田弘毅（ひろた・こうき）

1878（明治11）年 2月	福岡県生まれ
1903（明治36）年	学生時代に満州・朝鮮を視察
1904（明治37）年 2月	日露戦争の捕虜収容所で通訳を務める
1905（明治38）年 7月	東京帝国大学卒業
1906（明治39）年 10月	高等文官試験外交科合格。外務省入省
11月	清国公使館付外交官として北京在勤
1909（明治42）年 12月	三等書記官として在イギリス大使館に赴任
1913（大正 2）年 6月	通商局第一課長に就任
1918（大正 7）年 12月	一等書記官としてワシントンへ赴任
1921（大正10）年	情報部第二課長に就任
1923（大正12）年 9月	欧米局長に就任
1925（大正14）年 1月	日ソ基本条約締結に尽力
1926（大正15）年 11月	オランダ公使に就任
1930（昭和 5）年 10月	ソ連駐劄特命全権大使に就任
1933（昭和 8）年 9月	斎藤内閣の外務大臣に就任
1934（昭和 9）年 7月	岡田内閣の外務大臣に留任
1935（昭和10）年 5月	対中外交の大枠として「広田三原則」を提示
1936（昭和11）年 3月	第32代内閣総理大臣に就任
1937（昭和12）年 6月	第一次近衛内閣の外務大臣に就任
1940（昭和15）年 1月	米内内閣の内閣参議に選任
1945（昭和20）年 6月	戦争終結のためソ連の仲介を求め、駐日大使マリクと会談、失敗
7月	マリクに再度の会談を申し入れるも拒絶。交渉終結
1948（昭和23）年 11月	極東国際軍事裁判にて文官として唯一の絞首刑判決
12月	刑死

佐藤尚武（さとう・なおたけ）

1882（明治15）年 10月	大阪府生まれ
1904（明治37）年 7月	東京高等商業学校全科卒業
1905（明治38）年 10月	外交官および領事官試験に合格
11月	外務省入省
1906（明治39）年 1月	ロシア在勤
1909（明治42）年 6月	三等書記官として在ロシア大使館に赴任
1912（大正 元）年 12月	二等書記官として在ロシア大使館に赴任
1914（大正 3）年 12月	総領事代理としてハルビン在勤
1917（大正 6）年 6月	総領事としてハルビン在勤
1919（大正 8）年 12月	一等書記官として在スイス公使館に赴任
1920（大正 9）年 9月	ジュネーブで開催の国際連盟総会第1回会議に日本代表随員として出席
1921（大正10）年 4月	一等書記官として在フランス大使館に赴任
8月	同参事官に就任
1922（大正11）年 6月	ハーグ会議日本政府代表委員として出席
11月	ローザンヌ近東平和会議に全権委員随員として出席
1923（大正12）年 8月	ポーランド駐剳特命全権公使に就任
1927（昭和 2）年 6月	ジュネーブ海軍軍縮会議に全権委員随員として出席
8月	国際連盟総会第8回会議に日本代表随員として出席
1929（昭和 4）年 11月	ロンドン海軍軍縮会議に全権委員随員（事務総長）として出席
1930（昭和 5）年 12月	ベルギー駐剳特命全権大使に就任
1933（昭和 8）年 2月	国際連盟臨時総会で満洲国否認決議に抗議し、松岡洋右らと共に退席
11月	フランス駐剳特命全権大使に就任
1937（昭和12）年 3月	林内閣の外務大臣に就任
1942（昭和17）年 2月	ソ連駐剳特命全権大使に就任
1947（昭和22）年 12月	国際連合協会会長に就任。日本の国連加盟に努める
1956（昭和31）年 12月	日本政府代表としてニューヨーク開催の国際連合第11回総会に出席
1971（昭和46）年 12月	死去

主な外務官僚略年譜

松岡洋右（まつおか・ようすけ）

1880（明治13）年　3月	山口県生まれ
1893（明治26）年　1月	留学のため渡米
1900（明治33）年　6月	オレゴン州立大学卒業
1904（明治37）年10月	外交官および領事官試験合格
暮頃	外務省入省。領事官補として上海へ赴任
1906（明治39）年	南満州関東総督府に在勤
1916（大正 5）年10月	寺内内閣の首相秘書官兼外務書記官任官に就任
1919（大正 8）年　1月	パリ講和会議に全権委員随員として出席
6月	ヴェルサイユ条約調印に随行
1921（大正10）年	外務省を退官
7月	南満州鉄道株式会社理事に就任
1927（昭和 2）年　7月	南満州鉄道株式会社副総裁に就任
1930（昭和 5）年　1月	南満州鉄道株式会社退職
1931（昭和 6）年10月	国際連盟総会に日本首席全権として派遣
1933（昭和 8）年　2月	満州国否認の採択に抗議し、日本首席全権として国際連盟脱退
1935（昭和10）年　8月	南満州鉄道株式会社総裁に就任
1940（昭和15）年　7月	第二次近衛内閣の外務大臣に就任
8月	北部仏印進駐のため、フランスと松岡・アンリ協定を締結
9月	日独伊三国同盟締結
1941（昭和16）年　4月	日ソ中立条約締結
7月	第二次近衛内閣総辞職。外相解任
1946（昭和21）年　6月	極東国際軍事裁判公判中、死去

佐藤元英（さとう・もとえい）

1949年、秋田県生れ。中央大学文学部卒業後、同大学院文学研究科博士課程満期退学。専門は日本近現代史、日本外交史。現在、中央大学文学部教授。外務省外交史料館編纂官、宮内庁書陵部主任研究官、駒澤大学教授などを経て現職。著書に『近代日本の外交と軍事』（吉田茂賞、吉川弘文館）、『御前会議と対外政略』（全3巻、原書房）など。

NHK *BOOKS* 1232

外務官僚たちの太平洋戦争

2015（平成27）年 7 月30日　第1刷発行
2015（平成27）年10月30日　第2刷発行

著　者　**佐藤元英**　
発行者　**小泉公二**
発行所　**NHK出版**
東京都渋谷区宇田川町41-1　郵便番号150-8081
電話 0570-002-246（編集）　0570-000-321（注文）
ホームページ　http://www.nhk-book.co.jp
振替　00110-1-49701
装幀者　**水戸部 功**
印　刷　**三秀舎・近代美術**
製　本　**三森製本所**

Printed in Japan　ISBN 978-4-14-091232-4　C1321

NHK BOOKS

＊歴史（Ⅰ）

出雲の古代史　門脇禎二
法隆寺を支えた木　西岡常一／小原二郎
「明治」という国家（上）（下）　司馬遼太郎
「昭和」という国家　司馬遼太郎
日本文明と近代西洋―「鎖国」再考―　川勝平太
百人一首の歴史学　関　幸彦
戦場の精神史―武士道という幻影―　佐伯真一
知られざる日本―山村の語る歴史世界―　白水　智
日本という方法―おもかげ・うつろいの文化―　松岡正剛
高松塚古墳は守れるか―保存科学の挑戦―　毛利和雄
関ヶ原前夜―西軍大名たちの戦い―　光成準治
江戸に学ぶ日本のかたち　山本博文
天孫降臨の夢―藤原不比等のプロジェクト―　大山誠一
親鸞再考―僧にあらず、俗にあらず―　松尾剛次
陰陽道の発見　山下克明
女たちの明治維新　鈴木由紀子
山県有朋と明治国家　井上寿一
明治〈美人〉論―メディアは女性をどう変えたか―　佐伯順子
『平家物語』の再誕―創られた国民叙事詩―　大津雄一
歴史をみる眼　堀米庸三
天皇のページェント―近代日本の歴史民族誌から―　T・フジタニ
禹王と日本人―「治水神」がつなぐ東アジア―　王　敏
江戸日本の転換点―水田の激増は何をもたらしたか―　武井弘一
外務官僚たちの太平洋戦争　佐藤元英

＊歴史（Ⅱ）

人類がたどってきた道―〝文化の多様化〟の起源を探る―　海部陽介
アメリカ黒人の歴史　ジェームス・M・バーダマン
十字軍という聖戦―キリスト教世界の解放のための戦い―　八塚春児
異端者たちの中世ヨーロッパ　小田内　隆
フランス革命を生きた「テロリスト」―ルカルパンティエの生涯―　遅塚忠躬
文明を変えた植物たち―コロンブスが遺した種子―　酒井伸雄
世界史の中のアラビアンナイト　西尾哲夫
「棲み分け」の世界史―欧米はなぜ覇権を握ったのか―　下田　淳

※在庫品切れの際はご容赦下さい。